이주배경 청소년을 위한

미술·이야기융합치료의 이해

이주배경 청소년을 위한
미술 · 이야기융합치료의 이해

2021년 7월 10일 초판 인쇄
2021년 7월 15일 초판 발행

지은이 | 김영순 · 오영섭 · 왕금미 · 김수민
교정교열 | 정난진
펴낸이 | 이찬규
펴낸곳 | 북코리아
등록번호 | 제03-01240호
주소 | 13209 경기도 성남시 중원구 사기막골로 45번길 14
우림2차 A동 1007호
전화 | 02-704-7840
팩스 | 02-704-7848
이메일 | sunhaksa@korea.com
홈페이지 | www.북코리아.kr
ISBN | 978-89-6324-763-2(93370)

값 20,000원

이주배경
청소년을 위한

미술·
이야기
융합치료의
이해

북코리아

김영순 · 오영섭 · 왕금미 · 김수민 지음

서문:
이주배경 청소년을 위한 '아름다움'의 시작

최근 들어 우리 사회에는 초국적 이주자들로 인한 문화 다양성이 증폭되기 시작했다. 다양성은 때로 사회통합을 위한 정책 솔루션을 요구하지만, 우리에게 타자를 향한 공존의 도전으로 설렘을 만들어준다. 이 책 『이주배경 청소년을 위한 미술 · 이야기융합치료의 이해』는 중도입국 청소년을 우리 사회의 구성원으로 포용하기 위한 노력으로 만들어졌다. 특히 이들을 심리치료가 요구되는 열등한 대상으로 규정하지 않고, 한국과 세계에 기여하기에 충분한 가능성과 잠재력을 가진 인적자원으로 본다. 또한 중도입국 청소년이 한국에 입국하여 건강하게 생활하는 데 필요한 자기이해와 자기표현 등의 정서적 능력을 길러주는 역량강화라는 측면에서 심리치료에 접근하고 있다.

이 책에서 의미하는 중도입국 청소년은 결혼이주여성이 한국인 배우자와 재혼하면서 데려온 본국의 자녀, 외국인 부모와 동반 입국한 자녀 같은 전형적인 사례를 포함한다. 이와 더불어 한국 출생 여부와 상관없이 본국에서 성장한 후 다양한 이주형태를 거쳐 청소년기에 한국에 입국한 9세 이상 24세 이하의 청소년을 말한다.

현실적으로 중도입국 청소년을 전담하는 기관과 인력이 절대적으로 부족한 상황에서 이 책은 학교나 관련 기관에서 심리치료를 할 때 쉽게 활용하고 변용할 수 있으며, 중도입국 청소년이 부담 없이 참여할 수 있는 심리치료 프로그램을 제시한다. 또한 심리치료 프로그램에 참여한 청소년의 참여 경험, 치료의 의미와 효과를 분석하며, 이러한 연구 결과를 통해 중도입국 청소년의 심리치료 연구, 나아가 지속 가능한 다문화사회에 공헌하고자 한다.

이 책은 인하대학교 다문화융합연구소 인문융합치료센터 연구팀에서 박사과정 임상 수련을 한 왕금미 박사와 오영섭 박사의 연구 결과, 그리고 2019년 1년간 수행한 이주배경 중도입국 청소년의 심리치료 프로그램 개발 프로젝트의 연구 결과를 기반으로 한다. 이 책은 무엇보다 인간이 본유적으로 소유하고 있는 내러티브를 활용하여 미술과 이야기를 융합한 치료 모형을 개발하고 이를 임상에 활용한 결과를 기술한다. 이 책은 크게 네 부분으로 이루어졌다.

I장 '다문화사회와 미술 · 이야기융합치료'에서는 이 책의 집필 이유에 해당하는 내용을 담은 '지속 가능한 다문화사회와 융합치료'를 비롯하여 저서의 중심 개념인 '이주배경 중도입국 청소년'에 대한 내용, 그리고 미술치료와 이야기치료의 연구 동향과 분석 결과에 따른 시사점을 기술했다.

II장 '이주배경 청소년과 콜라주집단미술치료'에서는 콜라주 미술치료의 발전 과정은 물론 콜라주 집단미술치료를 다룬다. 또한 직접 다문화 중점학교에서 진행한 이주배경 청소년을 위한 콜라주 미술치료 프로그램의 실시 과정과 이에 참여한 청소년들의 경험을 분석했다.

III장 '미술 · 이야기융합치료의 모형'은 이야기치료의 개념과 철학적 배경, 이야기의 치료적 속성, 치료의 원리와 단계를 소개하고, 미술 · 이야기융합치료를 설계하기 위해 융합치료의 개념을 설정하고 이야기치료에서 미술치료 활용을 위한 계획을 기술했다. 나아가 미술 · 이야기융합치료 프로그램을 수행하고, 이주배경 청소년을 위한 미술 · 이야기융합치료의 모형을 제시했다.

Ⅳ장 '이주배경 청소년을 위한 미술 · 이야기융합치료의 실제'에서는 S시 교육청의 연구용역 사업으로 수행한 이주배경 청소년을 위한 심리정서상담사업의 개요를 제시하고, 실제 수행한 상담프로그램을 상담사 교수안, 상담사 · 통역사 업무 매뉴얼, 상담사 연수 프로그램을 소개했다. 또한 실제로 수행한 이주배경 청소년을 위한 심리정서상담사업의 수행 결과를 제시했다.

우리는 이주배경 청소년을 위한 미술 · 이야기융합치료 프로그램을 구안하고 이를 수행한 결과를 제시함으로써 향후 중도입국 청소년 자신이 지닌 다문화성을 배경으로 문화적응은 물론 진로를 개발하여 한국 사회와 출신국 간의 '글로벌 브리지' 역할에 기여했다.

이 책은 중도입국 청소년의 심리적인 특성이 단순히 개인적인 차원에서 발생하는 것이 아니라 그들을 둘러싼 가정, 학교, 지역사회, 국가 등 여러 층위의 맥락이 상호작용하면서 발생하는 것으로 이해할 수 있었다. 중도입국 청소년들이 지닌 개인적 차원의 특성은 심리 · 발달적 어려움이다. 중도입국 청소년은 청소년 단계에서의 정체성 형성이라는 심리발달적 과제를 가지고 있다. 하지만 이들은 국적이 다른 부모 사이에서 입양과 귀화 과정을 거치면서 자아정체성과 국가정체성의 혼돈을 경험한다. 성별, 연령, 입국 후 거주기간, 학교 재학 여부, 한국어 수준, 가족 지지 등의 다양한 요인이 중도입국 청소년의 자아존중감에 영향을 미치는 것으로 나타났다. 따라서 본 연구팀에서 개발한 미술 · 이야기융합치료 프로그램이 중도입국 청소년들의 문화적응에 따른 정체성 형성에 기여하리라 기대한다.

나아가 이 책은 중도입국 청소년을 위한 심리지원 프로그램이 학교와 지역사회에서 제공되어야 함을 주장한다. 이는 국내에 중도입국 청소년을 포함한 이주배경 청소년을 위한 심리발달 및 지원에 관한 정책 및 지원제도가 미흡한 상황을 염두에 둔 것이다. 본 저술을 통해 지자체와 학교는 중도입국 청소년들을 사회적 약자로서 '기회의 균등' 원칙을 넘어 '조건의 균등' 원칙이 작동될 수 있는 '아름다움'을 발현할 수 있도록 해야 할 것이다.

이 책은 독창적인 연구 결과를 집대성한 연구서가 아니라 이주배경 청소년의 교육 일선에서 수고하는 상담과 치료 전문가분들에게 미술 · 이야기융합치료 프로그램 모형을 제안하고 융합 프로그램 활용을 제안하기 위한 일종의 '프로포절'로 이해할 수 있다. 아울러 미술 · 이야기융합치료 프로그램은 상담 및 치료 전문기관에서 학문수련을 하는 연구자들과 예비 상담 및 치료 전문가들의 대안적 기법을 소개하고자 함이었다.

이 책이 나오기까지 우리 인하대학교 다문화융합연구소 인문융합치료센터의 권요셉, 김진선 부연구위원과 집단치료 시 통역에 수고하신 이춘양 박사, 주용 연구원, 이현주 연구원께 감사드린다. 또한 우리 연구소의 연구수행 결과를 늘 아름다운 책으로 엮어주시는 북코리아 이찬규 대표님과 함께 일하시는 선생님들께도 감사드린다. 끝으로 이 책에 제시한 미술 · 이야기융합치료 프로그램은 단지 '꽃씨'에 불과하다. 이 씨앗이 자라 아름다운 꽃밭을 이룰 때까지 다른 연구자들의 후속 연구를 기대하는 바다.

능소화가 흐드러지게 핀 2021년 7월에

저자 일동

CONTENTS

CONTENTS

CONTENTS

I

다문화사회와 미술·이야기융합치료

1. 지속 가능한 다문화사회와 융합치료
2. 이주배경 중도입국 청소년
3. 이주배경 청소년을 위한 미술치료와 이야기치료

1.
지속 가능한 다문화사회와 융합치료

1) 다문화사회에서 융합치료의 필요성

이 책의 목적은 이주배경 중도입국 청소년의 미술 · 이야기융합치료 프로그램 참여 경험을 분석하고, 참여 경험에 나타난 치료의 의미와 효과를 탐색하는 것이다.

이주배경 중도입국 청소년(이하 중도입국 청소년)은 국내 이주민 2세대로서 해외에서 주로 성장하다가 다양한 이주경로를 거쳐 청소년기에 한국에 입국한 9~24세 사이의 청소년을 총칭하는 용어다. 전형적으로 결혼이민자가 한국인 배우자와 재혼하면서 데려온 본국의 자녀, 국제결혼가정 자녀 중에서 부모의 본국에서 성장하다가 청소년기에 재입국한 자녀를 중도입국 청소년이라고 한다(양계민 · 조혜영, 2012). '중도입국 청소년'이라는 용어는 한국의 다문화사회화가 진전됨에 따라 비교적 최근에 생겨난 신조어다. 이 용어는 아직까지 일반인에게 익숙하지 않을 뿐만 아니라 국내 법률상 명시되어 있지 않으며, 학술적으로 개념이 정립되어 있지 않다. 하지만 중도입국 청소년은 현재 한국 다문화사회 현상의 단면을 보여주는 확실한 예라고 할 수 있다.

실태조사를 통해 중도입국 청소년은 한국에서 출생하고 성장한 다문화가정의 자녀들보다 언어, 문화적응, 학업, 심리, 진로 등의 다양한 측면에서 더 큰 어려움을 가지고 있는 것으로 드러나고 있다(배상률, 2016; 양계민 · 조혜영, 2011). 이런 점에서 언론과 학계는 중도입국 청소년을 '사각지대에 놓인 청소년', '다문화의 또 다른 그림자', '이방인(異邦人)과 방인(邦人) 사이의 경계인' 등으로 부르면서 중도입국 청소년의 실상을 조명하고 있다(민나리, 2018; 유비 외, 2017; 정원식, 2016). 하지만 정부의 주무 부처마다 중도입국 청소년에 대한 다른 개념을 가지고 현황을 파악하다 보니 국내 중도입국 청소년의 통계가 7천여 명에서 3만여 명을 오갈 정도로 아직 그 규모조차 정확하게 파악되지 않는 상황이며, 이들에 대한 지원 및 정책도 주무 부처마다 중복되고 혼선을 빚고 있다. 현장에서 중도입국 청소년을 접하는 전문가들은 이들에게 가장 시급한 정책으로 정확한 실태조사, 정신건강 및 상담지원, 전반적인 지원시스템을 관할하는 통합지원센터 신설 등을 꼽았으며, 정부의 정책에 대해 평가하면서 평균 이하의 점수를 주었다(배상률 외, 2016).

중도입국 청소년 정책은 지난 10년 동안 국내 이주민에 대한 사회통합정책의 기조 위에서 다문화가족정책의 일환으로 시행되었다. 이 정책은 표면적으로는 중도입국 청소년을 포함한 국내 이주민을 참여와 공존의 대상으로 언급하고 있다(여성가족부, 2018). 하지만 현실적으로 이들을 한국 사회에 동화되어야 할 대상 혹은 도움과 시혜를 받아야 하는 사회적 약자로 바라보는 입장에서 정책이 집행된다(정용인, 2018). 더 나아가 중도입국 청소년이 25세가 넘은 성인이 된 이후의 상황, 즉 국내 이주민 3세대까지 바라보는 장기적인 관점에서의 대책은 아직 미흡한 상황이다(정용인, 2018). 그러므로 중도입국 청소년에 대한 정책과 지원은 다문화가족정책을 검증하는 시험대의 하나이면서, 향후 지속 가능한 다문화사회로 나아가는 도약대라고 할 수 있다.

현실적으로 부모들이 생계를 위해 맞벌이를 하는 상황에서 중도입국 청소년은 집에서 혼자 시간을 보내는 경우가 많으며, 외로움과 고립감이 심해져 부정적인 감정을 겪게 되는 경우가 많다. 이러한 문제를 해결하기 위해 2015년 서울온드림교육센터가 설립되었다. 이 기관은 전국에서 유일한 중도입국 청소년 전담기관이다. 서울에만 4천여 명의 중도입국 청소년이 거주하고 있음에도 이 기관의 수용 규모는 하루에 35명 정도다. 이 센터는 다양한 체험학습 프로그램과 심리상담 프로그램을 제공하고 있지만, 최소한의 필요만 채워줄 수밖에 없는 한계가 있다(민나리, 2018). 그리고 국내에서 중도입국 청소년을 대상으로 한 심리치료연구도 미흡한 실정이다. 이런 점에서 중도입국 청소년을 위해 정부가 다각적인 정책과 지원을 확장해가는 것 외에도 학교, 다문화가족지원센터, 사회복지기관, 종교기관 등과 연계하여 중도입국 청소년을 지원할 필요가 있으며, 관련된 심리치료 이론 개발 및 임상 적용을 통해 기초자료를 확보해야 한다.

이 책은 중도입국 청소년을 심리치료가 요구되는 열등한 대상으로 규정하지 않으며, 한국과 세계에 기여하기에 충분한 가능성과 잠재력을 가진 인적자원으로 본다. 또한 이들이 한국에 입국하여 건강하게 생활하는 데 필요한 자기이해와 자기표현 등의 정서적 능력을 길러주는 역량강화라는 측면에서 심리치료에 접근하고 있다. 현실적으로 중도입국 청소년을 전담하는 기관과 인력이 절대적으로 부족한 상황에서 이 책은 학교나 관련 기관에서 심리치료로 쉽게 활용하고 변용할 수 있으며, 중도입국 청소년이 부담 없이 참여할 수 있는 심리치료 프로그램을 제시한다. 또한 심리치료 프로그램에 참여한 청소년의 참여 경험, 치료의 의미와 효과를 분석하며, 이러한 연구 결과를 통해 중도입국 청소년의 심리치료연구, 나아가 지속 가능한 다문화사회에 공헌하고자 한다.

2) 통계 및 연구 동향

이 절은 국내에서 진행된 중도입국 청소년 관련 연구 동향을 살펴보기 위해 학술연구데이터베이스인 RISS에서 '중도입국'을 제목으로 사용한 연구를 검색했다. 그 결과, 중도입국 아동 및 청소년에 대해 2018년 10월 31일 기준으로 2011년부터 2018년 10월까지 발표된 학위논문 116편, 학술지 130편을 찾을 수 있었다. 연도별로 살펴보면 〈표 1-1〉과 같다.

〈표 1-1〉 중도입국 아동 및 청소년 관련 연구 동향

연도	2011	2012	2013	2014	2015	2016	2017	2018.10
학위논문	1	4	14	9	18	28	24	18
학술지	7	17	11	14	9	28	29	14
합계	8	21	25	23	27	56	53	32

〈표 1-1〉은 중도입국 아동 및 청소년에 대한 정부와 학계의 지속적인 관심을 반영하고 있다. 중도입국 청소년에 대한 연구는 2011년 실시한 한국청소년정책연구원의 중도입국 청소년 실태조사(양계민 · 조혜영, 2011)를 출발점으로 본격적인 연구가 시작되어 2016년과 2017년에는 50여 편의 연구가 해마다 쏟아져나오고 있는 추세다.

중도입국 청소년에 대한 연구 중에서 이 책의 핵심주제인 심리 혹은 정서, 상담, 심리치료에 관련된 연구의 흐름을 살펴본 결과, 연구주제는 크게 심리 관련 변인들 사이의 관계, 치료 프로그램 개발 및 적용, 상담 및 치료 경험을 중심으로 연구가 진행되었다. 각 주제에 따른 연구 동향을 살펴보면 〈표 1-2〉와 같다.

〈표 1-2〉와 같이 중도입국 청소년의 상담 및 심리치료 관련 연구 중에서 심리

〈표 1-2〉 중도입국 청소년 상담 및 심리치료 관련 연구 동향

연도	2011	2012	2013	2014	2015	2016	2017	2018	합계
변인관계	0	1	0	2	3	2	5	5	18
프로그램	0	0	2	1	3	7	7	2	22
상담 경험	0	0	0	0	1	1	1	0	3
기타	0	3	0	1	0	0	0	0	4
합계	0	4	2	4	7	10	13	7	47

관련 변인 간의 관계에 대한 연구가 38%, 치료 프로그램의 개발 및 적용에 대한 연구가 47%, 상담 및 심리치료 경험에 관한 연구가 6%를 차지한다.

첫째, 중도입국 청소년의 심리 관련 변인 사이의 관계에 관한 연구들은 이들의 심리적 변수 및 문제에 주목하고 이에 대한 대책 마련을 요구했다. 양계민 · 조혜영(2012), 좌동훈(2013, 2014), 유비 외(2017) 등이 대표적인 연구다.

양계민 · 조혜영(2012)은 전국의 중도입국 청소년 403명을 대상으로 심리 · 사회적응 현황에 대해 연구했다. 연구 결과에 따르면 성별, 연령, 가정경제 수준, 입국 자발성 · 준비 · 연도, 지지체계, 학교 재학, 한국어 능력 등과 같은 다양한 배경변인에 따라 심리 · 사회적응에 차이가 나타났다. 또한 중도입국 청소년의 심리 · 사회적응에 영향을 미치는 요인 중에서 가족 요인이 중요한 것으로 나타났다. 그러므로 중도입국 청소년의 특성에 맞는 프로그램 및 지원방안의 필요성을 제시하고 있다.

좌동훈(2013, 2014)은 2012년 중도입국 청소년 187명에 대한 설문조사를 바탕으로 출신 국적과 문화적응 유형에 따른 심리 · 사회적응 요인에 관해 연구했다. 중국 한족, 조선족, 몽골 등의 국적에 따라 우울 · 불안에 차이가 난 반면, 문화적응 유형에 따라서는 우울 · 불안에 차이가 나지 않았다. 이를 통해 중도입국 청소년의 출신 지역 같은 개인적 · 내재적 요인에 주목하여 심리 · 사회적응을 위한 도움을 제공해야 한다고 제언한다.

유비 외(2017)는 중도입국 청소년을 포함한 이주배경 청소년 120명을 대상으로 이주 이전과 이후의 기간을 포함하는 총체적인 이주 경험과 정신건강 문제 사이의 관계를 연구했다. 연구 결과, 이주 이전에 주양육자의 부재기간, 부재기간 동안 주양육자 이외에 친척과의 동거 여부는 이주 이후의 지지체계나 한국 문화적응 수준만큼이나 정신건강과 연관이 있었다. 그러므로 이 연구는 이주배경 청소년의 심리 · 정서적 안녕을 도모하기 위해 이주 이전의 경험도 고려해야 하며, 주양육자의 부재기간을 경험한 청소년에게 가족지지를 촉진하기 위한 방안을 모색할 것을 제언했다.

둘째, 중도입국 청소년의 심리치료 프로그램에 대한 연구는 미술치료를 핵심으로 한 예술치료 기법을 통해 한국어에 능숙하지 않은 중도입국 청소년이 자신의 심리를 표현할 수 있도록 초점을 맞추었다. 프로그램을 진행한 후 중도입국 청소년의 정서 순화를 통해 정서적 안정을 도모하고 자아존중감 및 사회성 향상에도 기여하는 것으로 나타났다. 왕금미(2017), 김지인(2017), 황현정 · 이윤정(2016), 김연진(2013) 등이 대표적인 연구다.

왕금미(2017)는 학교 안팎의 중도입국 청소년을 대상으로 10회기의 콜라주 집단미술치료 프로그램을 적용했다. 연구 결과, 콜라주 미술치료 경험이 심리적 · 정서적 안정에 효과적이었으며, 언어적 한계를 가진 중도입국 청소년에게 적합했다.

김지인(2017)은 음악, 미술, 놀이 등을 통합한 24회기의 예술치료 프로그램을 중국계 중도입국 청소년에게 적용했다. 연구 결과 자아존중감이 향상되었다.

황현정 · 이윤정(2016)은 중도입국 청소년을 위한 푸드아트테라피 프로그램을 개발하여 적용했다. 연구 결과, 한국을 비롯한 다양한 국가의 음식 재료를 활용한 7회기의 프로그램을 통해 연구참여자의 자아상에 긍정적인 변화가 있었으며, 문화적응 스트레스가 감소되었다.

김연진(2013)은 중도입국 아동을 포함한 다문화가정 초등학생을 대상으로 정서

순화 예술놀이를 실시했다. 정서 순화 예술놀이는 유리드믹스 음악놀이와 푸트아트 놀이, 스토리텔링을 통합한 10회기의 프로그램으로, 아동의 정서 표현과 사회성 향상을 목표로 하고 있다. 연구 결과, 프로그램이 다문화가정 아동의 정서 순화와 사회성 발달에 긍정적인 영향을 미치는 것으로 나타났다.

셋째, 중도입국 청소년의 상담 경험에 관한 연구는 관련 연구 중에서 미흡한 것으로 나타났다. 선행연구들은 주로 치료사 혹은 내담자의 경험을 통해 일반상담과 차별화된 다문화 상담, 중도입국 청소년 상담의 필요성을 제언했다. 김혜진(2015), 김현주(2016a, b) 등이 대표적인 연구다.

김혜진(2015)은 중도입국 청소년을 상담한 경험이 있는 초심상담자들의 경험과 그 의미를 연구했다. 연구 결과, 초심상담자들이 경험한 상담의 다섯 가지 구성요소는 '생소함에 도우려는 열정이 넘침', '연민 어린 울타리로', '상담 표면에 나타난 진퇴양난', '마침내 참만남이 애틋하고 특별함', '문화적 민감성의 길로 들어섬'이었다. 이를 통해 문화적 유능성을 가진 상담자로서의 훈련, 중도입국 청소년에게 특화된 상담의 필요성을 제언했다.

김현주(2016a, b)는 중도입국 청소년 상담의 치료적 요인을 내담자 요인과 상담자 요인으로 나누어 탐색적인 연구를 했다. 내담자 요인으로서 중도입국 청소년은 상담 및 심리치료라는 개념이 생소하므로 자연스러운 상담 전환이 이루어지고, 현실적 대처를 위한 정보가 제공되며, 상담이 유연하게 구조화되고, 대안적인 상담 개입을 활용할 수 있도록 해야 한다(김현주, 2016a). 상담자 요인으로서 상담자의 역량은 진정성, 문화적 민감성, 관계형성능력, 대안적 개입전략 등이다(김현주, 2016b). 그러므로 언어장벽과 문화차이를 극복하고 효과적인 상담이 되기 위해서는 기존의 청소년 상담과 다른 패러다임의 상담 프로그램이 제공되어야 한다고 제언했다.

이상과 같이 국내의 연구 동향이 이 책에 주는 시사점은 다음과 같다. 첫째, 중도입국 청소년의 심리를 이해하기 위해서는 그들의 맥락을 고려해야 한다. 한국에서 태어나고 성장한 다문화 청소년과 달리 외국에서 출생하고 성장하다가 청소년기에 한국에 입국한 중도입국 청소년의 이주 경험, 가족관계, 언어적 어려움, 문화적응 측면에서 이들의 심리적인 문제에 접근할 필요가 있다. 이 책은 중도입국 청소년의 심리적인 문제를 다양한 층위에서 통합적으로 이해하는 개념적인 틀을 제시한다.

둘째, 학교와 지역사회에서 중도입국 청소년을 위한 심리지원 프로그램이 제공되어야 한다. 국내에는 중도입국 청소년을 포함한 이주배경 청소년을 위한 심리발달 및 지원에 관한 정책 및 지원제도가 미흡한 상황이다. 이들을 대상으로 한 심리치료에 대한 본격적인 연구는 불과 7년이 되지 않았으며, 대부분의 프로그램이 미술치료를 중심으로 이루어졌다. 이런 점에서 이 책은 이야기치료를 주요 이론으로 삼아 미술치료를 융합한 융합치료모델을 제시한다.

셋째, 중도입국 청소년 상담 및 심리치료를 경험한 치료사와 내담자의 참여 경험에 대한 연구가 확대되어야 한다. 통계적으로 심리 관련 변인 사이의 유의미한 연관성에서 한 걸음 더 나아가 실제 임상치료 참여자들의 경험에 주목할 필요가 있다. 이 책은 중도입국 청소년의 참여 경험을 통해 치료의 의미를 재구성한다.

2.
이주배경 중도입국 청소년

1) 현황과 정책

중도입국 청소년은 현행법률상 용어는 아니다. 이와 관련한 법률적 용어는 다음과 같다. 첫째, 이주배경 청소년이다. 「청소년복지지원법」 제18조는 이주배경 청소년 지원에 대해 기술하면서 이주배경 청소년을 "「다문화가족지원법」 제2조 제1호에 따른 다문화가족의 자녀와 그 외에 국내로 이주하여 학업수행과 사회적응에 어려움을 가진 9~24세의 청소년"으로 정의한다(국가법령정보센터, 2018a). 둘째, 다문화가족의 자녀다. 「다문화가족지원법」 제2조 제1호에 따르면, 다문화가족의 자녀는 결혼이민자 혹은 귀화를 통해 대한민국 국적을 취득한 자로 이루어진 가족의 자녀를 의미한다(국가법령정보센터, 2018b). 그러므로 이주배경 청소년은 크게 두 집단, 다문화가족의 자녀, 즉 국내에서 출생한 이민 2세대와 그 외의 다양한 이민자집단의 청소년을 아우르는 포괄적인 개념이라고 할 수 있다. 현행 법제는 다문화가족을 특수한 대상으로 규정하기 때문에 이주배경 청소년은 다문화가족의 구성원 여부에 따라 서로 다른 위치에 놓여 있다(김이선 외, 2016: 5).

이러한 포괄적인 개념의 이주배경 청소년은 다음 다섯 가지 유형으로 분류할 수 있다(이주배경청소년지원재단, 2018). 첫 번째 유형은 다문화가족의 청소년이다. 앞서 말한 것처럼 이 유형은 외국 국적자와 대한민국 국적자 사이의 국제결혼을 통해 이루어진 가족의 청소년 자녀를 말한다(국가법령정보센터b, 2018). 일반적으로 이들은 한국에서 출생한 이민 2세를 말하지만, 이들을 '다문화'라는 개념으로 규정하는 데는 비판이 제기되는 상황이다(이주배경청소년지원재단, 2018).

두 번째 유형은 외국인근로자 가정의 청소년이다. 「외국인근로자의 고용 등에 관한 법률」 제2조에 따르면, 외국인근로자는 "대한민국의 국적이 아닌 사람으로서 국내에 소재한 사업장에서 임금을 목적으로 근로를 제공하는 사람"을 말한다(국가법령정보센터, 2018c). 그러므로 외국인근로자 가정의 청소년은 외국인근로자로 구성된 가족의 청소년 자녀를 말한다. 하지만 고용허가제를 실시하는 한국은 외국인근로자의 가족 동반을 허용하지 않아서 외국인근로자 가정의 청소년은 사실상 합법적인 체류신분을 가지고 있지 않다.

셋째 유형은 중도입국 청소년이다. 2000년 이후의 국제결혼 중에서 재혼이 급격하게 증가함에 따라 형성된 가정의 청소년으로, 결혼이민자가 한국인 배우자와 재혼하면서 결혼이민자 출신국의 자녀를 입양 형식으로 데려오거나 국제결혼가정의 자녀 중에서 외국인 부 혹은 모의 본국에서 성장하다가 청소년기에 재입국하는 두 가지 경우가 있다(양계민 · 조혜영, 2012).

넷째 유형은 탈북 청소년이다. 「북한이탈주민의 보호 및 정착지원에 관한 법률」 제2조 제1호에 따르면, 북한이탈주민은 북한에 주소, 가족을 두고 있는 사람으로서 북한을 이탈한 후 외국 국적을 취득하지 않은 사람이다(국가법령정보센터, 2018d). 그러므로 탈북 청소년은 북한이탈주민 중에서 청소년기에 해당하는 사람이며, 동법 제24조의 2에서 '탈북 청소년'이라는 용어를 사용한다(이주배경청소년지원재단, 2018).

다섯째 유형은 제3국 출생 북한이탈주민의 자녀다. 북한이탈주민이 탈북 이후 중국 등 제3국에 장기간 거주하면서 현지인과 사실혼 관계에서 출생한 자녀를 말한다. 이들은 탈북 청소년의 범주에 포함되지 않으며, '비보호청소년'이라고 부른다(이주배경청소년지원재단, 2018).

이 책은 중도입국 청소년을 위의 세 번째 개념보다 조금 더 포괄적인 의미로 정의한다. 다시 말해, 이 책은 "결혼이주여성이 한국인 배우자와 재혼하면서 데려온 본국의 자녀, 외국인 부모와 함께 동반 입국한 자녀 같은 전형적인 사례를 포함하여 한국 출생 여부와 상관없이 본국에서 성장한 후에 다양한 이주 형태를 거쳐 청소년기에 한국에 입국한 모든 경우에 해당하는 9세 이상 24세 이하의 청소년"을 '중도입국 청소년'으로 정의한다. 이는 현장에서 위의 분류체계에 의해 분류되지 않는 청소년이 실제로 존재하기 때문이다. '중도입국 청소년'이라는 용어가 명확하게 그 의미를 드러내지 않는 점을 고려하여 이 책에서 말하는 중도입국 청소년은 '이주배경 중도입국 청소년'을 의미한다.

중도입국 청소년의 현황을 살펴보면, 정부 부처별로 중도입국 청소년을 간주하는 범위가 달라서 중도입국 청소년의 통계 현황에 다소간 차이가 있다.

첫째, 여성가족부는 외국에서의 체류 경험을 분류기준으로 본다. 여성가족부는 중도입국 청소년을 다문화가족의 자녀 중에서 외국에서 거주한 적이 있거나 외국에서 주로 성장한 9~24세의 자녀로 정의한다. 여성가족부가 3년마다 실시하는 전국다문화가족실태조사(정해숙 외, 2016: 377-381)에 따르면, 2015년 9세에서 24세 이하 다문화가족의 자녀는 총 8만 2,476명이고, 이 중 외국에서 주로 성장한 경험이 있는 자녀는 1만 2,782명(15.5%)이며, 외국에서 거주한 경험이 있는 자녀는 1만 9,529명(23.7%)이다. 다시 말해, 중도입국 청소년의 범주에 해당하는 통계는 외국에서 주로 성장하거나 거주한 경험이 있는 3만 2,311명이다. 외국 거주 경험을 가진 청소년은 14세 이하가 66.1%를 차지하는 데 반해, 외국에서 주로 성장한 청소년은 18세 이상이 68.7%를 차지한다. 다시 말하면, 중도입국 청소년 중에서도 연령대에 따라 성장

배경이 다소 차이가 있음을 알 수 있다(이주배경청소년지원재단, 2018).

둘째, 법무부는 결혼이민자의 재혼 여부를 중요하게 본다. 법무부는 “결혼이민자의 전혼(前婚) 관계에서 출생하고 입국하여 외국인 등록을 하거나 귀화한 18세 미만의 미성년 자녀”를 ‘중도입국 자녀’로 명명하고 분류한다. 법무부에 따르면 중도입국 청소년은 2017년 11월 기준으로 9,726명이다(출입국 · 외국인정책본부, 2018: 1043).

셋째, 교육부는 공교육기관의 재학 여부를 중요하게 본다. 교육부는 중도입국 자녀를 “국제결혼가정의 국내에서 출생한 자녀와 외국인 가정의 자녀를 제외한 경우이며, 초 · 중 · 고등학교에 재학 중인 자녀”로 정의한다(교육부, 2018). 2018년 다문화지원계획에 따르면, 2017년 초 · 중 · 고등학교에 재학 중인 다문화 학생은 10만 9,387명이며, 이 가운데 7.1%에 해당하는 7,792명이 중도입국 청소년이다(교육부, 2018). 현재 초등학교에 재학 중인 중도입국 학생이 4,865명임을 감안할 때, 이들의 상당수가 조만간 중 · 고등학교에 진학할 것으로 예상된다. 공교육을 받고 있는 중도입국 청소년은 2012년 4,288명에서 지난 5년 동안 80% 이상 증가했다. 하지만 이러한 수치는 학교 안에 있는 중도입국 청소년의 통계이며, 학교 밖에 있는 중도입국 청소년을 포함하지 않은 것이다.

그러므로 국내 중도입국 청소년의 현황을 통해 얻을 수 있는 시사점은 다음과 같다. 첫째, 이주배경 청소년 중에서 중도입국 청소년은 상당한 비율을 차지한다. 여성가족부의 통계에 의하면, 부모의 외국 출신국에서 주로 성장한 경험이 있는 청소년이 다문화가족 자녀의 15% 이상을 차지한다. 더 나아가 이들의 외국 거주 경험까지 포함하면 38%를 상회하는 상당수가 중도입국 청소년의 범주에 들어갈 수 있다. 그러므로 최근 중도입국 청소년에 대한 정부와 학계의 관심은 타당한 것이며, 앞으로 이들에 대한 지원 및 연구가 지속될 필요가 있다.

둘째, 중도입국 청소년의 현황이 아직 정확하게 파악되지 않는다. 정부 부처별 서로 다른 기준으로 중도입국 청소년을 파악하다 보니 중도입국 청소년의 통계가

7천여 명에서 3만여 명까지 다르며, 중도입국 청소년에 대한 상이한 기준은 정책적인 혼선과 재정적인 낭비를 가져올 수 있다. 그리고 아직 통계에 잡히지 않은 중도입국 청소년 수가 상당할 것으로 추정된다. 예를 들어, 공교육에 진입할 준비를 하거나 학업을 중도에 포기한 중도입국 청소년 등은 교육부의 통계에 잡히지 않는다. 이렇게 실태조사에 잡히지 않는 중도입국 청소년은 정부의 지원을 받을 수 없다. 그러므로 현장 전문가들은 중도입국 청소년에 대한 정확한 실태조사를 최우선적인 과제로 언급했으며(배상률, 2016: 90-93), 이러한 현황에 근거하여 체계적인 정책을 수립할 필요가 있다고 말한다(민나리, 2018).

중도입국 청소년에 대한 지원정책도 주무 부처별로 그 내용과 초점이 조금씩 차이가 있는데, 2016년을 기준으로 시행된 부처별 지원정책은 다음 〈표 1-3〉과 같다(김이선 외, 2016: 101-106).

〈표 1-3〉과 같이 첫째, 법무부의 정책은 중도입국 청소년의 사회통합에 초점을 두고 있다. 법무부는 2014년 시범적으로 4개 학교에 전문강사를 파견하여 사회통합교육을 실시했고, 전국의 다문화예비학교로 확대하고 있다. 교육의 대상은 취업을 위해 한시적인 체류비자(H-2)를 가진 중국 동포의 자녀들로 확대했다. 한국어로 교육을 받기 어려운 점을 감안하여 영어와 중국어로 교육을 실시한다. 또한 법무부는 교육부와 협업하여 중도입국 청소년의 입국과정에서 한국 학교에 대한 입학정보를

〈표 1-3〉 중도입국 청소년의 정책 개요

주무 부처	사업	내용	현황
법무부	조기적응 프로그램	입국 초기 사회적응 및 진로정보 제공	33개 기관
여성가족부	레인보우스쿨	한국어 및 초기 적응지원 프로그램	23개소
	무지개Job잡아라	단계별 진로지원 프로그램	6개소
	내-일을 잡아라	직업훈련 프로그램	신규 6개소
교육부	다문화예비학교	한국어, 한국문화 교육	110개교

제공하면서 공교육 진입을 적극적으로 유도하고 있다(법무부, 2017).

둘째, 여성가족부의 정책은 중도입국 청소년의 초기정착 지원에 초점을 맞추고 있다. 이주배경청소년지원재단 산하의 무지개청소년센터를 중심으로 레인보우스쿨(rainbow school)을 운영한다. 레인보우스쿨은 본래 북한이탈주민의 초기적응프로그램으로 시행되었으나, 중도입국 청소년 대상으로 확대되었다. 이 프로그램의 주요 목적은 중도입국 청소년이 공교육에 들어오기 전까지 다리 역할을 하는 것이다. 그러므로 레인보우스쿨은 중도입국 청소년에게 총 400시간의 과정을 통해 생활상의 기본정보, 기초한국어교육, 사회적 관계향상 프로그램, 한국 학교 편입학 지원, 취업 연계 등의 내용을 제공하여 한국에서 원활한 초기정착을 돕고 있다. 2016년을 기준으로 총 23개 기관에서 레인보우스쿨 프로그램을 실시하고 있다.

셋째, 교육부의 정책은 중도입국 청소년의 공교육 진입에 목표를 두고 있다. 이를 위해 교육부는 2012년 '다문화학생 교육 선진화 방안'을 발표하면서, 구체적으로 예비학교 및 다문화 코디네이터를 운영하고 있다. 2017년을 기준으로 179개의 다문화예비학교를 지정 및 운영 중에 있다. 중도입국 청소년이 공교육에 진입하는 일반적인 과정은 다음과 같다. ① 중도입국 청소년은 입국 과정에서 출입국관리소를 통해 입학정보를 안내받으며, 전담 코디네이터의 도움을 통해 외국에서 이수한 학력을 인정받는 절차를 거치게 된다. ② 학력을 인정받은 청소년은 6개월의 예비학교를 거친 후 정규학교로 배정을 받는다. ③ 학생별 사례관리를 통해 공교육에서 안정적인 정착을 돕는다.

중도입국 청소년의 주요 정책을 통해 얻을 수 있는 시사점은 다음과 같다. 첫째, 중도입국 청소년의 정책기조는 사회통합이다. 중도입국 청소년은 사회통합의 대상으로, 다문화가족정책의 기본계획과 부처별 지원계획에 따라 지원을 받는다. 정부의 정책은 이들이 원활하게 한국 사회에 적응하고 동화하는 것을 최종적인 목표로 한다.

둘째, 중도입국 청소년을 위한 심리적인 지원 서비스가 미흡하다. 청소년 전문가들과 학교 교사들은 중도입국 청소년을 위해 현장에서 가장 중요하고 시급한 정책 중의 하나가 심리지원 및 상담이라는 데 이견이 없다(양계민 외, 2014: 405-407; 김이선 외, 2016: 119; 배상률, 2016: 84-86). 그러므로 여성가족부는 중도입국 청소년을 위한 중장기 발전방안으로 학교와 유관기관의 유기적인 연계를 통한 심리적 지원을 제시하고 있다(김이선 외, 2016). 그뿐만 아니라 교육부는 전문상담교사의 상담역량을 강화하고, 다문화 학생의 특성을 고려한 찾아가는 서비스를 지원할 것이라는 다문화교육 지원 계획을 발표했다(교육부, 2018). 여성가족부는 2013년부터 이주배경 청소년의 심리 · 정서적 지원을 위한 심리상담카페를 운영하고 있으며, 주기적인 심사를 통해 심리치료비를 지원하고 있다(이주배경청소년지원재단, 2018). 그럼에도 이러한 중도입국 청소년을 위한 전문상담기관은 2018년 2월 기준으로 서울, 경기, 부산, 광주 등 전국 4개소에서만 운영되고 있는 실정이다. 그러므로 정부 차원의 중도입국 청소년의 심리적인 지원 서비스는 아직 초기단계라고 할 수 있다. 향후 과제는 이와 관련된 분야에서 연구 및 조사를 지속적으로 실시하여 기초자료를 축적할 필요가 있다.

2) 심리적 특성

이 책은 중도입국 청소년의 심리적인 특성이 단순히 개인적인 차원에서 발생하는 것이 아니라 중도입국 청소년을 둘러싼 가정, 학교, 지역사회, 국가 등 여러 층위의 맥락이 상호작용하면서 발생하는 것으로 이해한다. 바이저(Beiser) 외(2015)는 브론펜브루너(Bronfenbrenner, 2005)의 인간 발달에 대한 생태학적 접근과 지디키(Siddiqi) 외(2011)의 초기 아동발달의 총체적 환경평가모델(TEAM-ECD)을 기반으로 중도입국 청소년의 심리적 문제에 대한 예측변인 모델을 설계했는데, 이 모델은 개인적 수준, 미시적 수준, 중간적 수준, 거시적 수준이라는 요소들이 중도입국 청소년의 심리적 문제에 영향을 준다고 설명한다. 응오와 슐라이퍼(Ngo & Schleifer, 2005)도 중도입국 아동 및 청소년이 부딪히는 언어적 · 문화적 · 심리적 · 사회경제적 문제들을 분석하기 위해 사회복지, 건강, 교육, 정의라는 네 가지 영역에서 이들의 요구를 이들이 속한 가정, 학교, 지역사회라는 세 가지 맥락에서 이해하는 상호적인 모델을 제시한다. 그러므로 중도입국 청소년의 심리적 특성을 개인, 가정, 학교, 사회의 4개 영역으로 구분하여 설명하면 〈표 1-4〉와 같다.

〈표 1-4〉와 같이 첫째, 개인적 차원의 특성은 심리 · 발달적 어려움이다. 중도입국 청소년은 청소년기 정체성 형성이라는 심리발달적 과제를 가지고 있다. 하지만 이들은 국적이 다른 부모 사이에서 입양과 귀화의 과정을 거치면서 자아정체성과 국가정체성의 혼돈을 경험한다(전경숙, 2012). 성별, 연령, 입국 후 거주기간, 학교 재학 여부, 한국어 수준, 가족 지지 등의 다양한 요인이 중도입국 청소년의 자아존중감에 영향을 미치는 것으로 나타났다(양계민 · 조혜영, 2012). 배상률(2016)은 전국 학교 안팎의 577명의 중도입국 청소년을 대상으로 한 실태조사에서 중도입국 청소년의 내적 자산, 즉 심리적 자산을 진로정체감, 자아존중감, 자아정체감으로 보고, 이러한 심리적 자산은 입국자발성, 한국문화 · 사회에 대한 긍정적인 태도, 사회적 지지(교사, 부모, 또래 관계)와 관련이 있다고 보고한다.

둘째, 가정적 차원의 문제점은 가정의 지지기반 약화다. 중도입국 청소년은 주로 재혼가정의 자녀로서 가족의 분리와 재결합을 경험한다. 이들은 장기간 별거로 인한 친모에 대한 낯섦과 새롭게 만나게 된 계부 혹은 계부의 가족구성원에 대한 낯섦에 적응한다. 이 과정에서 부모의 지지기반이 약하면, 이들이 받는 스트레스는 가중된다. 또한 중도입국 청소년 가정의 상당수는 사회경제적인 수준이 낮아서 부모가 자녀들을 돌볼 수 있는 여건이 상대적으로 취약하고 이들에 대한 무관심과 방임

〈표 1-4〉 중도입국 청소년의 심리적 특성

영역	심리적 특성	관련된 요인	선행연구
개인	자아정체성 형성의 발달과제	개인 역량, 문화적응과 관련된 탄력성	바이저 외(2015)
		자아존중감	양계민, 조혜영(2012)
		자아정체성, 국가 · 민족정체성	전경숙(2012), 수졸드직(Sujoldzic) 외(2003)
		진로정체감, 자아존중감, 자아정체감	배상률(2016)
가정	지지집단의 약화로 인한 소외감	가족기능, 부모의 양육 행태, 부모의 정신건강	바이저 외(2015)
		한국인 계부의 양육 태도	윤향희(2016)
		가족관계, 부모의 사회연결망	정희정, 김소연(2014)
		가족갈등, 부모의 학대 · 방임, 가족지지	양계민, 조혜영(2012)
		부모-자녀 관계	김이선 외(2016)
		부모-자녀 갈등	스모코프스키(Smokowski) 외(2007)
		사회경제적 수준, 부모의 방임	전경숙(2012)
학교	언어 및 학교생활적응의 어려움	친구 지지	양계민, 조혜영(2012)
		또래 관계, 학교폭력 경험	김이선 외(2016)
		언어적 어려움	김홍기(2015), 배상률(2016)
		집단따돌림	조원탁 외(2012)
		학업 포기율	최영권(2012)
		학교 문화적응	배상률(2016)
사회	문화적응, 체류 신분의 스트레스	가난, 차별 경험, 문화적 거리	바이저 외(2015)
		편견, 차별	전경숙(2012)
		체류자격, 취업 기회	배상률(2016)
		문화적응 스트레스	양계민 · 조혜영(2012), 버먼과 챈(Birman & Chan, 2008)

으로 이어지면서 중도입국 청소년의 성장 가능성을 저해할 수 있다(전경숙, 2012). 이러한 상황은 중도입국 청소년에게 소외감을 증폭시키며 재사회화를 경험하기 어렵게 만든다(김영순 외, 2012).

셋째, 학교 차원의 문제점은 언어와 학교생활적응의 어려움이다. 중도입국 청소년이 학생으로서 겪는 가장 근본적인 어려움은 언어적 장벽이다(김홍기, 2105). 이들이 공교육에 적응하지 못하는 가장 큰 이유는 한국어 실력 때문이다(배상률, 2016). 학교 안에 있다 하더라도 학업내용을 이해하거나 따라가기 힘들며, 학교의 규범과 문화에 적응하는 데 어려움이 있다(배상률, 2016). 또한 이들은 학교 친구들과 원만한 관계를 유지하는 데 어려움이 있으며, 부모가 외국인이라는 이유 때문에 집단따돌림을 경험한 학생들도 20%에 가깝다(조원탁 외, 2012; 김홍기, 2015에서 재인용). 그러므로 중도입국 청소년의 학업 포기율은 27%에 가까울 정도로 심각하고, 학년이 높아질수록 이 비율은 점점 높아진다(최영권, 2012; 김홍기, 2015에서 재인용).

넷째, 사회적 차원의 문제점은 문화적응, 체류 신분과 취업훈련의 어려움이다. 중도입국 청소년은 이주민으로서 삶의 터전이 외국에서 한국으로 전환되면서 문화적응의 어려움과 체류자격 획득이라는 과제를 안게 된다. 그들은 두 개의 문화와 두 개의 언어에서 오는 갈등과 긴장에 항상 노출되어 있으며, 사회적 편견과 차별을 경험한다(전경숙, 2012). 체류자격 문제는 그들이 법과 제도의 지원과 혜택을 받지 못하는 사각지대에 들어가게 한다. 교육적 혜택과 직업훈련 및 취업 기회에서 제외된 중도입국 청소년은 학업을 중단하고 단순노무직에 종사하게 되면서 사회적 약자로 전락할 수 있다(배상률, 2016).

이처럼 중도입국 청소년의 심리적 특성에 관한 선행연구 분석을 통해 이 책의 주제에 유의미한 시사점은 다음과 같다. 첫째, 중도입국 청소년의 심리적인 문제를 통합적인 관점에서 이해해야 한다. 중도입국 청소년의 심리적인 문제는 개인, 가정, 학교, 지역사회라는 다양한 층위에서 바라볼 때 확실하게 이해될 수 있다.

둘째, 중도입국 자녀의 심리적인 특성은 한국에서 태어나고 성장한 다문화가족 자녀의 심리적인 특성과 다소간 차이가 있다. 중도입국 청소년의 이주 경험과 문화적응은 이들의 독특한 심리적인 발달과 밀접한 관련이 있다. 그러므로 중도입국 청소년에 특화된 접근이 필요하다.

셋째, 중도입국 청소년을 위한 심리지원 서비스를 제공할 필요가 있다. 위의 특성에서 보다시피 중도입국 청소년이야말로 한국에서 이중 · 삼중의 어려움을 겪고 있을 뿐만 아니라 자신의 고민을 말로 표현하지 못하고, 스스로 그러한 도움을 얻을 수 없는 사회적인 취약계층이라고 할 수 있다. 이런 점에서 중도입국 청소년의 눈높이에 맞으며, 중도입국 청소년이 편안하게 다가갈 수 있고, 중도입국 청소년에게 효과가 있는 상담 및 심리치료 등의 복지서비스를 개발하고 보급할 필요가 있다.

위와 같은 선행연구 분석과 시사점을 통해 이 책의 의의는 다음과 같다. 첫째, 이 책은 고등학교에 재학하는 중도입국 청소년을 대상으로 한 심리치료 프로그램을 설계할 때, 그들을 둘러싼 맥락을 고려하여 심리적인 문제를 다룬다. 둘째, 이 책은 심리치료 프로그램을 임상적으로 적용할 때, 중도입국 청소년의 수준과 접근성을 고려하여 현장에서 수월하게 활용하고 보급될 수 있는 심리치료 프로그램을 지향한다.

3.
이주배경 청소년을 위한 미술치료와 이야기치료

1) 미술치료의 국내 연구 동향*

(1) 미술치료

최근 들어 우리 사회에 다문화 배경을 지닌 인구가 점차 증가하면서, 그들의 심리적 어려움에 대한 호소 또한 늘어나고 있다. 이런 경향을 배경 삼아 2006년부터 한국의 다문화 인구를 위한 미술치료 프로그램에 대한 연구가 많아졌다. 한국의 남성과 결혼하여 본국에서 이민 온 결혼이주여성, 본국을 떠나 경제적 혹은 사회적으로 더 나은 삶을 꿈꾸며 이주한 외국인근로자 등 다양한 부류의 이민자가 한국에

* 이 절은 『학습자중심교과교육연구』에 게재된 김수민 · 김영순(2019)의 「다문화 내담자를 위한 미술치료의 국내 연구동향에 대한 탐색적 연구」를 수정 보완한 것이다.

서 생활하고 있다. 이들은 새로운 환경에 적응하고 생활하면서 심리적 어려움을 경험하고 있다. 또한 공통적으로 저하된 자아존중감을 경험하고 있었다(김경미 · 이은주, 2018; 권복순, 2010; 김선현 · 류경희 · 최순주, 2009). 그들이 타국에서 더 나은 삶을 살기 위해서는 심리적 어려움을 해결하기 위한 기회가 마련되어야 한다. 이러한 이유로 다문화 내담자를 위한 상담이 활발히 연구되고 있다. 이 연구에서 '다문화 내담자'란 다문화 배경을 가진 인구 중 상담을 통해 심리적 어려움을 해결하고자 프로그램에 내담한 사람을 의미한다(류진아, 2018). 일반 상담은 주로 언어적 소통을 통해 이루어져 왔기에 언어적 어려움을 경험하고 있는 다문화 내담자에게 효율적이지 않다. 표현예술치료 중 하나인 미술치료 프로그램은 '미술도구'라는 매체를 통해 그들의 무의식에 억압된 감정을 표출하게 도와준다. 미술치료 프로그램은 언어적 소통에 어려움을 경험하고 있는 다문화 내담자들에게 그들의 내적 감정을 표현할 좋은 기회를 제공할 것이다. 다문화 상담에서의 에틱 접근(Etic Approach)에 따르면, 상담을 통한 효과적인 의사소통을 강조했다(Choudhuri & Santiago-Rivera & Garrett, 2012). 하지만 다문화 내담자는 언어적 소통의 어려움을 경험하고 있기에 언어적 소통보다는 비언어적 소통을 통한 미술치료가 화두가 되고 있다. 미술치료는 내담자의 공간에 통제적이지 않기에 자신의 작품에 대해 자유롭게 공유할 수 있도록 환경을 제공한다(이근매, 2014). 미술치료는 특히 새로운 환경에 대한 적응으로 많은 스트레스를 경험하고 있는 다문화 내담자에게 자신의 억압된 감정을 자유롭게 표출할 수 있도록 기회를 제공할 것이다. 다문화 내담자를 위한 미술치료 형태는 주로 집단미술치료로 구성되었다(이근매, 2014). 이는 다문화 내담자끼리 교류하여 내담자 본인의 어려움을 새로운 각도로 바라볼 수 있도록 도와준다. 집단미술치료는 내담자가 다른 구성원의 긍정적 행동을 모방하고, 기대하는 치료목표에 도달할 수 있도록 돕는다(이근매, 2014).

국내 다문화 내담자를 위한 상담 관련에 대해 연구한 임은미 · 정성진 · 김은주(2009)는 다문화 내담자를 위한 상담 관련 논문들을 토대로 현황을 분석했다. 하지만 이는 예술치료를 포함한 광범위한 범위의 상담 관련 논문들을 포함했다. 임은미 · 정성진 · 김은주(2009)의 연구 이후 10년이 지났음에도 미술치료 관련 현황 분석 연구가 진행되지 않았다. 일반을 대상으로 한 미술치료 연구와 비교했을 때도 다문화 내담자에 대한 미술치료 연구는 부족하다. 한국의 다문화 상담에 관한 연구는 2009년부터 급격히 늘어나고 있지만, 다문화 내담자를 위한 미술치료의 중요성에 대한 연구는 여전히 부족한 실정이다. 국내 다문화 내담자를 대상으로 한 미술치료 연구를 발전시키기 위해서는 현재까지의 연구 동향을 파악하여 한국의 다문화 내담자들의 심리적 결핍을 탐색해야 한다. 또한 그들에게 적용되고 있는 미술치료 프로그램 구성을 분석해야 한다. 현재까지 다문화 내담자를 위한 미술치료의 연구 동향을 파악하는 연구는 충분치 않았다. 다문화 내담자를 위한 미술치료 프로그램과 관련한 논문들을 통해 한국의 다문화 인구가 경험하고 있는 어려움을 탐색하고, 그들을 위해 미술치료 프로그램을 발전시킬 수 있는 좋은 계기가 된다. 이를 위해 미술치료에 관한 국내 연구 동향을 살펴보는 것은 향후 이민자를 위한 미술치료 방안을 모색하는 데 기여할 것이다.

미술치료의 연구 동향을 분석한 연구들로는 한국 미술치료의 연구 동향을 분석한 기정희 외(2011)와 표현예술치료 개입 연구 동향과 관련하여 연구한 류진아(2018)가 거의 유일하게 다문화 내담자를 중심으로 한 예술치료 동향에 대해 연구했다. 류진아(2018)는 이 책의 취지와 유사하지만, 미술치료만이 아닌 표현예술치료를 중심으로 다루었다는 점에서 다르다. 표현예술치료는 미술치료를 포함하는 더 넓은 범주이고, 놀이치료, 음악치료 등도 포괄하는 용어다. 이 절에서는 기존 연구들(류진아, 2018; 기정희 외, 2011)과 차별을 두어 미술치료의 장점에 집중하고 다문화 내담자를 위한 프로그램 구성에 대해 연구하고자 한다.

현재까지 다문화 내담자를 대상으로 한 국내 미술치료 프로그램 관련 연구들은 꾸준히 진행되어왔다. 이 연구들은 개별 다문화 내담자의 심리적 어려움을 다루기 위해 구성되어왔으며, 개별 내담자들의 심리적 어려움을 효율적으로 해결하기 위해 프로그램에 치료기법을 융합하기도 했다. 연구자들은 다문화 내담자들이 겪고 있는 상황을 고려하여 프로그램을 구성했다. 또한 다양한 연구방법론을 이용하여 다문화 내담자들의 프로그램 회기별 변화를 탐색하고 검증했다.

이 절에서는 선행연구를 참고하여 연구목적에 따라 분석 틀을 설정했다. 앞서 한국에 거주하고 있는 이민자의 이민 동기, 이유, 직업 등을 기준으로 다문화 내담자를 분류했다. 또한 이민자 유형을 다문화가정, 중도입국 청소년, 결혼이주여성, 유학생, 난민, 새터민, 외국인노동자로 나누어 논문들을 분류했다.

이 절은 한국에 거주하는 다문화 내담자들의 심리적 어려움에 대해 탐색하고 이해하고자 한다. 나아가 논문들을 근거로 미술치료 프로그램들의 구성, 그리고 연구 대상 프로그램을 통한 기대 효과를 분석하고자 했다. 이 책의 취지는 미술치료와 관련된 국내의 학술지 논문을 토대로 미술치료 프로그램 발전을 모색하는 것이다. 궁극적으로, 다문화 내담자를 위한 미술치료 프로그램을 도입하고 발전시키기 위한 이론적 토대를 마련하고자 한다.

이 절에서 다룬 연구 문제는 다음과 같다. 첫째, 국내 다문화 내담자의 미술치료에 대한 연구 동향은 어떠한가? 둘째, 국내 다문화 미술치료 관련 프로그램의 시사점과 향후 과제는 무엇인가?

(2) 미술치료의 개념

미술치료는 상담이나 심리치료가 필요한 내담자의 내적 갈등을 개방할 수 있도록 환경을 조성해주는 방법이다. 표현예술치료의 한 형태로, 지원되고 안전한 환경에서 미술재료를 사용함으로써 내담자들이 변화하고 성장할 수 있도록 돕는다.

나아가 방어기제 분석을 통해 내담자들로부터의 저항을 다루며, 라포 형성을 돕는다. 또한 의사소통에 어려움을 겪고 있는 사람에게 접근하기 쉬운 방법이다(이경원, 2013). 억압된 감정을 가진 사람들은 미술재료를 통해 자유롭게 감정을 표현할 수 있다. 낙담하는 이민자는 미술치료를 받는 동안 쉼을 누릴 것이다(Waller & Dalley, 1992). 내담자는 미술치료 속 미술작품 창작을 통해 언어적 표현보다 시각적 표현으로 본인의 문제, 고통, 상황 등을 재인식하며 수용한다(정여주, 2016).

크레이머(Kramer)에 따르면, 내담자는 미술치료 과정을 통해 내적 갈등을 승화하며 심리적 해방감을 경험한다(정여주, 2016; Waller & Dalley, 1992). 새로운 문화에 적응하며 스트레스를 경험하는 다문화 내담자에게 내적 갈등을 승화시킬 수 있는 미술치료가 필요하다. 다문화 내담자의 어려움은 다양했으며, 문화적응 스트레스, 학교생활에서의 부적응 등이 있다. 현재 다문화 상담이 이루어지고 있지만, 여전히 이민자는 원활한 상담을 하는 데 어려움을 느끼고 있다. 미술치료 프로그램은 그들의 심리적 어려움을 해소하기에 적합하다. 언어장벽을 가지고 있기에 언어적 상담보다는 비언어적 상담으로 이루어지는 미술치료 프로그램이 다문화 내담자에게 상대적으로 부담을 주지 않는다. 일반적인 상담과 달리, 미술치료는 간섭받지 않고 의사소통과 창의성 발달을 위해 풍부한 비언어적 측면을 가지고 있다(이근매, 2014). 미술치료 프로그램에서는 내담자 본인이 작품을 만들어가는 과정에서 치유 과정을 경험할 수 있으며, 상대적으로 상담가의 직접적 개입이 적다. 다문화 내담자에 대한 미술치료를 활용한 국내 선행연구를 살펴보면, 다문화 내담자를 위한 미술치료 프로그램들은 주로 집단미술치료를 토대로 구성되었다. 집단미술치료는 내담자들이 다른 내담자들을 지지하여 치료목표에 도달할 수 있도록 도와준다(왕금미 · 오영훈, 2016; Yalom & Leszcz, 2005).

국내에서 미술치료가 소개되고 연구되기 시작한 것은 1990년대 후반부터다. 미술치료는 다문화 인구를 포함하여 청소년, 성인, 노인 등 넓은 범주의 내담자를 대상으로 시행되었다. 다문화 내담자를 위한 국내 미술치료 관련 연구는 2006년부터 시작되었다. 다문화 내담자를 위한 국내 미술치료에 관한 연구는 일반 심리상담 분야에 비해 늦게 시작되었지만, 꾸준히 증가했고 2010년 이후 급증하고 있다. 다문화가정에 대한 연구는 2011년부터 활발히 진행되었고, 그 이후 2016년까지는 연구가 소극적으로 진행되었다. 그러다가 2016년 이후 다문화가정에 대한 연구가 다시 진행되었다. 이러한 결과는 2016년 이후 다문화가정의 모(母)에 대한 연구보다 자녀들에 대한 연구가 활발히 진행되었음을 예상할 수 있다. 2016년 이후 다문화가정 자녀에 대한 연구들을 분석하면, 공통적으로 자녀의 사회생활 적응에 초점을 두고 있었다. 정진숙(2016)은 학교생활적응을 위해, 김경미 · 이은주(2018)는 또래 관계 개선을 위해, 송혜경 · 문경아 · 신주원(2018)은 타인과 상호작용을 위해 미술치료 프로그램을 진행했다. 다문화 내담자를 위한 표현예술치료 연구 동향을 분석한 류진아(2018)는 2008년부터 2018년까지 학술지 논문을 탐색한 결과, 다른 내담자와 비교했을 때 아동과 청소년을 위한 프로그램이 활발히 진행되었음을 발견했다.

이 절에서는 미술치료의 여러 형태 중 집단미술치료를 중심으로 동향을 분석하고자 한다(왕금미, 2017). 집단미술치료는 집단원 내에서 드러나는 문제에 대해 다양한 관점을 토대로 대응방식과 문제를 관찰하고 이해할 수 있도록 돕는다. 내담자는 집단미술치료를 통해, 특히 다문화 내담자들은 상호교류를 통해 주호소 해결을 위해 서로 도움을 주고받으며 자신의 가치와 삶의 의미를 깨달을 수 있다. 얄롬(Yalom, 1995)에 따르면, 효과적인 치료 집단은 내담자들의 자유로운 상호작용을 통해 부적응적 양상을 변화시킬 수 있도록 이끈다고 했다. 집단미술치료는 유아에서 노인에 이르기까지 다양한 연령을 대상으로 이루어지고 있으며, 치료과정 속에서 저항 없이 쉽게 실시되고 있다. 한국미술치료학회(1994)에 따르면, 집단미술치료는 자기표출을 두려워하여 타인과의 소통을 회피하는 내담자에게 유용하다. 게다가 언어적 표현이 어려운 내담자도 집단미술치료를 통해 자기를 표현할 기회를 얻는다. 언어

표현의 한계를 가진 아동에게는 자신을 표현할 수 있는 매개체를 제공한다. 집단원들과의 협동 작업을 통해 경험을 공유하며 대인관계 및 사회성 능력을 향상시킬 수 있다. 따라서 집단미술치료는 문화적응 스트레스로 인해 낮은 자아존중감을 호소하는 다문화 내담자들에게 적합하다.

(3) 분석기준

국내 다문화 내담자를 위한 미술치료 동향을 연구하기 위해 미술치료 및 상담 분야와 관련된 탐색적 연구 논문들을 탐색했다. 이 절의 연구 문제와 비교했을 때 개별 논문들은 차이점이 있었지만, 미술치료라는 상담기법 혹은 다문화 내담자라는 대상의 유사성을 가지고 있었다. 이러한 기존 연구들의 분석기준은 이 책의 분석기준을 발전시킬 수 있도록 도움을 주었다. 임은미 · 정성진 · 김은주(2009)는 국내 다문화 상담 연구의 동향을 파악하기 위해 대상, 연구 시기 변천, 주제를 중심으로 분석한 논문들을 연구했다. 이 연구는 이후 다문화 상담 관련 동향 연구 발전에 기반을 제공했다. 기정희 외(2011)는 국내 학술지를 중심으로 한국 미술치료와 관련된 동향 연구를 했다. 이 연구는 발행 연도, 연구방법론, 대상, 치료목적 등을 기반으로 분석되었다. 이수은(2011)은 국내 미술치료 관련 석사학위논문을 토대로 발행 연도, 대상, 연구주제, 편수 등을 분석했다. 김미진 · 강영주(2014)는 발행 연도, 대상, 연구방법론, 연구주제 등을 분석하여 아동미술치료의 국내 연구 동향에 대해 탐색했다. 오영섭 · 김영순 · 왕금미(2018)는 해외의 이야기치료 관련 석 · 박사학위논문을 토대로 탐색적 연구를 진행했으며, 발행처, 발행 연도, 연구 영역, 연구참여자, 연구방법론, 주요 변수 등을 분석하여 동향을 파악하고자 했다.

이러한 기존 논문들은 대상과 분석기준에서 차이가 있었지만, 향후 국내 다문화 내담자를 위한 미술치료 프로그램 관련 연구를 발전시키기 위한 체계적인 분석기준의 토대가 되었다. 미술치료, 이야기치료 등 다양한 예술치료에 대한 연구가 이루어졌지만, 국내 다문화 내담자를 위한 동향 연구는 진행되지 않았다. 이 연구들은 예술치료와 상담 분야에 속하며, 내담자를 위해 프로그램 구성을 분석했다는 점에서 이 책이 탐색적 연구를 진행하기 위한 분석기준을 체계적으로 선정할 수 있도록 도움을 줄 것이다.

(4) 연구 방법

① 분석 절차와 대상

이 절은 학술지 논문을 토대로 문헌연구를 했다. 학술지 논문들은 국내 데이터베이스 홈페이지 Riss를 통해 수집되었다. 이 논문들은 2002년부터 2017년까지 출간되었다. '다문화'와 '미술치료'라는 핵심어로 Riss를 통해 검색한 결과로 박사학위논문보다는 석사학위논문들을 주로 연구했으며, 96편의 논문 모두 석사학위논문에 해당한다. 이 석사논문들은 2006~2019년 현재까지 발표되었다. 이 책은 학술지 논문을 기반으로 연구 동향을 탐색함으로써 미술치료 프로그램 개발의 발전 방향을 연구하고자 했다. 그러한 이유로 이 책의 분석논문으로 학술지 논문을 선정했고, 석 · 박사학위논문들은 제외했다.

이 절에서는 2019년 3월 중순 학위논문(석사와 박사)보다는 학술지에서 검증받은 국내의 논문들을 위주로 검색했다. '다문화'와 '미술치료' 그리고 '미술치료'라는 핵심어로 Riss에서 두 차례 검색했을 때, '다문화'와 연관된 검색으로는 국내 학술지 논문 기준으로 63건, 그리고 '미술치료'만으로 검색했을 때 4,666건이 나왔다. '미술치료'라는 핵심어를 이용한 검색 결과를 토대로 비교했을 때, '다문화'와 '미술치료'라는 핵심어와 관련된 논문들은 1.35% 정도에 그쳤다. 그런 다음 '미술치료'와 '중도입국'을 검색한 후 15건, '유학생'과 함께 검색한 후 6건, '새터민'과 함께 검색한 후 5건, '외국인노동자'와 함께 검색한 후 5건, '국제결혼'과 함께 검색한 후 2건, '북한이탈주민'과 함께 검색한 후 1건, '난민'과 함께 검색한 후 1건이 나왔다.

Riss를 통한 검색 결과에서는 포함되어 있지만, 실제로 저자의 개인적 사유로 인해 논문의 원문을 찾지 못했다. 검색 결과에는 미술치료와 직접적으로 연관성이 약한 논문들도 같이 검색되었다. 이러한 논문들은 이 책의 목적과 일치하지 않기에 제외되었다.

총 64편의 논문들을 발췌했는데, 이 중 KCI에 등재되어 있는 논문은 35편, KCI 등재 후보에 올라가 있는 논문은 17편, 그리고 그 외 일반학술지에 투고된 논문은 12편이었다. KCI 등재 혹은 등재 후보에 올라가 있는 논문들은 학술지의 질적 수준이 검증되었다고 판단했고, 그 외에 일반학술지에 투고된 논문들은 연구에서 제외했다. 이 책에서는 총 53편의 논문을 토대로 분석하고자 한다.

② 분석기준

이 절은 기존의 미술치료 및 상담 분야에서 다문화 내담자 관련 연구 분야의 탐색적 연구 혹은 동향 연구 논문들을 토대로 저자가 설정한 준거에 따라 연구하고 분석한다. 더불어 〈표 1-5〉와 같은 분석 준거 틀을 제시하는 것이 요구된다.

이 절은 기존 연구들의 일곱 가지 영역을 중심으로 분석 준거를 제시하고, 준거에 따라 분석한 결과를 통해 빈도, 비율 등을 기초적인 통계로 제시할 것이다. 연구 동향에 대한 분석을 보완하기 위해 다문화 내담자별 미술치료 프로그램과 융합된 모형을 분석하여 연결성을 제시할 것이다. 이 책에서 추가로 제시한 분석 준거는

〈표 1-5〉 탐색적 연구에 대한 준거 기준

저자	대상(연구 기간)	분석기준
임은미 · 정성진 · 김은주(2009)	이주민(~2008)	대상, 주제, 연도 등
기정희 외(2011)	한국의 미술치료(1994~2010)	연도, 방법론, 대상, 치료의 목적 등
이수은(2011)	한국 미술치료에 대한 석사학위논문(2001~2011)	연도, 대상, 연구주제, 편수 등
김미진 · 강영주(2014)	어린이(2004~2013)	대상에 대한 일반적 특징, 프로그램당 연구 참여자 수, 방법론, 연구의 내용 등
오영섭 · 김영순 · 왕금미(2018)	해외 이야기치료에 대한 석 · 박사학위논문(1995~2017)	발행처, 발행 연도, 심리학의 연구영역, 연구 참여자, 표본 크기, 연구방법론, 주요 변수 등

학술지 논문들에서 제시된 핵심어들을 통해 이민자 대상의 미술치료의 주요 담론을 확인하고자 한다. 이를 위해 핵심어의 빈도수와 핵심어들을 분류하여 경향을 파악할 것이다.

③ 분석 방법

동향 연구는 특정한 분야에서 다루어진 선행연구들의 이론적 개념을 토대로 형성된 준거 틀에 따라 정리하여 비판적으로 평가한 다음 향후 연구의 방향 및 과제를 제시하는 연구 방법이다(김용숙 · 성영란 · 유지은, 2015). 분석대상이 되는 기존 논문들은 귀납적인 방법에 기반을 둔 내용분석을 통해 결과를 창출한다(김종훈, 2014).

이 절에서는 〈표 1-5〉에서 제시한 미술치료와 상담 관련 분야의 연구 동향 분석 논문들을 통해 1차적으로 네 가지 상위 범주(기본정보, 연구 대상, 연구 방법, 프로그램)를 도출했다. 이러한 상위 범주를 기준으로 분석대상인 총 53편의 논문을 귀납적인 방법으로 2차 범주를 도출했다. 제1저자는 2차 범주화로 도출된 하위 범주들을 공동

〈표 1-6〉 탐색적 연구에 대한 준거 기준

범주		내용
기본정보	발행 연도	2006~2018 연구 양상 분석
연구 대상	연구 대상	• 다문화 내담자별 분류(다문화가정, 중도입국 청소년, 결혼이주여성, 외국인노동자, 유학생, 새터민, 난민) • 발달단계별 분류(아동, 청소년, 성인, 노인) • 연령별 미술치료 프로그램 구성 • 미술치료 프로그램별 연구 대상 수
연구 방법	연구방법론	양적 연구방법론, 질적 연구방법론, 혼합 연구방법론
	주요 변수	미술치료 프로그램에서 기대되는 효과
프로그램	치료기법의 융합	융합된 미술치료 프로그램의 종류
	회기	회기의 횟수
	핵심어 분석	개별 논문의 핵심어 정리 및 분석

저자와 협의를 통해 보완했고, 분석을 위한 최종적인 범주 틀을 〈표 1-6〉과 같이 제시했다.

〈표 1-6〉과 같이 연구 동향 분석 틀은 4개의 상위 범주와 7개의 하위 범주로 구성되었으며, 이 범주를 토대로 자료를 분석할 것이다. 발행 연도 분석은 다문화 내담자를 위한 미술치료 연구 동향을 제시할 것이다. 연구 대상 분석은 미술치료 프로그램 내 연구 대상에 대한 특징을 보여줄 것이다. 연구 방법 분석은 다문화 내담자를 위한 미술치료 관련 논문 간 연구방법론의 주요 양상을 탐색할 것이다. 프로그램 분석은 다문화 내담자의 특징에 따른 미술치료 프로그램 구성과 핵심어 분석을 통한 다문화 내담자별 국내 미술치료의 연구 경향을 살펴볼 것이다.

(5) 연구 결과

① 기본정보에 대한 분석

• 발행처

다음 〈표 1-7〉은 국내 다문화 내담자 대상의 미술치료 논문들이 게재된 학술지들을 정리하여 관련 현황을 나타낸 것이다.

'미술치료연구'에 16편, '한국예술치료학회지'에 9편, '예술심리치료연구'에 7편, '임상미술심리연구'에 3편, '한국청각 · 언어장애교육연구'와 '재활심리연구'에 각각 2편이 투고되었다. '정서 · 행동장애연구', '한국동북아논총', '학습자중심교과교육연구', '동북아문화연구', '예술인문사회융합 멀티미디어논문지', '다문화교육연구', '가족과 가족치료', '청소년학연구', '한국미술치료학회', '한국언어문화학', '아동복지연구', '한국심리학회지 건강', '한국가정관리학회지', '조형교육' 그리고 '상담학연구'에 한 편씩 투고되었다. 이러한 분석에 따르면, 다수의 논문이 투고된 '미술치료연구'는 다문화 내담자를 위한 미술치료의 중요성에 주목하고 있다. 반면

〈표 1-7〉 개별 논문들의 발행처 분류

미술(치료)	심리 · 상담	교육 및 문화 연구
• 미술치료연구(16) • 한국예술치료학회지(9) • 예술심리치료연구(7) • 임상미술심리연구(3) • 한국미술치료학회(1) • 예술인문사회융합 멀티미디어논문지(1) • 조형교육(1)	• 재활심리연구(2) • 한국심리학회지 건강(1) • 가족과 가족치료(1) • 아동복지연구(1) • 상담학연구(1)	• 한국청각 · 언어장애교육연구(2) • 한국동북아논총(1) • 학습자중심교과교육연구(1) • 동북아문화연구(1) • 다문화교육연구(1) • 한국가정관리학회지(1) • 청소년학연구(1) • 한국언어문화학(1)

※ 괄호 안의 숫자는 출판 횟수임

에, 다른 학술지에서는 다문화 내담자를 위한 미술치료 분야를 상대적으로 강조하고 있지 않다.

• 발행 연도

다음 〈표 1-8〉에 따르면, 외국인노동자를 대상으로 한 미술치료 관련 연구들은 2007년부터 진행되어온 것을 확인할 수 있다. 이는 다른 다문화 대상보다 일찍부터 연구되어왔고, 한국 사회에서 다른 다문화 대상들보다 외국인노동자에 대해 우선적으로 관심을 가졌던 것으로 예측할 수 있다.

〈표 1-8〉에서 보면, 다문화가정에 대한 연구는 외국인노동자보다 늦게 진행되었으나, 4배 이상의 양으로 증가했다. 결혼이주여성에 대한 연구는 외국인노동자보다 1년 일찍 진행되었고, 외국인노동자에 대한 연구보다 2배 이상의 양으로 발전했다. 외국인노동자에 대한 연구가 다른 대상들과 비교했을 때 일찍 진행되었지만, 상대적으로 연구가 활발히 진행되지는 않았다. 이러한 결과를 통해 국내 다문화 내담

〈표 1-8〉 연구 대상과 발행 연도에 따른 다문화 미술치료 연구 경향

연구 대상	출판 연도	횟수(%)	문헌 출처	대상에 대한 세부 정보
다문화가정	2008~2017	22(42)	정창숙(2017) 외	아동, 청소년, 가정 전체
중도입국 청소년	2013~2017	6(11)	모선미 · 류정미 · 오승진(2017) 외	중국계 자녀, 필리핀
결혼이주여성	2006~2018	13(25)	김동옥 · 이근매(2018) 외	폭력 피해여성
외국인노동자	2007~2018	5(10)	김예지 · 최은영(2018) 외	외국인노동자, 자녀
유학생	2010~2015	2(4)	박수정 · 박미향(2015) 외	재한 중국인 유학생
새터민	2008~2015	4(6)	신민주 · 최선남(2015) 외	여성, 자녀
난민	2014	1(2)	유나래(2014)	아프리카 난민

자 간의 분류에 따라 연구 경향에 차이가 있음을 나타낸다.

② 연구 대상의 경향

한국학술지인용색인(KCI)은 국내 학술지들의 질적 수준을 향상시키기 위해 학술지 평가 사업을 진행하고 있다. 자체 평가에 의한 점수에 따라 일반학술지, 등재후보학술지, 등재학술지로 구분하여 적용하고 있다. 이 책에서는 이러한 이유로 국내 석 · 박사 논문을 제외하고, KCI 등재 논문 혹은 등재후보학술지 논문을 토대로 분석을 진행했다.

다음 〈표 1-9〉는 다문화 내담자 대상별 미술치료 프로그램 관련 논문의 발

〈표 1-9〉 다문화 내담자 대상별 미술치료 프로그램 관련 논문의 발행 연도

발행 연도* / 대상	06	07	08	09	10	11	12	13	14	15	16	17	18	편수 (%)
다문화가정	·	·	1	2	3	4	3	1	2	·	1	2	3	22 (42)
중도입국 청소년	·	·	·	·	·	·	·	1	·	1	2	2	·	6 (11)
결혼이주여성	1	·	·	1	2	·	1	3	·	2	2	·	1	13 (25)
외국인노동자	·	1	1	·	1	·	·	·	·	1	·	·	1	5 (10)
유학생	·	·	·	·	1	·	·	·	·	1	·	·	·	2 (4)
새터민	·	·	1	·	·	·	1	·	1	1	·	·	·	4 (6)
난민	·	·	·	·	·	·	·	·	1	·	·	·	·	1 (2)

* 발행 연도는 2000년대이며, 연도 기입 시 첫 두 자리 20을 생략함.

행 연도를 비교했다. 다문화가정에 대한 연구는 2011년까지 활발히 진행되었고, 2016년까지 연구 진행이 소극적이었다. 그러다가 2016년 이후에 다시 활발히 진행되고 있다. 결혼이주여성에 대한 연구는 2012년 이후 활발히 진행되었고, 그 후에는 연구가 줄어들고 있다. 이러한 결과를 토대로, 2016년 이후 다문화가정의 모보다는 자녀들에 대한 연구가 활발히 진행되고 있음을 예상할 수 있다.

다문화가정 자녀에 대한 연구들에 따르면, 공통적으로 자녀의 사회생활 적응에 초점을 두고 있었다. 정진숙(2016)은 학교생활적응을 위해, 김경미 · 이은주(2018)는 또래 관계 개선을 위해, 송혜경 · 문경아 · 신주원(2018)은 타인과 상호작용을 목적으로 한 미술치료 프로그램을 진행했다. 김가현 · 장석환(2017)은 다문화가정 자녀의 근본적인 어려움인 스트레스를 해소하기 위해 미술치료 프로그램의 중요성을 강조했다. 이러한 스트레스를 대처하기 위한 연구도 진행되었으며(김동옥 · 이근매, 2018), 스트레스로 유발될 수 있는 감정적 갈등을 유연하게 다루기 위해 자아탄력성에 주목했다.

• 내담자

이 절은 내담자의 연령대를 정리하기 위해 에릭슨(Erik Erikson)의 심리사회적 발달모형을 참고했다(Erikson, 1977). 에릭슨의 발달단계모형에 따라 연령대를 분석해보았다. 53편의 논문을 분석한 결과, 내담자의 연령대는 만 2세부터 60대까지 다양하게 분포되어 있었다. 내담자들은 초등학교 아동기(6~12세)에 속하는 참여자부터 성인 후기(65세 이상)에 속하는 대상들도 포함되어 있다. 이러한 분석 결과는 미술치료가 전 연령대를 아울러 사용되고 있음을 밝혀준다. 초등학교 아동기에 속하는 대상은 주로 부모와 함께 미술치료 프로그램에 참여했다. 이러한 미술치료 프로그램은 부모(특히 모-자관계)와의 관계 속에서 긍정적인 발전(김유리 · 오종은, 2013: 오가영, 2011)과 다문화가정 아동의 어휘력과 스트레스 감소에 초점을 두기도 했다(박선희, 2010). 반면, 성인 초기부터 성인 후기에 해당하는 연령대의 내담자는 주로 결혼이주여성이나 외국인근로자(이주노동자)였다. 외국인근로자의 연령대 폭이 특히 다양했다. 외국인근로자에 대한 연구 분석에 의하면, 참여자의 연령대가 20대부터 60대까지 폭넓었다.

• 표본 크기

미술치료 프로그램에 참여한 내담자 수, 즉 표본 크기를 확인할 수 있는 논문은 총 53편이다. 한국 다문화 인구 대상의 미술치료 프로그램 관련 논문들을 위주로 개별 프로그램의 연구 대상 수에 대해 분석했다. 분석한 결과에 따르면 각 논문의 내담자 수 평균은 약 7명이었다. 분석대상 논문들에 따르면, 가장 적은 내담자는 1명이었고, 가장 많이 참여한 내담자는 20명이었다.

다문화 내담자 대상별, 미술치료 프로그램 특성별로 표본 크기가 변화함을 발견했다. '집단미술치료'를 논문 제목에 직접적으로 언급한 연구는 총 33건이었다. 그 외에도 '집단미술치료'를 제목에 직접적으로 언급하지는 않았지만, 이 책에서는 내담자가 2명 이상인 연구가 집단미술치료 프로그램과 유사하다고 판단했다. 이러한 논문은 총 10편이었고, 그 외의 연구들은 가족과 같이 참여하는 미술치료 프로그램을 구성했다. 가족이 함께 참여한 미술치료 관련 연구(임영아 · 김용섭, 2012), 새터민 한부모 가정의 어머니와 아동(양윤정, 2014), 부모와 자녀가 참여한 연구(오가영, 2011)가 있다.

반면, 이 절에서 표본 크기가 1명인 경우도 있었다. 여기에는 다문화가정 아동에 대한 연구(김경미 · 이은주, 2018; 송혜경 · 문경아 · 신주원, 2018; 정창숙, 2017), 북한이탈여성의 경험(신민주 · 최선남, 2015), 새터민 아동(김정미, 2008)에 대한 연구가 있다.

③ 연구 방법의 경향

- 연구방법론

국내 다문화 내담자를 위한 미술치료 프로그램에 관한 논문들에서 가장 많이 사용된 것은 혼합 연구방법론이다. 그 논문들에서 혼합 연구방법론이 주로 사용되어왔기에 저자는 연구방법론 간 정확히 구분할 수 있도록 정의를 내리고자 한다. 미술치료 분야 연구에서는 연구방법론을 정의하는 데 어려움이 있었다. 양적 연구방법론과 질적 연구방법론을 구분하는 기준은 분석 과정에서 저자의 참여 수준이다. 분야 특성상 분석기준을 토대로 저자의 주관대로 작품에 대해 분석해야 하는 과정이 포함되기에 이러한 분석 방법은 양적 연구방법론보다는 질적 연구방법론에 가깝다고 정의했다. 또한, 내담자가 미술치료 프로그램의 개별 회기에서 경험하는 내용을 저자의 주관으로 기술해야 하므로 양적 연구방법론보다는 질적 연구방법론에 가깝다고 정의했다. 미술치료 프로그램을 적용하기 전후를 비교하기 위해 많은 논문이 설문지 척도를 이용했다. 동시에 저자는 미술치료 프로그램 속 내담자의 역동을 표현하기 위해 주관대로 미술치료 프로그램 개별 회기에서의 역동을 기술했다. 이러한 방법은 혼합 연구방법론으로 정의했다.

미술치료 프로그램에 관한 논문들을 토대로 분석했을 때, 양적 연구방법론을 적용한 논문 수는 15편(약 28%), 질적 연구방법론을 채택한 논문 수는 6편(약 11%), 그리고 혼합 연구방법론을 적용한 논문은 32편(약 60%)이었다. 이러한 결과는 양적 연구방법론과 질적 연구방법론의 한계점을 보완하여 구성된 혼합 연구방법론이 연구를 분석함에 완성도를 높여줄 방법임을 반영하고 있다.

질적 연구방법론을 적용한 대부분의 논문들은 미술치료 개별 회기에서 연구 대상의 행동 변화를 탐색하고자 했다. 하지만 신민주 · 최선남(2015)은 자전적 문화기술지 연구 방법으로, 연구 대상이 미술치료를 통해 자신의 내면과 진솔한 만남을 갖는 과정을 분석하여 서술했다. 또한 김연신 · 신지현(2010)은 해석학적 현상학의 접근으로 연구 대상의 체험을 기술하고자 했다.

혼합 연구방법론은 질적 연구방법론을 보완하기 위해 구성되었다. 미술치료 프로그램의 효과성을 검증하기 위해 프로그램 전후로 설문지 척도를 운영하는 데 양적 연구를 적용했고, 프로그램 회기별 연구 대상의 행동 변화를 기술하는 데 질적 연구방법론을 이용했다(김동옥 · 이근매, 2018 외 12편). 또한, 설문지 척도와 함께 임상그림검사(예를 들면, K-HTP)를 프로그램 전후에 운영하는 데 양적 연구방법론을 적용했고, 미술치료 프로그램 속 연구 대상의 행동 변화를 기술하는 데 질적 연구방법론을 이용했다(송혜경 · 문경아 · 신주원, 2018 외 16편). 그 외에 박수정 · 최연실(2010)은 이전과 유사하게 임상그림검사를 이용했지만, 검사 결과를 수치화하는 데 그치지 않고, 그림검사 속 참여자의 역동을 기술하는 데 질적 연구방법론을 적용했다. 몇몇 연구는 연구 분석 방법으로 특정한 연구방법론을 사용한 데 대해 직접 언급했다(홍은진 · 이근매, 2014 외 7편).

• 주요 변수

다음 〈표 1-10〉은 미술치료 연구에서 주요 변수가 되는 연구 대상별 미술치료 프로그램의 기대효과를 나타낸 것이다. 공통적으로 스트레스로 저하될 수 있는 자아존중감에 관한 프로그램들이 많이 연구되었다. 다시 말해, 미술치료 프로그램들은 공통적으로 스트레스에 적극적으로 대처함으로써 다문화 내담자가 건강한 자아를 형성하기 위해 구성되었다.

〈표 1-10〉에서 제시된 변수들은 다문화 내담자가 미술치료 프로그램을 통해 기대하는 효과들을 정리하여 분류한 것이다. 이 변수들은 주로 양적 연구방법론 혹은 혼합 연구방법론을 위한 자료로, 프로그램 전후를 통해 발생한 변화를 통계적으로 검증하는 실증적 연구에서 사용되었다. 분석 결과에 따르면, 다문화가정, 중도입

<표 1-10> 다문화 내담자 대상별 미술치료 프로그램의 기대효과 비교

대상	미술치료 프로그램에 기대되는 효과
다문화가정	자아존중감, 의사소통, 언어적 · 비언어적 상호작용, 결혼만족도, 친밀감, 자기개념 향상, 또래 관계, 모-자 상호작용, 의사소통, 어휘력, 학교생활적응, 사회성, 자기표현, 정신건강
중도입국 청소년	자기표현, 자아존중감, 자아탄력성, 정서변화, 자아정체감, 이중문화 스트레스, 정서표현
결혼이주여성	자아탄력성, 자아존중감, 스트레스, 임파워먼트, 감정표현 불능, 문화적응 스트레스, 미술표상능력, 대처능력, 불안, 우울
외국인노동자	자아탄력성, 불안, 자아존중감, 문화적응 스트레스, 자아개방
유학생	문화적응 스트레스, 우울, 자기효능감
새터민	적응 경험, 우울, 불안, 자아개념, 학교생활 수행, 문화적응 스트레스
난민	외상 치유

국 청소년, 결혼이주여성, 외국인노동자 등 다문화 내담자들은 미술치료 프로그램을 통해 자아존중감 향상을 기대했다. 자아존중감 향상은 문화적응 스트레스와 연관성을 보여주고 있다. 이러한 분석이 시사하는 바는 다문화 내담자의 특성을 반영하여 미술치료 프로그램이 발전할 수 있는 기반을 제공하는 것이다.

• 치료기법의 융합 여부

다음 <표 1-11>은 치료기법 융합 연구의 개입 정도를 살펴보기 위해 다문화 내담자 대상별 미술치료 프로그램의 치료기법을 나타낸 것이다.

이 절에서는 총 53편의 논문 중 21편을 토대로 미술치료 프로그램과 치료기법의 융합 여부를 분석했다. <표 1-11>에 따르면, 국내의 박사논문에서 미술치료와 융합된 치료기법 중 2회 이상 적용된 기법은 콜라주 기법(3건), 색채반응(2건), 해결중심 미술치료(2건)였다. 그 외에 모든 기법은 1회씩 사용되었고, 상호작용 미술치료, 현실요법, 덕목 연계 미술치료, 치료놀이 등 15개의 다양한 치료기법이 있다.

〈표 1-11〉 다문화 내담자 대상별 미술치료 프로그램의 치료기법

대상	미술치료 프로그램의 치료기법(치료기법 적용 횟수)
다문화가정	① 상호작용 미술치료(1) ② 현실요법(1) ③ 덕목 연계 미술치료(1) ④ 치료놀이(1) ⑤ 활동중심(1)
중도입국 청소년	① 콜라주(2) ② 섬유매체(1) ③ 난화이야기(1)
결혼이주여성	① 해결중심 미술치료(1) ② 색채반응(2) ③ 콜라주(1) ④ 인간중심 표현예술치료(1)
외국인노동자	① 해결중심 미술치료(1) ② 사이코사이버네틱 모델(1) ③ 단기집단미술치료(1)
유학생	인지적 미술치료(1)
새터민	① 가족미술치료(1) ② 아동중심미술치료(1)
난민	공동체 기반의 예술치료(1)

다음 〈표 1-12〉에 따르면, 다문화 내담자의 특성에 따라 구성된 치료기법에 따른 미술치료 프로그램의 특성을 보여주고 있다.

〈표 1-12〉에 따르면, 미술치료 프로그램은 공통적으로 다문화 내담자가 치료환경을 수용하여 제한된 시간 동안 치료과정에 집중할 수 있도록 도와준다. 다문화 내담자별 치료목표와 주호소에 따라 프로그램의 내용이 변화했다. 프로그램은 내담자의 시간적 제약을 고려하여 내담자의 프로그램 참여 촉진을 위해 설계되었다. 셋째, 다문화 내담자를 위한 미술치료 프로그램들의 주요 변수와 치료기법의 융합 여부에 대한 분석을 통해 내담자의 심리적 어려움을 탐색할 수 있다. 주요 변수에 대한 결과 분석에 따르면, 다문화가정 자녀, 중도입국 청소년, 결혼이주여성은 공통적으로 미술치료 프로그램을 통해 자아존중감 향상을 원했다. 향상된 자아존중감은 스트레스를 적극적으로 대처할 수 있도록 돕는 요소다. 즉, 미술치료 프로그램은 내담자가 스트레스로부터 자유로워질 수 있도록 돕는다. 다른 논문에 의하면, 다문화가정을 위한 미술치료 프로그램의 상호작용 접근이 소통의 질을 향상시키는 것으로 나타났다. 다문화가정 자녀에게 2개 이상의 언어를 요구함으로써 심리적인 부담

〈표 1-12〉 다문화 내담자 대상별 미술치료 프로그램 치료기법의 특성

연구 대상	치료기법의 특성
다문화가정	① 원활한 언어적 · 비언어적 상호작용으로 변화 ② 내담자의 삶이 현실에 적응할 수 있도록 전문가의 도움. 선택에 책임을 주고, 현재 행동에 집중하여 내담자가 얻고자 하는 것에 집중 ③ 학교생활적응을 위한 덕목을 얻도록 도움. 학교생활에서 규범과 가치 의미의 중요성 이해, 실천의지 함양 ④ 건강하고 적극적으로 상호작용하는 관계 촉진 ⑤ 내담자의 나이(초등학생 시기)에는 매체 사용이 중요하기에 공간 개념의 형성을 위해 다양한 조형 매체를 이용하여 활동
중도입국 청소년	① 심리적 요인 표출이 원활하지 않은 사람에게 적절. 심리적 퇴행, 개인의 내적 어려움, 카타르시스 경험 등을 상징적인 의미로 표현 ② 매체의 촉감으로 인해 불안과 스트레스 해소, 자아정체감 도움 ③ 표현의 자극제 역할, 표현된 미술작품을 통해 이야기를 만듦으로써 자발적으로 탐색, 정서적 안정, 심리적 만족감, 한국어로 이야기를 구성하는 것이 어려우므로 난화는 상호작용에 도움
결혼이주여성	① 짧은 기간 동안 집중하여 효율성을 높여 거주기간이 길지 않은 대상에게 적절. 해결중심 상담과 미술치료와 결합하여 효과적인 의사소통, 문제해결능력 향상 ② 색을 통해 자신의 내면 표현 ③ 잡지에 있는 기존의 이미지를 이용하여 잘라 붙여 자기표현 촉진 ④ 내담자의 마음속에 억제되어 있는 감정을 표출할 수 있도록 도움
외국인노동자	① 내담자가 원하는 해결책에 집중하여 결과적으로 해결책은 본인에게 있음을 강조, 내담자가 지니고 있는 긍정적 자원 조명 ② 불안 수준 낮춤, 목표 지향적 행동 증가, 자아존중감 향상 ③ 내담자의 일상생활에 대한 간섭을 줄임, 경제적이며 효율적
유학생	우울, 불안 같은 정신적 어려움을 다루는 데 사용되는 적극적 · 지시적이며 시간 제한적인 방법
새터민	① 가족원 간의 문제를 조명하여 가족 간의 문제 변화 ② 아동을 중심으로 무조건적이고 긍정적인 존중
난민	개인적 비극을 집단적으로 동일시하여 공유하며 회복할 수 있도록 도움

을 갖게 될 수 있다. 이러한 심리적인 부담 외에도 자녀를 위한 시기적절한 언어교육 프로그램 부재로 인해 자녀의 언어 발달이 지체되기도 한다. 그러한 내담자에게

상호작용 미술치료 프로그램은 자녀와 교사 간의 언어적 · 비언어적 소통의 질을 향상시켰다. 다문화가정 자녀의 학교적응에 도움을 주기 위해 덕목 연계 미술치료 프로그램이 구현되었다(정진숙, 2016). 이 프로그램은 자녀들이 학교생활에서 성공적으로 적응할 수 있도록 구성되었다. 그 외에 중도입국 청소년을 위해 콜라주 기법(왕금미 · 김영순 · 김미순, 2016)을 이용한 미술치료 프로그램이 구현되었다. 콜라주 미술치료 프로그램은 새로운 환경에 거부감을 경험하고 있는 중도입국 청소년에게 다양한 재질의 오브제를 이용하여 흥미를 유발한다(김말숙, 2002). 웨드슨(Wadeson, 1987)에 따르면, 미술치료에서 사용되는 다양한 매체는 1차적인 재료를 예술적 감각으로 집약하는 동안 창조적 과정을 경험하며 예기치 못한 새로운 경험을 제공한다고 한다. 내담자는 과정을 통해 심상을 구체화하여 미술로 표현함으로써 잠재적인 의식의 측면까지 표현하게 된다. 내담자는 미술활동을 통해 다양한 변화를 경험하며, 창조적 사고 및 행동을 개발하거나 발견할 수 있다(김동연 · 이영순 · 최은영, 2000).

• 회기

53편의 논문 중 한 편은 미술치료 프로그램 운영에 대한 연구라기보다는 결혼이주여성 가정의 미술치료 프로그램에 대한 요구와 경험을 연구한 것이기에 회기 분석에서는 제외되었다(최은미, 2018). 다문화가정의 아동을 대상으로 인지심리학적 미술치료를 진행했지만, 구체적인 회기를 제시하지 않았기에 제외되었다(조경덕, 2011). 또한 문양만다라와 색채반응에 대한 연구에서 구체적인 회기 계획에 대해 제시하지 않았기에 제외되었다(정영숙, 2016). 그리하여 총 50편의 논문을 토대로 미술치료 프로그램별 회기를 분석했다.

한국의 다문화 내담자를 대상으로 한 미술치료 프로그램에 관한 연구들을 분석했을 때, 평균적으로 미술치료 프로그램들은 약 13회의 회기로 구성했다. 미술치료 프로그램 중 가장 회기가 짧은 것은 6회기였고, 가장 긴 프로그램은 23회기로 구성되었다. 이러한 결과를 토대로, 다문화 내담자에게 주어진 상황에 따라 미술치료 프로그램의 회기가 유연하게 구성되었음을 알 수 있다.

④ 핵심어

한국 다문화 인구를 위한 미술치료 프로그램에 관한 논문들을 토대로 핵심어를 분석했다. 분석한 결과에 따르면, '집단미술치료' 핵심어는 34개였다. 이러한 결과는 미술치료 프로그램의 연구 대상 수가 1명이 아닌 그 이상임을 가리킨다. 집단미술치료 프로그램은 집단의 역동을 살펴볼 목적으로 구성되었다. '스트레스'에 관한 핵심어 또한 광범위하게 발견할 수 있었다. 그중 '이중문화 스트레스'는 2개였고, '문화적응 스트레스'는 7개였다. 그 외에 '스트레스', '스트레스 대처방식'은 하나씩 언급되었다. '자아존중감'은 10개, '자아탄력성'은 5개였다. 다문화 내담자의 현황과 관련된 '정신건강'은 1개, '불안'과 '우울'은 각각 4개씩 발견되었다. 연구방법론과 관련된 핵심어는 '질적 분석', '사례연구' 그리고 '자전적 문화기술지'가 있다.

미술치료 프로그램의 방법, 기대효과와 연구 대상에 대한 핵심어들은 다음 〈표 1-13〉과 같이 정리할 수 있다. 이 책의 핵심어 분석은 다문화 내담자를 위한 미술치료 연구들 간의 주요 동향에 대한 탐색을 돕는다. 넷째, 논문의 핵심어 중 집단미술치료가 가장 높은 비율을 차지했다. 집단미술치료는 다문화 내담자들이 회기 속에서 서로 격려하여 목표에 도달할 수 있도록 구성되었다. 스트레스에 대한 핵심어는 연구들을 통해 광범위하게 나타났다. 문화적응 스트레스, 이중문화 스트레스 외에도 대처에 대한 핵심어가 언급되었다. 스트레스에 대처하기 위해 자아존중감이 빈도 높게 언급되었다. 자아존중감은 다문화 내담자들이 미술치료 프로그램에 기대하는 효과 중 높은 비율을 차지하고 있었다. 그들은 스트레스 대처를 목적으로 미술치료 프로그램을 기대하고 참석했다. 국내 정규 미술치료 관련 석사학위 청구논문의

〈표 1-13〉 다문화 내담자 미술치료 관련 논문의 핵심어 분류

미술치료 프로그램	연구 대상	프로그램 기대효과
• 상호작용미술치료 • 가족미술치료 • 콜라주 집단미술치료 • 난화/이야기 만들기/구성 • 해결중심 집단미술치료 • 사이코사이버네틱 미술치료 • 인지적 미술치료 • 현실요법 집단미술치료 • 문양만다라/색채반응성심리치료 • 활동중심 집단미술치료 • 빗속 사람 그림검사 • 인간중심 표현예술치료 • 동적 학교생활화(KSD)	• 언어발달지체 • 다문화가정 아동 • 다문화가정 자녀 • 중도입국 청소년 • 외국인근로자(외국인노동자) • 북한이탈여성 • 새터민 한부모 가정 • 북한이탈주민 자녀 • 결혼이주여성/자녀 • 다문화가정 ADHD 아동 • 아프리카 난민 여성	• 언어적 · 비언어적 의사소통/어휘력 • 결혼만족도/가족관계 만족도 • 자기표현/미술표상능력 • 자아존중감/자아탄력성 • 정서표현/정서변화 • 학교생활적응/덕목/또래 관계/사회성 • 문제행동개선/감정표현/자아분화 • 임파워먼트 • 외상치유

연구 동향을 분석한 이수은(2011)에서는 다수의 미술치료 프로그램이 자기효능감의 중요성을 강조하고 있다. 이러한 결과는 다문화 내담자뿐만 아니라 다른 대상들도 미술치료 프로그램을 통해 자기효능감의 향상을 기대하고 있음을 나타내고 있다.

〈표 1-13〉은 다문화 내담자의 특성과 프로그램에서 기대하는 효과에 따라 미술치료 프로그램이 다양한 형태로 구성되어 있음을 보여주고 있다. 개별 미술치료 프로그램은 다문화 내담자의 주호소를 반영하고 있으며, 주호소를 해결하기 위해 미술치료기법이 융합되어 구성되었다. 다문화 내담자를 위한 국내 미술치료 프로그램은 내담자별 심리적 어려움을 해결하기 위해 발전해왔다.

(6) 논의 및 제언

이 절에서는 다문화 내담자를 위한 국내 미술치료 프로그램에 대한 학술지 논문을 토대로 문헌 연구 분석을 했다. 선행연구들을 통해 분석 준거를 개발하고, 분석 대상에 대한 자료수집과 대상별로 분류했다. KCI 등재지와 등재후보지를 위주로 탐색했고, 총 53편의 분석 대상 논문을 준거 틀에 맞추어 분석했다. 그들을 분석 틀을 토대로 발행 연도, 연구 대상, 연구방법론, 프로그램에 따라 분석된 결과를 요약하고, 결과적으로 논의 및 제언으로 정리했다.

첫째, 연구 방법에 관한 동향은 기본정보(발행 연도, 발행처), 연구 대상, 연구 방법(주요 변수), 프로그램(치료기법의 융합, 회기, 핵심어 분석)의 세 가지 범주로 나누어 분석되었다. 발행 연도 관련 분석 결과에 따르면, 다문화가정에 대한 연구는 2011년부터 활발히 진행되었고, 그 이후 2016년까지는 연구가 소극적으로 진행되었다. 2016년 이후 다문화가정에 대한 연구가 다시 진행되었다. 이러한 결과는 2016년 이후 다문화가정의 모에 대한 연구보다는 자녀들에 대한 연구가 활발히 진행되었음을 예상할 수 있다. 2016년 이후 다문화가정 자녀에 대한 연구들을 분석하면, 공통적으로 자녀의 사회생활 적응에 초점을 두고 있었다. 정진숙(2016)은 학교생활적응을 위해, 김경미 · 이은주(2018)는 또래 관계 개선을 위해, 송혜경 · 문경아 · 신주원(2018)은 타인과 상호작용을 위해 미술치료 프로그램을 진행했다. 다문화 내담자를 위한 표현예술치료 연구 동향을 분석한 류진아(2018)는 2008년부터 2018년까지의 학술지 논문을 탐색한 결과, 다른 내담자와 비교했을 때 아동과 청소년을 위한 프로그램이 활발히 진행되었음을 발견했다.

둘째, 총 53편의 국내 다문화 내담자를 위한 미술치료 관련 논문들에 따르면, 논문 발행처는 크게 세 가지로 분류되었다. 미술치료와 미술, 심리 · 상담, 교육 및 문화 연구로 나누어졌다. 미술치료와 미술 대분류에 따르면, 미술치료연구에 투고된 논문이 가장 많았고, 한국예술치료학회지, 예술심리치료연구, 임상미술심리연구 외에 한국미술치료학회, 예술인문사회융합 멀티미디어논문지, 조형교육 순이었다. 심리 · 상담 분류에 의하면, 재활심리연구 외에 한국심리학회지 건강, 가족과 가족치료, 아동복지연구, 상담학연구 순이었다. 교육 및 문화 연구 대분류에서는 한국청각 · 언어장애교육연구가 가장 많았고, 그 외에 한국동북아논총, 학습자중심교과교육연구, 동북아문화연구, 다문화교육연구, 한국가정관리학회지, 청소년학연구, 한국언어문화학 순이었다. 총체적인 분석에 따르면, 다양한 학문에서 다문화 내담자를 위한 미술치료에 주목하고 있지만, 여전히 미술치료연구 관련 학회에서 적극적으로 연구하고 있음을 알 수 있다. 다문화 관련 학회에서는 다문화 내담자를 위한 미술치료의 중요성을 간과하고 있었다.

셋째, 다문화 내담자를 위한 미술치료 프로그램들의 주요 변수와 치료기법의 융합 여부에 대한 분석을 통해 내담자의 심리적 어려움을 탐색할 수 있다. 주요 변수에 대한 결과 분석에 따르면, 다문화가정 자녀, 중도입국 청소년, 결혼이주여성은 공통적으로 미술치료 프로그램을 통해 자아존중감 향상을 원했다. 향상된 자아존중감은 스트레스에 적극적으로 대처할 수 있도록 돕는 요소다. 즉, 미술치료 프로그램은 내담자가 스트레스에서 자유로워질 수 있도록 돕는다. 다른 논문에 의하면, 다문화가정을 위한 미술치료 프로그램의 상호작용 접근이 소통의 질을 향상시키는 것으로 나타났다. 다문화가정 자녀에게 2개 이상의 언어를 요구함으로써 심리적인 부담을 갖게 될 수 있다. 이러한 심리적인 부담 외에도 자녀를 위한 시기적절한 언어교육 프로그램 부재로 인해 자녀의 언어 발달이 지체되기도 한다. 그러한 내담자에게 상호작용 미술치료 프로그램은 자녀와 교사 간의 언어적 · 비언어적 소통의 질을 향상시켰다. 다문화가정 자녀의 학교 적응에 도움을 주기 위해 덕목 연계 미술치료 프로그램이 구현되었다(정진숙, 2016). 이 프로그램은 자녀들이 학교생활에서 성공적으로 적응할 수 있도록 구성되었다. 그 외에 중도입국 청소년을 위해 콜라주(왕금미 · 김영순 · 김미순, 2016) 기법을 이용한 미술치료 프로그램이 구현되었다. 콜라주 미술치료 프로그램은 새로운 환경에 거부감을 경험하고 있는 중도입국 청소년에게 다양한 재질의 오브제를 이용하여 흥미를 유발한다(김말숙, 2002).

넷째, 논문의 핵심어 중 집단미술치료가 가장 높은 비율을 차지했다. 집단미술치료는 다문화 내담자들이 회기 속에서 서로 격려하여 목표에 도달할 수 있도록 구성되었다. 스트레스에 대한 핵심어는 연구들을 통해 광범위하게 나타났다. 문화적응 스트레스, 이중문화 스트레스, 그 외에 대처에 대한 핵심어가 언급되었다. 스트레스에 대처하기 위해 자아존중감이 빈도 높게 언급되었다. 자아존중감은 다문화 내담자들이 미술치료 프로그램에서 기대하는 효과 중 높은 비율을 차지하고 있었다. 그들은 스트레스 대처를 목적으로 미술치료 프로그램을 기대하고 참석했다. 국내 정규 미술치료 관련 석사학위 청구논문의 연구 동향을 분석한 이수은(2011)에서는 다수의 미술치료 프로그램이 자기효능감의 중요성을 강조하고 있다. 이러한 결과는 다문화 내담자뿐만 아니라 다른 대상들도 미술치료 프로그램을 통해 자기효능감의 향상을 기대하고 있음을 나타내고 있다.

다섯째, 연구 대상은 다문화가정이 가장 높은 비율을 차지했고, 그다음으로 결혼이주여성, 중도입국 청소년, 외국인노동자, 새터민, 유학생, 난민 순이었다. 이러한 결과는 국내 다문화 내담자를 위한 미술치료 연구가 본격적으로 시작된 2006년에는 결혼이주여성에 대한 연구가 활발했지만, 2008년부터 다문화가정 관련 연구에 편중되었음을 나타냈다. 외국인노동자에 대한 연구가 2007년부터 진행되었는데, 이는 상대적으로 일찍 진행되어왔음을 보여준다. 다문화 내담자별 연령대는 다양하게 분포되어 있음을 제시하고 있다. 연령대는 만 2세부터 60대까지 다양하게 분포되어 있었다. 이는 미술치료 프로그램이 연령대에 제한 없이 폭넓게 사용되고 있음을 나타낸다. 미술치료 프로그램의 목적에 따라 연구 대상에 따른 연령대의 변화가 있었다. 예를 들면, 김가현 · 장석환(2017)은 집단미술치료가 다문화가정 아동의 어휘력과 스트레스에 미치는 영향에 대해 연구했다. 그들의 연령대는 만 2세부터 6세까지다. 오가영(2011)은 다문화가정 아동의 모-자 관계에 대해 연구했다. 이 연구에서 연구 대상은 2명이었고, 만 4세의 자녀와 30대 초반의 모였다. 그런 반면, 프로그램 속 결혼이주여성과 외국인노동자의 연령은 비교적 높고 다양했다.

이 절에서 분석한 다문화 내담자를 위한 미술치료의 국내 연구 동향은 이와 같은 시사점과 향후 과제를 제시한다. 첫째, 기존 미술치료 프로그램에 관련한 연구들에 따르면, 국내 다문화 배경을 지닌 인구가 경험하는 스트레스 유형에 대해 살펴볼 수 있다. 연구 대상의 유형에 따라 경험하는 심리적 어려움의 변화가 존재한다. 예를 들면, 중도입국 청소년은 본국에서 가정해체를 경험하고, 모국에서는 과도한 문화적응 스트레스를 경험하기도 한다. 그들은 다른 문화권에 지내면서 자아정체감 혼란을 경험하며, 본인의 정서표현에 소홀해지기도 한다. 다문화가정의 자녀들은 또래와의 관계 속에서 소통에 소극적인 태도를 보인다. 다문화 내담자들은 공통적으로 문화적응 스트레스, 이중문화 스트레스 등 스트레스에 적극적으로 대처하기 위해 미술치료 프로그램이 설계되었다. 저자는 내담자의 주호소를 다루기 위해 미술치료 프로그램 구성 시 다문화 내담자별 상황적 특징을 고려해야 한다. 기존 미술치료 관련 논문들이 국내 다문화 내담자의 심리적 어려움을 반영해온 것처럼 향후 연구들은 그들의 주호소를 파악하여 삶의 질을 향상시킬 수 있도록 발전해야 한다.

둘째, 국내 결혼이주여성의 자녀들은 학교 적응에서 스트레스를 경험하고 있다. 대한민국 정책브리핑(2019.1.29)에 따르면, 결혼이민자의 인구는 증가하고 있다. 결혼이주여성에 대한 연구는 2013년 이후로 침체하고 있지만, 다문화가정에 대한 연구는 2016년 이후 급증하고 있다. 2016년 이후로 다문화가정의 자녀에 대해 연구가 활발히 진행되고 있다. 이러한 결과를 토대로, 한국으로 이주해온 여성들의 자녀들이 심리적 어려움을 경험하고 있음을 예측할 수 있다. 이주여성의 자녀들은 국내에서 성장했음에도 적응과 관련하여 스트레스를 경험하고 있다. 그들은 부모의 심리적 지원을 충분히 받지 못했기에 스트레스에 적극적으로 대처하지 못한다. 향후 미술치료 관련 연구들은 세대 간에 이어지는 적응 스트레스에 대처하기 위해 이주여성의 자녀 관련 연구에 성실히 임해야 한다.

셋째, 연구 대상은 다문화가정이 가장 높은 비율을 차지했고, 그다음으로 결혼이주여성, 중도입국 청소년, 외국인노동자, 새터민, 유학생, 난민 순이었다. 이 결과는 국내 다문화 내담자를 위한 미술치료 연구가 본격적으로 시작된 2006년에는 결혼이주여성에 대한 연구가 활발했지만, 2008년부터 다문화가정 관련 연구에 편중되었음을 나타냈다. 외국인노동자에 대한 연구가 2007년부터 진행되었는데, 이는 상대적으로 일찍 진행되어왔음을 보여준다. 다문화 내담자별 연령대는 다양하게 분포되어 있음을 제시하고 있다. 연령대는 만 2세부터 60대까지 다양하게 분포되어 있었다. 이는 미술치료 프로그램이 연령대에 제한 없이 폭넓게 사용되고 있음을 나타낸다. 미술치료 프로그램의 목적에 따라 연구 대상에 따른 연령대의 변화가 있었다. 예를 들면, 김가현 · 장석환(2017)은 집단미술치료가 다문화가정 아동의 어휘력과 스트레스에 미치는 영향에 대해 연구했다. 그들의 연령대는 만 2세부터 6세까지다. 오가영(2011)은 다문화가정 아동의 모-자 관계에 대해 연구했다. 이 연구에서 연구 대상은 2명이었고, 만 4세의 자녀와 30대 초반의 모였다. 그런 반면, 프로그램 속 결혼이주여성과 외국인노동자의 연령은 비교적 높고 다양했다.

2) 이야기치료의 해외 연구 동향*

(1) 서론

이야기는 대부분 인문학의 구성요소이며, 스토리텔링은 근본적으로 다른 학문과의 융합적인 특징을 가지고 있어 문학 및 문화콘텐츠, 영상, 교육, 디지털 및 게임, 관광 및 공간 등의 다양한 분야에서 사회문화적으로 확장되고 변용되었다(김영순, 2011). 이러한 경향은 '이야기적 전환(narrative turn)'이라고 불릴 만큼 21세기를 전후한 시기에 철학 · 심리학 · 사회과학 분야에서 발생한 공통적인 현상이며, 더 나아가 이야기는 심리치료 분야에 상당한 영향을 미쳤다.** 제롬 브루너(Jerome Bruner)는 이야기를 통해 자아를 창조하고 재창조할 수 있다고 말한다.*** 또한 폴 리쾨르(Paul Ricoeur)에 따르면, 우리는 이야기를 통해 현실을 해석할 수 있으며, 이야기는 우리가 시간 속에서 경험한 것에 질서와 의미를 부여한다. 그러므로 리쾨르는 이야기가 자아 정체성 형성에 결정적인 역할을 한다는 점에서 '이야기 정체성'이라는 개념을 제시한

---

* 이 절은 『문학치료연구』에 게재된 오영섭 · 김영순 · 왕금미(2018)의 「이야기치료의 국제적 연구동향에 관한 탐색적 연구」를 수정 보완한 것이다.

** Lynne E. Angus & John McLeod (Eds.), The Handbook of Narrative and Psychotherapy (California: Sage Publications, 2003), ix. 또한 오핸론(O'Hanlon)은 이야기치료를 심리치료 분야에서 근본적으로 새로운 방향을 제시하는 '제3의 물결'이라고 말한 바 있다. Bill O'Hanlon, "The Third Wave," Family Therapy Networker 18 (1994): 22.

*** 브루너에 따르면, 심리학이 주목하는 이야기의 12가지 특징은 다음과 같다. ① 이야기는 목적론적(teleological) · 행위자적(agentive)이며, 욕망과 의도와 영감이 가득하다. ② 이야기는 장애물에 민감하고, 성공과 실패에 반응하며, 불확실한 결과를 다루는 데 일정하지 않다. ③ 이야기는 판단된 성공과 실패를 영감과 야망으로 대체하며, 근거집단을 변화시킬 수 있다. ④ 이야기는 선택적 기억을 통해 과거를 현재의 요구와 예측된 미래에 적응하도록 한다. ⑤ 이야기는 이야기를 판단할 수 있는 기준으로서 근거집단과 중요한 타인을 지향한다. ⑥ 이야기는 독점적이고(possessive), 확장 가능하며, 신념, 가치, 충성심 등을 받아들인다. ⑦ 이야기는 그러한 가치와 소유를 환경의 요구에 따라 버릴 수도 있다 ⑧ 이야기는 내용과 행동에서 변형이 가능하지만, 시간과 환경에 연속적이다. ⑨ 이야기는 이야기를 찾는 장소와 사람에게 민감하다. ⑩ 이야기는 말로 이야기를 구성하는 데 책임을 진다. ⑪ 이야기는 정서변화가 심하며, 불안정하고, 상황에 민감하다. ⑫ 이야기는 고도의 정신적 과정을 통해 불협화음과 모순을 피하고 일관성을 추구한다. Lynne E. Angus & John McLeod (Eds.), The Handbook of Narrative and Psychotherapy (California: Sage Publications, 2003), 6-7, 13.

다(이민용, 2010). 이같이 이야기가 상담 및 심리치료의 핵심적인 요소로 부상하면서 '이야기치료(narrative therapy)'라는 치료기법으로서 호주의 마이클 화이트와 뉴질랜드의 데이빗 엡스턴에 의해 체계화되었다. 이후 이야기치료는 눈부실 정도로 여러 분야에서 활용되고 발전했다. 헤븐(Heaven)의 분석에 따르면, 1979년부터 1995년까지 이야기에 대한 인용이 2천여 건 이상 될 정도로 그 숫자가 해마다 성장했다(Heaven, 2004).

이야기는 인문학의 기본요소이며 인문학 제반 학문과의 융합이 용이하므로 이야기치료 역시 다른 치료기법과 융합적인 연계를 모색할 수 있다. 먼저 이야기치료와 가장 근접한 문학치료와의 연계를 살펴볼 수 있다. 문학치료 과정에서 내담자의 자기서사, 치료를 위해 선정한 문학자료의 작품서사, 그리고 문학치료사의 자기서사 사이의 상호작용은 문학치료의 핵심요소다(정운채, 2012). 하지만 문학치료는 자기서사와 작품서사의 상호작용에 머물러 있는데, 이러한 한계를 내담자의 자기서사, 그리고 내담자와 치료사 간의 상호작용에 집중하는 이야기치료의 관점을 수용함으로써 보완할 수 있다(박진, 2018). 또한 이야기치료의 핵심요소인 대안적 이야기 탐색은 문학치료의 서사 변화가 갖는 치료적 함의를 분명히 하는 데 기여할 수 있다(하은하, 2017). 이처럼 이야기치료는 기존의 다른 치료기법과의 융합을 통해 치료 이론과 임상을 보완하면서 다양한 형태의 심리치료 분야로 확장될 수 있다.

그러므로 이 절은 융합적 맥락에서 이야기치료와 심리치료가 사회 전반에 임상적 가치가 있다는 데 깊은 관심을 둔다. 한국이 본격적인 다문화사회로 심화되는 현재와 미래에 다문화 상담 및 치료는 국내 이주민의 실질적인 생활상 요구이며, 그들의 정신건강 증진을 통해 삶의 질 향상에 기여할 것이다. 이미 이민 · 다문화사회를 경험한 북미와 유럽에서 다문화 상담 및 치료는 주류 심리학계에서도 '제4의 세력(the fourth force)'으로 인식될 만큼 새로운 패러다임으로 부상했다(Ivey, D'Andrea, Ivey, 2011). 하지만 국내 다문화 상담 및 심리치료 연구의 역사와 내용은 매우 미흡한 실정이다. 이런 문제의식을 느낀 저자들은 다문화 상담 및 치료에 대한 연구로서 미술치료가 국내 이주민의 긍정적인 정서변화를 촉진함을 임상적으로 확인했다(White, 2010). 더 나아가 이야기치료에 주목하면서 이야기치료가 앞으로 다문화 상담 · 심리치료의 이론과 임상에 기여할 것이라고 기대한다.

이 절의 내용은 이야기치료 자체를 다룬다기보다 이야기치료에 대한 탐색적 연구다. 이는 축적된 국내외 선행연구들을 통해 이야기치료 연구의 경향을 탐색하고, 향후 연구 방향을 모색하는 데 필요한 토대연구가 될 것이다. 나아가 이 책은 일종의 메타분석(meta-analysis)이라고 할 수 있다. 탐색적 연구는 분석 대상이 되는 논문의 질적인 수준과 양적인 수의 확보가 둘 다 중요하다(김의연 · 김미순 · 황해영, 2015). 하지만 이 책은 높은 수준의 학문적인 검증을 거친 박사학위논문을 분석 대상으로 삼았다는 점에서 분석 자료의 질은 높은 신뢰를 가져올 것으로 판단된다. 또한 이야기치료와 관련하여 해외에서 발표된 박사학위논문의 전수(全數)에 가까운 분량을 조사하면서 선행연구들의 대체적인 흐름을 빈도와 비율 등의 기초적인 통계로 제시했다.

(2) 이론적 배경

① 이야기치료

이야기 혹은 서사(narrative)는 한 개인의 삶의 현실을 구성하는 하나의 단위다. 이야기를 통해 자신과 타인을 이해할 수 있다. 사람은 이야기를 만들고, 그 만들어진 이야기에 의해 사람이 만들어진다. 더 나아가 이야기를 통해 심리적인 치료효과를 얻을 수 있다. 이야기치료(narrative therapy)는 호주의 마이클 화이트(Michael White)와 뉴질랜드의 데이빗 엡스턴(David Epston)에 의해 시작되고 확산된 치료기법을 말한다. 이야기치료는 최근 주목받기 시작한 치료로, 가족치료의 한 방법으로 사용되어왔다. 이야기치료의 이론적 배경은 포스트모더니즘과 사회구성주의다. 사회구성주의에 따르면, 현실은 언어를 매개로 사람들의 상호작용에 의해 만들어진다. 또한 포스트모더니즘은 절대적인 진리로 인정되는 이야기를 받아들이지 않는다. 이야기는 자신의 정체성이나 사람들의 상호작용을 규정한다. 이러한 이론적인 배경을 통해 이야기치료의 기본 원리는 어떤 이야기를 다른 이야기로 전환하는 것이다. 다시 말해 이야기치료는 내담자의 인생을 규정해온 지배적인 이야기를 내담자가 가지고 있는 대안적인 이야기를 발굴하여 바꾸는 과정이라고 할 수 있다.

이런 점에서 이야기치료의 기본 전제는 사람(내담자)이 문제가 아니라 문제(내담자가 고통스러워하는 지배적인 이야기)가 문제라는 것이다. 그러므로 이야기치료에서 내담자는 자기 삶의 문제를 해결할 열쇠를 가지고 있다고 보며, 상담자는 내담자에게 협력하는 위치에서 문제적 이야기를 내담자와 분리하며 대안적인 이야기로 전환하도록 도와주는 역할을 한다. 이야기치료의 주요 기법들은 다음과 같다. 첫째, 사람이 아니라 문제적 이야기를 대상화하는 외재화 대화(externalizing conversation), 둘째, 자신의 문제적 이야기를 대안적 이야기로 다시 쓰기(re-authoring), 셋째, 내담자의 정체성 형성에 중요한 대인관계를 재구성하는 회원재구성(re-membering), 넷째, 외부 증인을 초청하여 내담자의 정체성을 재정의하고 사회적으로 인정하는 행위인 정의예식(definitional ceremony), 다섯째, 내담자가 지나쳐버린 경험의 의미를 발견하게 도와주는 독특한 결과 재조명(highlighting unique outcomes)이다.

국내에서 이야기치료가 소개되고 연구되기 시작된 것은 1990년대부터다. 이야기치료는 상담학뿐만 아니라 사회복지학, 교육학, 기독교상담 등 다양한 영역에서 활용되었다. 이야기치료에 관한 학위논문만 살펴보면 2000년부터 2013년까지 총 42편이 저술될 정도로 관련 연구가 점차 증가하는 추세다.

이야기치료는 전 세계적으로 상당한 연구가 수행되고 축적되고 있음에도 탐색적 연구를 찾아보기 어렵다. 국내의 이야기치료 관련 학위논문을 분석한 이미련의 연구가 유일하다. 해외에서는 헤븐(Heaven)이 2003년까지의 이야기와 관련된 모든 연구물의 인용 수를 분석했으나, 엄밀하게 이야기치료에 관한 연구 동향 분석이라고 보기는 어렵다. 그러므로 이 책은 최근까지 진행된 이야기치료에 관한 전 세계적인 연구의 담론지형을 제시하는 최초의 시도라는 점에 의의가 있다.

② 분석 준거

동향 연구는 현재까지 특정 분야에서 진행된 선행연구들을 저자가 설정한 준거에 따라 정리하고 비판적으로 평가하여 시사점과 향후 연구의 방향을 제시하는 연구다(선곡유화 · 민가연 · 이영선, 2016). 연구 동향을 분석하기 위해서는 분석 틀이 필요한데, 분석 틀은 기존의 개념 틀을 기반으로 수정하거나, 분석 대상이 되는 논문들로부터 귀납적인 방법에 의한 내용분석(content analysis)을 통해 준거를 도출한다(김종훈, 2014). 그러므로 이 책을 위해 분석 준거를 개발하는 것이 우선되어야 한다. 다음 〈표 1-14〉는 기존의 상담 및 심리치료 분야의 연구 동향 분석에서 사용된 분석 준거를 정리한 것이다.

이 절에서는 분석을 위한 분석 준거를 만들기 위해 다음 〈표 1-14〉의 연구 동향 분석에서 사용된 분석 준거를 검토했다. 기존의 상담 및 심리치료를 포함한 8개의 연구 동향 분석에서 사용된 분석 준거를 정리하면 기본정보(논문의 발표연도 등), 연구 대상, 연구 방법, 프로그램 등 네 가지 영역으로 분류할 수 있다.

이 절은 상기의 네 가지 영역을 중심으로 분석 준거를 제시하고, 준거에 따라 분석한 결과를 빈도와 비율 등의 기초적인 통계로 제시할 것이다. 또한 연구 현황을 보완하기 위해 이 책에서 추가로 제시하고자 하는 것은 박사논문들에서 제시된 핵

〈표 1-14〉 심리치료 및 상담 분야의 탐색적 연구의 분석 준거

저자(연도)	연구 분야	분석 대상(기간)	분석 틀
이미련 (2014)	이야기치료	한국의 학위논문 42편 (2000~2013)	연구설계, 연구 대상, 연구 연도, 주요 변수, 전공별 분포, 프로그램
게르하트(Gehart) 외(2001)	가족치료	세계의 가족치료 논문 중에서 질적 연구 24편(1980~2001)	이론적 배경, 연구 방법, 신뢰성과 타당성
리트(Lith) (2016)	예술치료	세계의 예술치료 논문 30편 (1994~2014)	논문 기본사항, 이론적 접근, 치료적 접근, 치료의 효과, 한계 및 시사점
메츨(Metzl) (2008)	예술치료	미국의 예술치료협회 학술지인 *Art Therapy*에 게재된 논문 360편(1987~2004)	자료 · 연구 참여자, 연구 도구, 분석 방법, 보고 유형
전수연 (2014)	예술치료	한국의 다문화가정 대상 예술치료 학술지 논문 46편(2006~2013)	연구 대상, 연구 문제, 연구 방법, 치료 방법 · 목표
김의연 외 (2015)	다문화 심리지원 프로그램	한국과 세계의 다문화 학생 심리지원 프로그램 관련 논문 19편(2004~2014)	선정 문헌과 출판 동향, 연구참여 집단, 연구설계 · 방법, 중재 프로그램(장소, 기간, 목표, 내용), 측정 도구, 프로그램 결과
오은경 외 (2016)	다문화 상담	한국의 다문화 상담 관련 학술지 및 학위논문 380편 (1993~2016.7)	논문 기초사항, 연구주제, 연구 대상, 연구 방법
임은미 외 (2009)	다문화 연구/ 상담	한국의 다문화 연구 및 상담 관련 학술지, 학위논문, 단행본 2,900편(1996 이전~2008)	연구 연도, 연구 대상, 연구주제

심어를 중심으로 이야기치료의 주요 담론을 확인할 수 있도록 직관적이고 시각적인 형태의 단어구름과 주요 핵심어의 빈도분석을 제시하고자 한다.

(3) 연구 방법

① 분석 대상 논문

이 절은 해외에서 수행된 이야기치료의 전반적인 동향에 관한 연구로, 연구 분석에 포함된 논문은 다음과 같은 과정을 통해 수집되었다. 문헌검색 및 선정과정은

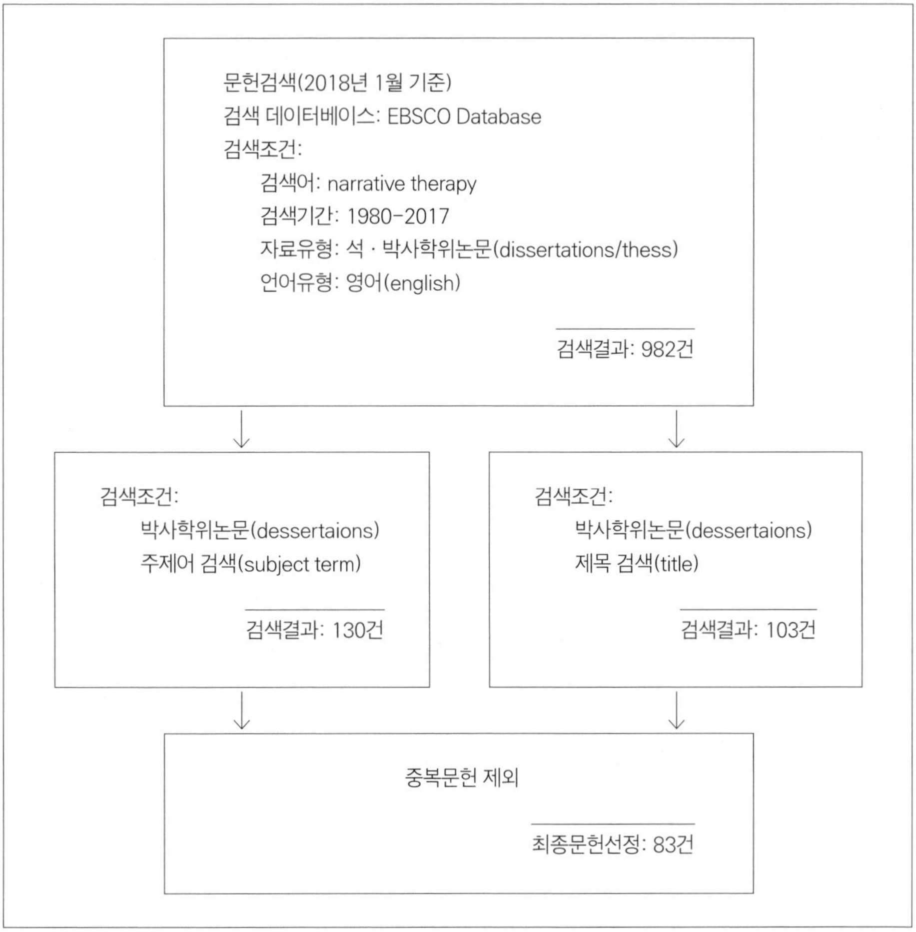

〈그림 1-1〉 문헌검색 및 선정과정

〈그림 1-1〉과 같다.

〈그림 1-1〉에서 제시된 절차를 살펴보면, 첫째, 자료검색을 위한 주요 도구로 해외 논문의 검색 및 데이터베이스 서비스인 엡스코데이터베이스(EBSCO)를 사용했다.

둘째, 검색조건을 다음과 같이 설정했다. ① 검색어인 'narrative therapy'를 주제어(subject terms)와 제목어(title)로 각각 설정했다. ② 자료 유형을 '논문(dissertations/theses)'으로 설정했다. ③ 검색 기간을 1980년부터 2017년까지의 기간으로 설정했다. ④ 언어를 '영어(english)'로 지정했다.

셋째, 이와 같은 검색조건을 가지고 2018년 1월 중순에 검색한 결과로, 이야기치료와 관련된 해외의 학위논문은 총 982편(1980~2017)이 검색되었다. 지난 37년 동안 이야기치료와 직간접적으로 관련된 전 세계의 학위논문은 대략 1천여 편 이상으로 추산되며, 학술지 논문을 포함하면 매우 방대한 자료라고 할 수 있다. 그러므로 이 책은 이러한 자료의 풀(pool)에서 이야기치료의 주요 담론을 제시하고 학술적으로 완성도가 있는 논문을 박사학위논문으로 간주하고 박사논문 분석에 초점을 맞추었다.

넷째, 검색어 'narrative therapy'를 주제어(subject term)와 제목어(title)로 검색한 결과는 각각 130편과 103편이었다.

다섯째, 이 가운데 중복되거나 이야기치료와 관련이 없거나 영어 이외의 언어로 저술된 논문을 제외하고, 최종적으로 총 83편(1995~2017)의 박사학위논문을 분석대상으로 선정했다. 이 가운데 46편은 원문(Full Text)을 제공했으며, 나머지 37편은 초록 및 목차만 제공했다. 원문이 제공되지 않더라도 연구 동향 분석에 필요한 기본정보를 확보할 수 있었다.

② 연구 동향 분석 틀

이 절에서는 〈표 1-14〉에 제시된 치료 및 상담 관련 분야의 연구 동향 분석 8편의 문헌에서 분석 준거를 검토하여 1차적으로 기본정보, 연구 대상, 연구 방법, 프로그램 등 네 가지 상위 범주를 도출했다. 이러한 상위 범주를 기준으로 이 절의 분석 대상인 83편의 논문에서 귀납적인 방법을 통해 각각의 하위 범주를 2차적으로 도출했다. 제1저자는 2차 범주화를 통해 정리된 하위 범주들을 공동저자들과의 협의를 통해 보완하여 분석을 위한 최종적인 범주 체계를 다음 〈표 1-15〉와 같이 확정했다.

〈표 1-15〉에서와 같이 연구 동향 분석 틀은 4개의 상위 범주와 9개의 하위범주로 구성되어 있으며, 이러한 범주에 따라 자료 분석을 할 것이다. 또한 분석 논문에

〈표 1-15〉 이야기치료의 연구 동향 분석 틀

범주		내용
기본정보	발행처	• 박사논문이 발행된 대학 및 기관 • 박사논문이 발행된 국가
	발행 연도	1995~2017년의 연도별 추이
	심리학의 연구영역	PsycINFO Classification Code
연구 대상	연구 참여자	• 발달단계(아동, 청소년, 성인, 노인) • 성별 • 국적 및 인종
	표본 크기	표본 크기(수)
연구 방법	연구방법론	양적 연구, 질적 연구, 혼합연구, 문헌연구, 프로그램 개발
	주요 변수	자아존중감, 자기효능감, 우울 등의 심리변수
프로그램	치료기법의 융합	• 이야기치료 단독 사용 여부 • 융합된 치료기법의 종류
	회기	회기의 횟수(주 수)

서 제시된 핵심어를 중심으로 이야기치료 연구에 대한 주요 담론의 현황을 살펴볼 것이다.

(4) 연구 결과

① 기본정보

• 발행처

이야기치료에 관한 박사학위논문의 최대 생산국으로는 미국이 86%(72편)를 차지하는 것으로 나타났다. 다음으로 영국(9편, 11%), 포르투갈(2편, 2%), 캐나다(1편, 1%) 순으로 나타났다. 이 책은 영어로 기술된 박사학위논문을 분석한 것이므로 전 세계의 박사학위논문, 즉 각국의 언어(중국어 등)로 생산된 실제 박사논문 수를 반영하지는 못했다. 그럼에도 이야기치료가 호주의 마이클 화이트와 뉴질랜드의 데이빗 엡스턴이 개발하고 영어권을 중심으로 발달한 것을 고려할 때, 미국과 영국이 이야기치료에 관한 연구를 실질적으로 주도했음을 알 수 있다.

구체적으로 발행기관을 살펴보면, 이야기치료에 관한 83편의 박사학위논문이 총 52개의 대학 및 기관에서 생산되었다. 2편 이상의 박사학위논문을 배출한 기관은 〈표 1-16〉과 같다.

〈표 1-16〉에서 보는 바와 같이 첫째, Alliant International University(미국)가 가장 많은 박사논문을 배출했다(11편, 13%). 다음으로 Chicago School of Professional Psychology(미국)가 두 번째로 많은 박사학위논문을 생산했다(8편, 9.5%). 3편을 발행한 기관은 3개 기관이다. 3편 이상을 배출한 기관이 전체의 33%이며, 이는 일부 대학을 중심으로 이야기치료 연구가 활발하게 전개되고 있음을 말해준다. 2편 이상 박

〈표 1-16〉 발행처: 대학 및 기관

대학 및 기관	빈도(수)	비율(%)
Alliant International University	11	13.1
Chicago Sch○○l of Professional Psychology	8	9.5
California Institute of Integral Studies	3	3.6
Fielding Graduate Institute	3	3.6
Massachusetts Sch○○l of Professional Psychology	3	3.6
California Sch○○l of Professional Psychology	2	2.4
Saybr○○k University	2	2.4
Syracuse University	2	2.4
Texas Tech University	2	2.4
Wright Institute Graduate Sch○○l of Psychology	2	2.4
Wayne State University	2	2.4
Canterbury Christ Church University(영국)	2	2.4
University of Manchester(영국)	2	2.4
Universidade do Minho(포르투갈)	2	2.4

사학위논문을 배출한 기관은 14개이며, 전체의 55%를 차지한다. 나머지 38개 대학 및 기관은 박사논문을 1편씩 출판했다(45%).

• 발행 연도

처음으로 이야기치료에 관한 박사학위논문이 나온 연도는 1995년이었다(Bryce, 1995). 이는 한국에서 이야기치료에 관한 박사학위논문이 최초로 출현한 2005년에 비해 10년 정도 앞서 있다(여인숙, 2005). 발행 연도에 따른 박사논문의 수적인 변화를 그래프로 나타내면 〈그림 1-2〉와 같다.

〈그림 1-2〉에서 보는 바와 같이 1995년 이후 박사논문 수에 등락이 있었지만,

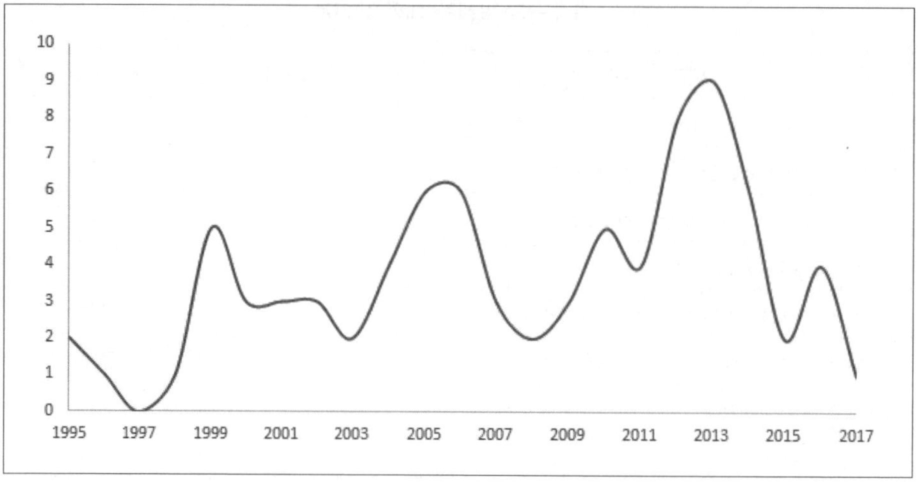

〈그림 1-2〉 발행 연도에 따른 박사논문 수의 변화

최대 9편을 기록한 2013년까지 계속 증가하는 추세임을 알 수 있다. 하지만 2013년 이후 2017년까지 감소하는 추세를 보이고 있다.

• 심리학의 연구영역

이야기치료에 관한 박사논문의 연구영역을 PsycINFO 분류코드를 참고하여 분류했다. PsycINFO는 미국심리학회(American Psychological Association: APA)가 만든 심리학 분야의 논문초록 데이터베이스이며, 영국을 제외하고 대부분의 학위논문은 PsycINFO Content Classification Code를 참고하여 연구 분야를 기술하고 있다. 이 코드는 21개의 상위 범주와 135개의 하위 범주로 구성되어 있다. 하지만 영국에서 발행된 박사학위논문 9편은 이러한 분류코드가 부여되지 않았다. 따라서 이 책은 영국의 논문 9편과 코드가 부여되지 않은 2편을 제외했다. 또한 코드가 2개씩 부여된 논문 10편도 각각의 코드를 중복하여 포함했다. 논문을 심리학 분류코드에 따라 정리하면 다음 〈표 1-17〉과 같다.

〈표 1-17〉 심리학의 연구 분야

코드	학문 분야	빈도(수)	비율(%)
2100	General Psychology	5	6.4
2340	Cognitive Processes	4	5.1
2800	Developmental Psychology	5	6.4
2900	Social Processes & Social Issues	7	9.0
3000	Social Psychology	2	2.6
3300	Health & Mental Health Treatment & Prevention	50	64.1
3360	Health Psychology & Medicine	4	5.1
3500	Educational Psychology	1	1.3

〈표 1-17〉에서 보는 바와 같이 이야기치료는 8개의 다양한 심리학 분야에서 사용되었다. 첫째, 건강 및 정신건강 치료 및 예방이라는 범주의 박사논문은 64.1%로 가장 많은 비율을 차지했다. 둘째, 사회적 과정 및 이슈로 분류된 논문이 9%로, 이 유형의 논문들이 이야기치료의 이론적 배경이 사회 현상을 해석하는 렌즈로 사용되었다.* 셋째, 일반 심리학 및 발달적 심리학으로 분류한 논문이 각각 6.4%다. 이상의 결과로 보아 이야기치료가 정신건강치료 및 예방 분야에서 가장 많이 사용되었음을 알 수 있다. 하지만 현대사회의 현상과 문제를 분석하는 이론적 근거로서 이야기치료가 활용됨을 알 수 있다.

* 하나의 예로서, 쿠바혁명에 대한 쿠바인의 심미적 · 역사적 반응을 분석하는 연구에서 이야기치료 이론이 사용되었다. Alan Brown, "Using Social Constructionism, Narrative Therapy, Bibliography, and Social Psychology in an Examination of the Cuban People's Polarized Aesthetic and Historiographical Responses to the Cuban Revolution" (PhD Dissertation, The University of Aberdeen, 2010).

② 연구 대상

- 내담자

내담자의 성별을 살펴보면, 성별을 확인할 수 없는 14편을 제외한 69편의 논문 중에서 성별을 구분하지 않고 남성과 여성을 내담자로 선정한 연구가 가장 많은 68%(47편)를 차지한다. 내담자의 성별을 구분하여 연구한 논문 중에서 여성을 대상으로 한 이야기치료 연구(26%, 18편)가 남성을 대상으로 한 이야기치료 연구(6%, 4편)보다 상대적으로 많았다. 이는 심리치료의 대상으로서 여성에 대한 관심을 보여주고, 특히 이야기치료의 적합한 대상이 여성임을 말해준다고 볼 수 있다.

내담자의 발달단계를 살펴보면, 내담자의 연령을 확인할 수 없는 22편을 제외한 61편의 논문은 내담자의 연령을 확인할 수 있었다. 하지만 학위논문의 저자마다 발달단계를 정의하는 기준이 상이하여 이 책을 위해 발달단계별 연령대를 정리할 필요가 있다. 따라서 이 책은 에릭 에릭슨(Erik Erikson)의 심리사회적 발달모형을 참고했다. 에릭슨은 인간발달단계를 다음과 같은 8단계로 분류했다(Erikson, 1993). 유아기

〈표 1-18〉 내담자의 발달단계

발달단계	빈도(수)	비율(%)
1단계: 유아기(0~1세)	0	0
2단계: 걸음마기(1~3세)	0	0
3단계: 취학 전 아동기(3~6세)	1	1.4
4단계: 초등학교 아동기(6~12세)	5	7.1
5단계: 청소년기(12~18세)	12	17.1
6단계: 성인 초기(18~40세)	18	25.7
7단계: 성인 중기(40~65세)	23	32.9
8단계: 성인 후기(65세 이상)	11	15.7

(0~1세), 걸음마기(1~3세), 취학 전 아동기(3~6세), 초등학교 아동기(6~12세), 청소년기(12~18세), 성인 초기(18~40세), 성인 중기(40~65세), 성인 후기(65세 이상). 이상의 분류에 따라 내담자를 분류하면 〈표 1-18〉과 같다.

〈표 1-18〉에서 보는 바와 같이 첫째, 가장 많은 연구가 이루어진 발달단계는 성인 중기에 해당하는 내담자들이다(32.9%). 두 번째로 많은 발달단계는 성인 초기에 해당하는 내담자들이다(25.7%). 세 번째로 많은 발달단계는 청소년기다(17.1%). 네 번째로 많은 발달단계는 성인 후기에 해당하는 내담자다(15.7%). 다섯 번째로 많은 발달단계는 초등학교 아동기에 해당하는 내담자다(7.1%).

성인 중기와 성인 초기의 내담자가 많은 이유는 첫째, 연령대가 각각 40~65세, 18~40세에 이르는 가장 긴 기간을 포함하기 때문이다. 둘째, 인간 발달단계 중에서 성인 초기-중기가 심리치료가 가장 많이 필요한 단계로 추정할 수 있다. 그뿐만 아니라 20년 이상의 장기간인 성인 초기와 성인 중기에 비해 6년이라는 비교적 단기간 연령대인 청소년기에 집중적으로 수행된 이유는 이야기치료가 청소년에게 많이 도입되고 있음을 알 수 있다.

내담자의 인종 및 민족을 살펴보면, 〈표 1-19〉와 같다. 내담자의 인종 · 민족을 확인할 수 없는 14편을 제외한 69편의 논문 중에서 북미(미국 50편, 미국 인디언 1편, 캐나다

〈표 1-19〉 내담자의 인종 및 민족

민족	빈도(수)	비율(%)
북미	52	75.4
남미	2	2.9
유럽	7	10.1
아시아	3	4.3
중동	2	2.9
아프리카	3	4.3

1편)와 유럽(영국 6편, 포르투갈 1편) 출신이 각각 75%와 10%를 차지했다. 또한 아시아(인도 1편, 필리핀 1편, 한국 1편), 아프리카(아프리카 2편, 남아공 1편)가 각각 4.3%를 차지했으며, 남미와 중동(이라크 1편, 사우디아라비아 1편)이 각각 3%를 차지했다.

〈표 1-19〉와 같은 결과는 앞서 분석한 논문의 발행처(국가)에 대한 결과와도 일치한다. 이야기치료가 영미 계통의 호주와 뉴질랜드에서 개발되고, 미국과 영국을 중심으로 연구가 발전했다. 따라서 이야기치료는 북미와 유럽의 역사 · 문화적 맥락에서 논의된 치료라고 볼 수 있다. 심리학 및 상담의 역사가 오래되고, 심리치료에 대해 개방적으로 인식하는 서구 유럽인에게 이야기치료는 보편화되고 접근하기 용이한 치료기법일 것이다. 하지만 동양권 문화에서는 정신적인 문제에 대해 서양과 다른 접근방식을 가지고 있으며, 자신의 심리를 상담사에게 공개하는 상담 및 정신치료에 대해 개방적인 태도를 가지고 있지 않아서 이야기치료의 내담자는 북미 · 유럽 계통 출신이 압도적이었고, 이들을 대상으로 한 임상연구 결과가 압도적으로 많을 수밖에 없었다.

그러므로 이야기치료는 미국과 유럽 민족을 주요 연구 대상으로 적용되고 논의되어왔으며(59편, 86%), 이야기치료가 북미와 유럽 출신이 아닌 민족에게 적용된 연구는 11편(14%)이라고 할 수 있다. 이런 점에서 이야기치료는 앞으로 다문화 심리치료기법으로서 다양한 인종에 적용되어 임상자료를 축적할 필요가 있다. 그뿐만 아니라 서구유럽의 역사 · 문화적 맥락에서 개발된 이야기치료를 다양한 민족 구성원에게 그대로 적용하기보다는 각 인종의 문화적 맥락에 일치하도록 민족적으로 특성화된 이야기치료 기법으로 발전시켜볼 필요가 있다. 그러므로 이야기치료는 앞으로 한국을 포함한 아시아권역에서 발전을 기대할 수 있는 미답(未踏)의 연구영역이라고 할 수 있다. 또한 이 책의 결과는 이야기치료가 앞으로 다문화 상담 및 심리치료기법의 하나로서 발전할 가능성을 시사한다.

• 표본의 크기

이야기치료에 참여한 연구 참여자들의 수, 다시 말해 표본의 크기를 확인할 수 있는 논문은 83편 중에서 50편이다. 첫째, 가장 많은 표본의 크기는 10명 미만이었으며, 64%(32편)를 차지했다. 둘째, 10명 이상 20명 미만의 연구 참여자가 참여한 연구는 16%(8편)이고, 셋째, 20명 이상 75명 미만의 연구 참여자가 참여한 연구는 16%(8편)이며, 넷째, 200명 이상 250명 미만의 연구 참여자가 참여한 연구는 4%(2편)다.

이와 같은 연구 결과는 다음에 기술할 연구방법론과 관련이 있다. 이야기치료의 임상 결과는 내담자의 심리적인 문제와 심리치료가 내담자의 이야기 변화라는 질적인 측면에서 기술된다. 또한 이야기치료와 직접적으로 관련된 측정 도구가 개발된 것이 없어서 소수의 연구 참여자들을 대상으로 한 질적 연구가 수행된다. 그리고 박사학위 연구는 개인적인 연구이므로 대규모의 연구 참여자를 확보하는 데 한계가 있다.

따라서 이 절의 결과가 시사하는 바는 소수의 연구 참여자들이 이야기치료 이후 변화가 지속되는가에 대한 종단연구의 과제, 표본의 크기를 확대하여 이야기치료에 대한 임상 결과를 일반화할 필요성, 이야기치료에 관련된 측정 도구의 개발 등을 시사한다.

③ 연구 방법

• 연구방법론

이야기치료에서 가장 많이 사용된 연구방법론은 첫째, 질적 연구로서 33%를 차지한다. 앞서 말한 바와 같이 이는 이야기치료의 주요 임상자료가 내담자의 이야기라는 질적 자료이기 때문이다. 둘째, 문헌연구가 21%로 두 번째를 차지하며, 이는 이야기치료의 이론개발을 위한 방법론으로 사용되었다. 세 번째로, 양적 연구방법론이 20% 정도를 차지하며, 설문조사를 통해 우울 같은 내담자의 주요 심리적 문제 · 변수를 이야기치료 전후의 변화를 측정하고 통계적인 유의성을 검증하는 데 사용한다. 네 번째는 혼합연구가 15%를 차지하며, 질적 연구와 양적 연구를 혼합하여 임상 결과를 분석한다. 다섯 번째는 프로그램 개발로 12%를 차지하며, 이야기치료의 이론개발 혹은 임상 결과를 통해 특정 발달단계 연구 대상자의 특수한 심리적 문제에 맞는 워크북(workbook) 혹은 프로그램을 개발하는 연구다.

이와 같은 분석 결과는 국내의 이야기치료에 대한 이론개발이 필요하다는 시사점을 도출할 수 있다. 이 책의 저자들이 파악하고 있는 국내에서 이야기치료와 관련된 박사학위논문은 2017년까지 총 14편이며, 이 중에서 이론개발을 위한 연구는 전무하다. 모든 논문은 기존의 이론을 적용하고 효과를 검증하는 데 치우쳐 있다. 그뿐만 아니라 다문화 심리치료에 적용하고 융합할 수 있는 이야기치료에 관한 박사논문은 국내에서 시도된 바 없다. 이런 점에서 이야기치료에 대한 기존의 이론을 한국의 문화적 맥락에 맞게 발전시키고, 다문화 심리치료를 위한 이야기치료로 개발하는 것이 국내의 이야기치료 발전을 위한 토대라는 것을 확인할 수 있다.

질적 연구 방법 중에서 구체적으로 어떠한 연구 방법을 사용했는지를 살펴보면, 내담자의 이야기 구술자료 및 내담자에 대한 인터뷰자료를 활용하여 사례연구, 내러티브 탐구, 근거이론 등이 이야기치료의 주요 질적 연구방법론으로 각각 12%가 사용되었다. 다음으로 현상학, 포커스그룹 인터뷰, 담화분석, 문화기술지, 실행연구, 델파이분석, 생애사 등의 다양한 질적 연구 방법이 내담자의 문제와 상황에 따라 이야기치료 연구에 사용되었다.

• 주요 변수

이야기치료 연구에서 주요 변수는 〈표 1-20〉과 같이 우울, 기분, 트라우마,

자아 관련 변인이 사용되었다. 우울과 관련된 측정 도구인 벡-우울척도검사(Beck Depression Inventory, BDI)가 가장 많이 사용되었다. 다시 말해 이야기치료가 우울, 기분, 트라우마, 자아 관련 변인 등의 다양한 심리 · 정서적 요인과 어떠한 연관이 있는지에 대한 연구가 수행되었다.

〈표 1-20〉에서 제시된 변수들은 주로 양적 연구를 위한 자료로, 주요 변수가

〈표 1-20〉 이야기치료 연구의 주요 변수

주요 변수	빈도(수)	비율(%)
우울	5	15.2
기분	5	15.2
트라우마	4	12.1
자아존중감/효능감/수용력	3	9.1
신체적 건강 문제	2	6.1
신체적 외모	1	3.0
대인관계	1	3.0
강박증	1	3.0
정신증	1	3.0
용서	1	3.0
삶의 목적	1	3.0
자살 시도	1	3.0
삶의 만족	1	3.0
수면의 질	1	3.0
남용	1	3.0
삶의 질	1	3.0
대처전략	1	3.0
염려	1	3.0
슬픔	1	3.0

이야기치료 전후에 발생한 변화를 통계적으로 검증하는 실증적 연구를 위해 사용되었다.

이와 같은 분석 결과가 국내의 연구에 주는 시사점은 이야기치료가 다양하고도 구체적인 문제에 적용될 수 있다는 것이다. 국내의 박사학위논문 14편이 다루는 심리적 문제의 유형보다 해외의 논문에서 다루는 심리적 문제의 범위는 매우 넓고 구체적이다. 예를 들어, 다단계 투자자의 심리적 문제를 치료하거나(Tennant, 2012), 영화 「스타워즈」 시리즈를 좋아하는 영화 팬의 의미형성과정을 분석하기 위해 이야기치료가 이론적인 배경으로 사용될 정도로 다양한 상황과 문제를 다루기 위해 이야기치료의 이론이 사용되었다(Goldberg, 2010). 따라서 국내의 이야기치료 연구가 다문화 구성원들의 심리치료뿐만 아니라 다양한 유형을 가진 내담자들의 특수한 심리적 문제해결을 위한 기법으로 역할을 할 것으로 기대한다.

④ 프로그램

• 치료기법의 융합 여부

해외의 이야기치료 연구에서 이야기치료 기법이 단독으로 사용된 연구 혹은 프로그램(26건, 35%)보다 이야기치료가 다른 치료기법과 융합한 치료가 49건(65%)을 차지한다. 이는 서론에서 언급한 바와 같이 인문학의 기초로, 이야기는 인문학의 제반 학문 분야와 연계를 통해 확장과 변용이 탁월하기 때문이다(김영순, 2011). 이러한 연구 결과는 국내의 이야기치료 연구와 상반된다. 이미련에 의하면, 이야기치료 단독으로 사용된 경우가 전체의 65.2%에 해당한다(이미련, 2014). 국내에서는 이야기치료가 융합치료로 연구된 사례가 해외에 비해 적어 앞으로 융합치료 연구가 발전할 것으로 기대한다.

해외의 박사논문에서 이야기치료와 융합된 치료기법 중에서 2회 이상 사용된 치료기법은 예술치료(11건, 20%), 노출치료(6건, 11%), 인지치료(5건, 9%), 여성주의 상담(3건, 6%), 기독교 상담(3건, 6%), 감정중심치료(3건, 4%) 등이 있다. 이야기치료와 융합된 치료기법 중에서 1회 사용된 치료기법은 문학치료, 음악치료, 운동치료, 동물치료 등을 포함하여 24개의 다양한 치료기법이 있었다.

국내의 경우에는 주로 문학치료, 놀이치료, 드라마치료, 예술심리치료 및 미술치료, 사티어 이론을 이야기치료와 융합했다(이미련, 2014). 국내외 연구에서 융합된 치료기법 간에 차이가 있지만, 다양한 치료기법이 이야기치료와 접목되었으며, 앞으로도 기존의 심리치료와 이야기치료와의 융합은 계속될 전망이다.

• 회기

이야기치료 프로그램의 회기(session) 수를 주(week) 수로 표현한 연구가 있다. 일반적으로 한 주(week)에 한 회기(session)가 진행된다고 가정할 때, 6~10회(주)의 프로그램이 44%(11건)이며, 1~5회(주)의 프로그램이 28%(7건)다. 그리고 11~15회(주)의 프로그램은 16%(4건)이며, 20회(주)의 프로그램은 8%(2건)다. 4년 이상(200주 이상) 지속된 프로그램도 한 건(4%) 있었다.

이와 같은 연구 결과를 통해 이야기치료는 10회 이하의 단기 프로그램으로 진행됨을 알 수 있다. 국내의 이야기치료에 관한 연구에서도 8~10회기의 단기치료 프로그램이 가장 많았다(이미련, 2014). 이는 이야기치료가 외부의 자원을 활용하는 것이 아니라 내담자의 이야기 자체를 기반으로 치료에 활용하므로 진단 및 치료에 시간적 비용이 절약되지만, 내담자의 상황과 융합된 치료기법에 따라 회기 수와 기간은 적절하게 변형이 가능할 것이다.

• 핵심어

이상과 같이 이야기치료 관련 선행연구에서 도출한 4개 상위 범주와 9개 하위 범주의 준거 틀을 기반으로 연구 현황을 제시했다. 다음으로 학위논문에서 직접 기술하거나, 엡스코 초록 데이터베이스에서 제시하는 학위논문의 핵심어(keyword)를 분석함으로써 이야기치료의 주요 담론을 재구성할 수 있다.

83개의 해외 박사학위논문에서 제시된 핵심어는 총 407개이고, 407개의 키워드 중에서 5회 이상 반복된 단어는 93개이며, 다음 〈표 1-21〉에 제시된 8개 단어다.

〈표 1-21〉에 제시된 단어들은 핵심어 중에서 주요 핵심어라고 할 수 있다. 이 핵심어들은 전체 빈도의 23% 정도를 차지한다. 내용분석을 통해 볼 때, 해외 박사학위논문의 이야기치료 담론을 주요 키워드 중심으로 대략 정리하자면 다음과 같다. 이야기치료는 가족, 아동 및 청소년을 대상으로 하며, 심리적인 문제, 특히 성적 학대 문제를 다룬다고 볼 수 있다.

또한 보조적으로 407개의 핵심어를 '워드 클라우드(word cloud)'라는 기법으로 시각적으로 재구성할 수 있다. 워드 클라우드는 단어가 등장하는 빈도가 많아지면 글자 크기가 커지도록 표현하는데, 이를 통해 주제와 관련된 핵심어를 직관적으로 확인할 수 있으며, 주요 담론을 쉽게 파악할 수 있는 장점이 있다.

〈표 1-21〉 핵심어의 빈도

키워드	빈도(수)	비율(%)
이야기치료	40	9.8
이야기(들), 이야기-	19	4.7
청소년	8	2.0
가족	8	2.0
심리학/심리학적	6	1.5
치료	6	1.5
아동	5	1.2
성적 학대	5	1.2

해외의 이야기치료 박사학위논문의 407개 핵심어가 제시하는 워드 클라우드는 다음 〈그림 1-3〉과 같다.

〈그림 1-3〉에서 사용된 주요 핵심어는 치료(treatment), 청소년(adolescent), 가족(family), 남용(abuse), 내담자(clients), 개발(development), 집단(group), 경험(experiences), 심리적(psychological) 등의 단어라는 것을 워드 클라우드를 통해 시각적으로 파악된다.

〈그림 1-3〉 핵심어에 대한 워드 클라우드

⑤ 분석 결과

이 절은 1995년부터 2017년까지 영어로 기술된 이야기치료에 관한 83편의 해외 박사학위논문을 분석 준거에 따라 분석했으며, 분석 결과를 요약하면 다음과 같다.

첫째, 이야기치료는 호주의 마이클 화이트와 뉴질랜드의 데이빗 엡스턴이 개발했으나, 미국과 영국을 중심으로 이야기치료에 관한 학술적인 발전이 전개되었다. 특히, 미국의 Alliant International University, Chicago School of Professional Psychology는 이야기치료 박사논문의 20% 이상을 생산할 정도로 이야기치료에 관한 주도적인 연구를 했다. 연도별로는 1995년부터 2013년까지 꾸준히 증가하는 추세이며, 2013년부터는 다소 감소하고 있다. 이야기치료는 정신건강 치료 및 예방 분야에서 주로 사용되었으며, 이야기치료의 이론적 배경은 사회적인 현상과 이슈를 분석하는 데도 폭넓게 사용되고 있다.

둘째, 이야기치료 프로그램에 참여한 내담자는 남성보다 여성이 많았으며, 발달단계별로는 성인 및 청소년에 집중되어 있었다. 북미 · 유럽 인종의 내담자들이 주로 참여했다. 이야기치료 연구에 참여한 내담자의 수는 10명 미만이 전체 연구의 3분의 2를 차지했다. 이야기치료 연구에서 사용된 주요 심리적 요소는 우울, 기분, 트라우마, 자아 관련 변인 등이었다.

셋째, 이야기치료 연구에서는 질적 연구방법론을 적용한 논문이 3분의 1을 차지하며, 나머지는 양적 연구, 혼합연구, 문헌연구, 프로그램 개발 등이 골고루 사용되었다. 질적 연구방법론에 해당하는 방법으로 근거이론, 사례연구, 내러티브 연구, 현상학 등이 있다. 우울, 기분, 트라우마, 자아 관련 변인 등이 이야기치료에서 주로 사용된 심리적 요소다.

넷째, 이야기치료는 단독으로 사용되기보다 다른 치료기법과 융합된 치료가 전체의 3분의 2를 차지할 정도로 융합치료를 구성하는 기법으로 사용되었으며, 융합된 치료기법은 주로 예술치료, 노출치료, 인지치료, 여성주의 상담, 기독교 상담 등 다양한 기법과 연계를 시도했다. 이야기치료는 10회기 이하의 치료가 전체의 3분의 2를 차지하며, 단기치료 중심으로 사용했다.

3) 시사점

1절에서 분석한 다문화 내담자를 위한 미술치료의 국내 연구 동향은 이와 같은 시사점과 향후 과제를 제시한다.

첫째, 미술치료 프로그램에 참여하는 내담자 비율에 따르면, 다문화가정이 미술치료 프로그램을 통해 긍정적인 효과를 경험하고 있었다. 그다음으로 결혼이주여성, 중도입국 청소년을 위한 미술치료 프로그램 연구가 활발히 진행되고 있었다. 특히, 다문화가정 자녀와 중도입국 청소년이 미술치료 프로그램에 적극적으로 참여했다. 다문화 청소년에 이어 결혼이주여성을 위한 미술치료 프로그램들이 활발히 진행되었다. 결혼이주여성은 다문화 내담자 유형 중 국내에 가장 많이 체류하고 있으며, 이들을 위한 미술치료 프로그램들에 대한 연구는 꾸준히 진행되어왔다. 학교 내 다문화가정 자녀와 중도입국 청소년이 늘고 있다는 점에서, 그리고 최근 결혼이주여성의 가정해체율이 증가하는 점에서 그들을 위한 미술치료 프로그램은 심리적 건강과 한국 사회 적응을 위해 꾸준히 연구될 필요가 있다.

둘째, 미술치료 프로그램은 공통적으로 다문화 내담자들의 자아존중감 향상에 긍정적인 영향을 미쳤다. 특히 집단미술치료는 집단원의 피드백을 통해 내담자 치료의 발전을 이끈다. 특히 다문화가정 자녀들은 미술치료 프로그램을 통해 의사소통 능력의 향상을 경험했고, 학교생활적응을 위한 사회성 향상을 경험했다. '미술'이라는 비언어적인 매체는 그들의 자아존중감 향상에 도움을 주고, 다문화가정 자녀뿐만 아니라 중도입국 청소년을 위한 미술치료 프로그램도 주목받고 있다. 정주민과 비교했을 때 언어 발달이 상대적으로 느리다는 점에서 미술치료 프로그램은 긍정적인 영향력을 미치고 있다. 중도입국 청소년은 미술치료 프로그램을 통해 이중문화 스트레스를 극복할 수 있는 자아탄력성 향상을 경험하고, 결과적으로 자아존중감 향상도 경험한다. 과도한 스트레스로 정서 표현에 소극적이었던 그들은 프로그램을 통해 정서적 변화를 경험한다. 이러한 근거에 따르면, 미술치료 프로그램들은 특히 다문화 청소년의 한국 사회 적응을 위한 심리적 지원을 제공할 수 있다. 미술치료는 다문화 내담자를 위한 비언어적 상담으로, 향후 내담자의 심리적 어려움에 따라 프로그램의 구성이 다채로워져 그들의 심리적 어려움을 해소할 수 있는 치료 프로그램으로 발전을 기대할 수 있다.

2절에서 분석한 이야기치료의 국제적 연구 동향은 이와 같은 시사점과 향후 과제를 제시한다.

첫째, 이야기치료는 북미 · 유럽인을 주요 대상으로 개발되고 적용된 기법이다. 다시 말해 서구 유럽의 문화적 배경을 바탕에 두고 이야기를 통해 심리적 문제를 발견하고 대안을 제시하는 기법이다. 이러한 이야기치료의 이론적 배경을 감안하여 국내의 이주민을 위한 심리치료를 개발하고자 할 때, 이야기치료 이론을 있는 그대로 적용하기보다는 이주민의 문화적인 맥락을 고려하여 연구할 필요가 있다. 예를 들어, 자신과 가족의 심리적인 문제를 드러내는 것이 쉽지 않은 아시아의 문화에서 자신의 문제와 심리적인 아픔을 은유적으로 대신하여 이야기하는 방식으로 문제를 표현할 수 있다. 그러므로 이야기치료는 다문화 상담 및 심리치료적 활용에 미답(未踏)의 연구영역으로, 향후 한국을 포함한 아시아권역의 문화에서 이론적인 개발과 임상 적용을 통한 발전을 기대할 수 있다.

둘째, 이야기치료는 지난 20여 년 동안 전 세계적으로 방대한 양의 연구 결과가 축적되었으며, 내담자의 다양한 특성(발달단계, 신체적 · 심리적 문제, 직업 및 상황 등)을 고려하여 연구가 진행되었다. 그리고 내담자의 다양하고 구체적인 심리적 문제를 해결하는 데 효과가 확인된 치료라고 할 수 있다. 특히 아동 · 청소년, 성인에게 효과적인 치료기법 중의 하나다. 그러므로 이 책에서 궁극적으로 관심을 두는 국내 이주민에게도 이러한 치료 효과를 기대하며, 앞으로 다문화 상담 및 심리치료 연구에 중요한 기법으로 활용될 것으로 예상된다.

셋째, 이야기치료는 융합치료에 적합한 치료기법이다. 이야기가 인간의 삶을 구성하는 기본 단위라는 것을 고려할 때, 이는 심리치료에서의 필수 요소다. 또한 이야기치료는 전문적인 기술과 장기간의 치료 기간 없이도 접근이 용이한 치료로, 다양한 치료기법과 융합이 가능하다. 내담자의 문제, 특성, 상황을 고려하여 각 치료기법의 장점을 차용하고, 각 회기의 내용과 횟수를 적절하게 구성한다면 소기의 치료 효과를 거둘 수 있다.

넷째, 다문화 상담 및 심리치료에서 이야기치료를 중심적인 치료기법으로 활용하기 위해서는 융합치료의 모형을 제시할 필요가 있다. 이 책에서 분석한 것과 같이 융합치료 모형은 내담자의 심리적 문제, 발달단계, 표본의 크기 등을 포함하고 더 나아가 내담자의 인종 · 문화적 배경을 고려해야 한다. 융합치료 모형은 이러한 인적 정보를 기반으로 다른 치료기법들과 이야기치료를 연계한 프로그램의 내용과 회기를 구성해야 한다. 이러한 융합치료 모형이 구축된다면, 향후 다양한 민족의 다문화 구성원이 다양한 심리적 문제를 가지고 오더라도 모형을 기반으로 치료 프로그램을 구성하기 용이할 것이다.

1절과 2절에서 분석한 연구 동향은 공통적으로 유사한 시사점을 내포하고 있다.

첫째, 미술치료 프로그램과 이야기치료 프로그램은 내담자가 자신의 심리적 문제를 특정한 매개체를 통해 나눔으로써 치료과정을 부담 없이 경험하도록 돕는다. 미술치료와 이야기치료 프로그램은 언어의 어려움을 가진 다문화 내담자들에게 비언어적인 소통과정을 통해 상담에 대한 부담감을 덜어줄 수 있다. 이들은 예술이라는 매개체를 통해 상담에 대한 부담을 줄이며, 내담자의 심리적 어려움 해소를 돕는다. 비교적 짧은 회기를 통해 소기의 치료 효과를 돕는다.

둘째, 미술치료와 이야기치료는 내담자의 특성(발달단계, 신체적 · 심리적 문제, 직업 및 상황 등)에 적합한 프로그램을 구현해왔다. 공통적으로 아동 · 청소년 · 성인에게 효과적인 치료기법들이다. 미술치료와 이야기치료는 다른 치료기법, 상담 이론과의 결합을 통해 내담자의 특성에 부합하는 프로그램 구성에 용이하다. 미술치료와 이야기치료는 융합치료에 적합한 치료기법이다. 이야기치료와 미술치료의 선행연구를 고려해봤을 때, 심리치료의 매개체 역할로 다문화 내담자의 특성에 적합한 프로그램으로 발전할 수 있다. 내담자의 특성, 상황에 따라 치료기법의 장점을 차용한다면 개인에게 맞는 프로그램을 유동적으로 개발할 수 있다. 추후 융합치료 프로그램은 내담자의 인종 · 문화적 배경을 고려할 필요가 있다. 결과적으로 다양한 민족의 내담자들이 다양한 심리적인 문제를 해소하기 위한 치료 프로그램으로 발전할 것이다.

Ⅱ

이주배경 청소년과 콜라주집단미술치료*

1. 콜라주 미술치료
2. 이주배경 청소년을 위한 콜라주 미술치료의 설계
3. 이주배경 청소년을 위한 콜라주 미술치료의 실제

* II부에서는 왕금미(2017)의 박사학위논문 「중도입국 청소년의 콜라주 미술치료 사례연구」를 수정 보완했다.

1.
콜라주 미술치료

1) 미술치료

(1) 개념

미술치료는 '미술'과 '치료'라는 두 영역이 만나 이루어진 고유한 합성어다. 미술은 인류 역사와 함께 시작되었으며, 인간의 시대적 역동이 변화하는 삶을 보여주는 시각예술이다. 예술은 인간의 창의적 표현 능력 및 욕구가 시대의 문화와 정치 · 경제 흐름에 반영된 것이며, 미술은 인간의 기본 표현에 해당한다(정여주, 2014). 인간은 미술활동 과정을 통해 "개인이 처한 삶의 어려운 상황을 표출하고 나아가 그러한 것을 받아들일 수 있는 자세, 즉 삶에 대한 용기와 의지를 얻는다."(Schäfer, 1973)

치료(therapy)는 환자의 병을 치료하거나 약화시키는 것을 목적으로 환자에 대한 진단과 적응상태에 기초한 목표지향적 임상 관점을 다룬다(Petzold & Orth, 1991).

미술과 치료라는 두 영역에서 탄생한 미술치료는 이론과 임상 관점이 미술치료사와 학자들마다 다를 수 있지만, 일반적으로 의학적 기준, 심리학적 기준, 교육학적 기준, 인간학적 기준에 따라 분류되어 발전되고 있는 치료영역이다(Baukus & Thies, 1997; Malchiodi, 2003; Menzen, 1994, 2001; Petzold, 1991; Richter, 1984, 1987; Rubin, 1999).

'미술치료'라는 용어는 일반적으로 예술치료, 표현치료, 창의성치료, 미술심리치료, 미술매체를 통한 심리치료 등에 사용된다.

미술치료가 인간을 위한 예술로서 치유적 역할을 하는 관점에서 병원, 재활, 상담, 특수교육, 일반학교, 노인시설, 사회교육 또는 자기성장 프로그램 및 국적을 초월한 비언어적 소통방법으로 적용되면서 발전하고 있다.

이와 같이 미술치료는 치유에만 초점을 두는 것이 아니라 인간의 잠재력과 성장 가능성을 개발하는 자기경험과 자기본성을 회복할 기회를 얻을 수 있게 하며, 인간에게 내재되어 있는 건강한 힘을 재발견하고 병을 예방하는 차원에서도 그 의의가 있음을 알 수 있다.

현재의 미술치료는 의학적 기준과 심리학적 기준으로 분류하여 다루기보다는 심신의 어려움을 겪고 있는 사람들을 대상으로 하여 그들의 미술작품(작업)을 통해 심리를 진단하고 치료하는 데 목적이 있고, 인간의 조형 활동과정은 개인 및 집단의 갈등을 조정하는 동시에 자기표현과 승화작용을 통해 자아성장을 촉진할 수 있다. 또한 자발적인 회화 및 조형 활동과정을 통해 개인의 내적 세계와 외적 세계 간의 조화를 이룰 수 있게 한다.

또한 미술치료는 인간이 처한 환경과의 관계를 고려해야 하며, 육체와 정신 및 영혼 관계를 통합적으로 보아야 한다. 인간학적 관점에서 미술치료는 인간의 욕구, 치유, 예방, 자기계발 영역으로 발전해나가고 있다.

(2) 견해

미술치료에 대한 관심과 임상경험을 가진 대표적인 학자 중 나움버그(Naumburg)와 크레이머, 그리고 울만(Ulman)에 대한 견해를 살펴보고자 한다.

먼저, 나움버그는 '치료로서의 미술(Art in therapy)'이라는 견해를 취하고 있다. 나움버그는 치료사와 환자 사이의 치료적 관계 형성과 전이 · 역전이의 해결, 자유연상, 자발적 그림표현과 해석, 그림의 상징성 등을 중요시했다. 프로이트와 융(Jung), 그리고 설리번(Sullivan)의 영향을 많이 받았고, 학자들은 나움버그의 이론을 심리치료 과정에서 그림을 매체로 이용하는 '치료로서의 미술'로 구분하기도 한다. 나움버그는 첫째, 말보다는 그림으로 자신에게 일어나는 내적 욕망이나 꿈, 환상을 직접적으로 표현하도록 한다. 둘째, 무의식을 그림으로 투사하면 언어적 표현보다는 검열기능을 약화시켜 치료과정이 촉진된다. 셋째, 그림으로 나타난 것은 영속성이 있어 내용 자체가 망각에 의해 지워지지 않으며 그 내용을 부정하기 어렵다. 넷째, 전이문제가 쉽게 해결된다. 즉, 환자의 자율성은 자신의 그림을 해석할 수 있는 능력에 의해 고무된다고 했다.

크레이머는 치료로서의 미술 창조와 자아성장이라는 나움버그의 견해를 가리켜 작품을 만드는 과정 자체를 치료라고 보고, '치료로서의 미술'로 표현했다. 미술은 인간 경험과 동일한 것을 창조함으로써 인간 경험의 영역을 확장하는 수단이다. 미술치료사들은 성격이 혼란스러운 사람들에게 유용한 창조적 경험을 가능하게 한다. 치료사들은 예술적 창의성의 내적 법칙에 비교되는 방법들을 사용한다고 보았다.

한편, 울만은 '통합적 입장(치료+창조)'을 정의했다. 울만은 1961년에 이미 '미술심리치료'와 '치료로서의 미술'이라는 용어를 모두 포함하는 정의를 내리기 위해 노력해왔으며, 이러한 생각은 그의 저서(Ulman, 1977: 14)에 잘 나타나 있다. 미술과정은 가장 광범위한 인간 능력의 범위가 필요하다. 즉, 성격 내에서 반대하는 힘을 단합시키거나 개인의 욕구와 외부세계의 욕구를 화해시키는 힘이다. 울만은 치료로서의 미술을 받아들이는 가운데 미술심리치료를 사용했고, 미술심리치료가 통하는 곳에서는 치료로서의 미술을 사용해서 이 둘 간에 서로 융통성 있는 선택을 했다. 즉, 울만은 "나움버그와 크레이머의 정신역동 지향적 미술치료를 통합하면서 예술적 성취감을 중시해야 하며, 미술치료는 치료적 측면과 창조적 측면을 모두 내포하고 있다"라는 것이다. 특히 울만은 임상사례를 통해 미술심리치료와 치료로서의 미술 간의 경계선은 아동 미술치료보다 성인 미술치료에서 더 분명하지 않다고 지적했는데, 이는 성인에 대한 치료로서의 미술에 대한 무지이거나 무시 때문인 것으로 풀이하고 있다(정여주, 2008).

크레이머(1958)는 "미술을 중시하는 입장으로서 예술을 창조하는 행위야말로 마음이 병든 사람을 재통합하는데 현실과 공상, 의식과 무의식을 융합하는 예술이 매우 적합하다"라고 보았다. 예술행위과정 중 매체를 활용한 미술치료는 인간에 대한 심리치료적 접근으로 학자에 따라, 접근방법이나 적용대상에 따라 정신요법적 미술치료, 재활적 미술치료, 특수교육적 미술치료, 경계성장애 미술치료, 이론적 관점에서의 미술치료 접근으로 나누고 있다.

그러므로 미술치료는 예술활동의 한 부분으로 미술매체를 통한 이미지 표출과정에서 무의식을 의식화하는 비언어적인 커뮤니케이션 기법으로서 우위를 차지하고 있음을 알 수 있다.

다음은 미술치료의 여섯 가지 속성이다.

① 미술은 심상의 표현이다.

② 비언어적 수단이므로 통제를 적게 받아 내담자의 방어를 감소할 수 있는 이점을 지니고 있다.

③ 구체적인 유형의 자료를 즉시 얻을 수 있다.

④ 자료의 영속성을 들 수 있다.

⑤ 미술은 공간성을 지니고 있다.

⑥ 미술은 창조성이 있으며 에너지를 유발한다.

미술치료사는 처음부터 끝까지 작업과정을 관찰해야 한다. 관찰하면 작품 뒤에 숨어 있는 한 인간의 한 편의 드라마를 읽게 된다. 순서, 템포, 리듬, 작품과 관계된 언어적 · 비언어적 행동 같은 면들은 미술작품의 구성요인들과 밀접하게 연관되는 중요한 것이다. 누구에게나 가장 심층적인 이해는 인간의 마음 깊은 곳에서부터 유발된 것이므로 미술치료사는 내담자의 그림 내용이나 형태에 부과된 것을 쉽게 이해하기 어렵다. 단지 개인에게서 유발되어 창조된 것은 그 사람을 이해하는 데 타당한 의미를 가질 것이다.

이와 같이 미술치료는 치유적 · 예방적 · 자기계발적 의미의 차원과 글로벌 사회 변화에 흐름에 맞추어 인간의 바람직한 심신의 변화를 위한 심리치료 프로그램이 지속적으로 연구되어야 할 필요가 있다.

2) 콜라주 미술치료

콜라주는 표현하고자 하는 화면에 자연물과 인쇄물 그리고 쇠붙이, 섬유, 목재, 모래, 접착제, 나뭇잎 등 다양한 오브제를 활용하여 화면의 구도, 채색효과, 구체성을 강조하여 구성한 작품을 말한다.

콜라주(collage)는 '풀칠하다', '바르다'라는 의미이며, 입체파 화가 피카소와

브라크가 만들어낸 기법이다. 또한 회화의 한 기법으로, 실물로서 악보, 모래 그리고 톱밥이나 나무토막 등의 물체를 부착하여 화면의 리얼리티를 추구했다. 1920~1930년대 몽타주 기법인 '포토콜라주'는 인쇄매체와 사진의 특수 기법을 혼합한 환상적인 작품으로 탄생하는 발전을 가져왔다. 화가 막스 에른스트(Max Ernst)의 초현실주의적 작품에서와 같이 상상의 인물로 「백 개의 머리를 가진 여인」이라는 콜라주 작품이 탄생하기도 했다. 이렇듯 콜라주 작품은 완전히 다른 매체의 결합으로 예상을 뛰어넘는 상징적인 효과를 나타낸 표현기법으로 발전했다.

이처럼 콜라주는 서로 다른 물체의 본질(本質)을 오리고, 분쇄하고, 찢어서 접착제를 활용하여 붙여서 화면을 구성하는 기법이다. 이렇게 서로 다른 다양한 헝겊, 타일, 비닐, 나뭇가지, 종이, 사진, 상표 등을 활용하여 만든 콜라주 작품의 이미지는 기존의 이미지를 벗어나 미처 생각하지 못한 작품으로 탄생하여 거대한 환상 속에서 있는 상상 이상의 특수한 느낌을 받기도 한다.

콜라주 미술치료는 화면에 골판지, 색지, 잡지, 한지, 다양한 자연물 및 공산품을 매체로 기존의 이미지 또는 원하는 형태를 오리거나 덧대어 붙이는 작업 활동과정이다. 이러한 작업활동은 언어 소통에 어려움이 있거나 의도적으로 방어하고자 하는 갈등이나 문제를 안고 있는 대상에게 유용하다고 볼 수 있다. 이는 작업과정과 완성된 작품을 통해 자신의 내면을 예술적으로 표출함으로써 자신의 상황을 스스로 직면하고 이해할 수 있다.

미술활동은 카타르시스를 주거나 감각 경험의 폭을 넓히는 것 외에 내적 갈등을 승화시킴으로써 좌절을 극복하게 되어 궁극적으로 자아의 힘이 강조된다(주리애, 2001). 특히 콜라주 기법에 대해 잡지를 보며 마음에 드는 이미지를 선택하는 과정은 자기감정의 표현일 가능성이 높고, 선택자로서의 주체성은 자발성, 자기표현, 자기개방을 촉진한다(이은주, 2008). 이렇듯 콜라주 표현활동 과정은 내면의 통찰을 불러일으키고 자기치유력을 발현하게 하는 치료과정이다. 콜라주 미술치료의 특징 및 속성은 다음과 같다(왕금미, 2017).

첫째, 언어표현보다 정확하고 구체적이며 집약적이다.
둘째, 상징적 표현을 얻을 수 있고 내담자의 현실적 감정에서 다양하게 해석할 수 있다.
셋째, 그림을 기술적으로 표현해야 하는 저항이 고착된 내담자에게 도입하기 쉽다.
넷째, 언제 어디서든 매체를 활용한 작품 제작이 간단하고 연령층의 적용 범위가 넓다.
다섯째, 제작 표현방법에 따른 내담자의 성향과 감성적 느낌, 병리성 증상을 파악하며 지적인 작업에서도 활용할 수 있다.
여섯째, 치료현장에서 깊은 친밀감으로 내담자와 치료사의 관계형성이 쉽다.
일곱째, 의사소통 개선으로는 모자 상호법을 통해 활동이 가능하다.
여덟째, 치료사 및 모의 내담자와의 삼자 간 친밀감 형성 및 의사소통이 용이하다.
아홉째, 어떤 심리학적 치료 상담 현장에서도 활용이 가능하다.

이와 같이 콜라주 미술치료활동은 언어로 표현할 수 없는 불안이나 문제점을 표출하여 자신의 상황을 이해할 수 있어 자기이해를 돕는다. 따라서 콜라주는 심리치료기법으로서 매우 유용하다고 할 수 있다(양윤정, 2013).

이처럼 콜라주 미술치료는 오리고 자르고 붙이는 행위 자체가 자기의 심상 표현이라 할 수 있으며, 이러한 과정을 통해 자신의 문제에 대한 이해가 깊어질 기회를 얻는다. 또한 언어로 표현할 수 없는 불안과 내재된 문제가 작품활동 과정을 통해 표출되고 자신의 현재 상황을 이해할 수 있다. 따라서 콜라주 활동은 표현행위 자체로 다른 심리치료 활동보다 통찰이 유연하게 일어나며, 그로 인해 스스로 자가 치유력이 발현된다고 할 수 있다.

3) 콜라주 미술치료 기법

오늘날 미술치료 기법으로 활용되고 있는 잡지그림 콜라주 기법은 1972년 벅(Buck)과 프로밴처(Provancher)가 미국 『작업치료지』에 평가기법으로 게재하면서 정식으로 소개되었으며, 일본의 스기우라(杉浦, 1994)에 의해 치료기법으로서 연구 개발되었다. 1920년경 초현실주의자들의 미술표현에서 하나의 스타일로 확립된 콜라주 기법은 그 후 미국 작업치료의 재활 장면에서 치료(Buck & Provancher, 1972)나 평가법(Lerner, 1982)으로 활용되었다. 일본에서의 콜라주 기법은 1990년 전후를 기점으로 모래놀이치료를 모체로 하여 상담 및 심리치료에서 하나의 기법으로 사용되었다(이근매 · 아오키, 2010).

모래놀이치료(sand play therapy)는 빅터 로웬펠트(Viktor Lowenfeld)가 1949년 개발한 세계기법(world technique)에서 칼프(Kalff, 1966)가 융의 이론을 도입하면서 개발했다(왕금미, 2017). 콜라주 미술치료는 '운반할 수 있는 모래상자', 즉 '모래상자의 보급판'이라고도 불린다. 이는 콜라주 미술치료가 모래놀이치료보다 간단하고 손쉽게 작품 제작을 구성할 수 있고, 어떠한 장소 제한도 받지 않으며, 재료비도 많이 들지 않아서 경제적이다(왕금미, 2017 재인용). 콜라주에 사용되는 미술 매체는 다양한 색도화지와 접착제, 그리고 도구로는 오릴 수 있는 가위 및 사무용 칼이다. 콜라주 미술치료는 언제든지 장소에 따라 환경변화에 호응하여 내담자와 함께 작업활동을 진행할 수 있다. 콜라주 미술치료 작품은 보존도 거의 용이하여 시간이 흐른 뒤에도 내담자에게 자신을 이해하게 한다. 왜냐하면 작품의 영속성으로 인해 언제든지 작품을 마주했을 때 심층적으로 자신을 깊이 이해하는 데 도움이 되기 때문이다.

콜라주 미술치료는 치료사의 치료 방향과 의도대로 내담자의 문제적인 증상 및 호소내용에 따라 치료계획이 고안될 수 있고, 양육환경, 성별, 가족구조, 연령이나 장애의 경중을 고려하여 계획하고 진행하는 것이 무엇보다 중요하다. 제작 기법에 따라 집단 개별법, 집단 진단법, 엽서 콜라주법, 집단 원형콜라주법 등이 있다(이근매 · 아오키, 2010). 이러한 기법을 구체적으로 살펴보면 다음과 같다.

첫째, 집단 개별법은 개인이 각자 자신의 콜라주 작품을 제작하여 완성하는 것이다. 작품 완성 후 소감과 치료사로부터 긍정적인 피드백이 매우 중요하며, 긍정적인 피드백으로 마음의 방어를 풀고 안정되고 편안한 마음 상태로 하게 하는 동시에 내담자의 통찰력을 높일 수 있다. 또한 의식적으로 작성한 작품이라 할지라도 무리한 분석보다는 내담자의 사후소감과 보이는 사실적 현상을 있는 그대로 수용하고 지지하며 마무리한다. 또한 투사적으로 검사하는 세션이 아니라 흥미를 유발하여 흥겨운 작업과정이라는 느낌을 주며 작업실시에 도입하는 것 역시 중요하다. 때로는 검사에 대한 심적 준비가 되어 있지 않은 내담자의 경우 분석받는 것이 싫어서 무의식적인 방어적 자세를 취할 수 있기 때문이다.

둘째, 집단 진단법은 3~8명의 소집단원이 모둠을 구성하여 하나의 공동작품을 제작하여 완성하는 것을 말한다. 콜라주라는 표현작업을 통해 집단 내에서 일어나는 역동성과 사회성 그리고 타인과의 상호관계를 중시하고, 완성된 콜라주 작품의 분석이나 해석은 크게 중요하지 않으며, 큰 의미를 부여하지도 않는다. 따라서 집단 진단법의 경우에는 작품을 완성하는 집단원들의 공동체 안에서 타인과의 관계가 중요하다(이근매 · 아오키, 2010). 집단원과의 대화나 교류를 즐기면서 할 수도 있지만, 자신이 하고 싶은 대로 할 수 없는 어려움이나 타인의 주장을 이해하고 양보하는 등의 사회성을 요구하므로 스트레스를 받을 수도 있다(양윤정, 2013).

셋째, 엽서 크기의 화지를 사용하는 엽서 콜라주법(post card collage)은 화지의 크기를 통제함으로써 표현제약이 내담자의 의도를 함축된 효과로 기대할 수 있다. 이는 심층표현뿐만 아니라 어느 정도 스스로 의식하면서 자신의 의도를 포함한 이미지를 제작하기 때문이다(이근매 · 아오키, 2010). 작업해야 하는 화면의 종이 크기가 작아질수록 내담자의 내재된 큰 의미의 이미지가 작은 화면에 선택될 가능성이 높기에 종이 크기가 주는 의미는 중요하다. 이것은 다시 말하면, 작은 종이의 엽서 크기는 여러 조각을 붙여 사용하지 않기에 이를 통해 구성력 · 통합력을 평가하는 것은 적절치 않다(아오키, 2003).

넷째, '만다라 콜라주'라고도 하는 집단 원형콜라주법은 종이를 원형으로 잘라서 원형 안 또는 밖에 콜라주를 제작하는 방법이다. 원 형태의 중심성이 있는 원형콜라주는 현실생활을 통찰로 이끌 수 있어 미래의 생활에 지침이 될 수 있다. 집단원이 다 함께 제작하는 집단 원형콜라주는 상하좌우 어느 방향에서든 작업하고 감상할 수 있다(이근매 · 아오키, 2010). 종이를 다양하게 사용함으로써 공간 상징을 통한 해석이 어려우므로 개인 작업보다 집단 워크숍 등에서 사용하기 적절하다(아오키, 2009).

이렇듯 콜라주 제작활동 과정은 내담자에게 심리적 퇴행과 카타르시스를 경험하게 한다. 콜라주 작품 자체가 내면을 표현하는 매체는 그 내용과 의미가 상징적인 느낌이 들게 하는 것이 치료과정과 연결된다. 내담자의 완성된 콜라주 작품 내용과 의미는 치료사와 공감적 의사소통으로 상호 신뢰감을 형성하는 역할도 한다. 또한 내담자는 자신의 완성된 콜라주 작품으로부터 자신의 갈등 상황이나 원인을 파악하기도 한다. 가령 내담자가 작품에서 무엇을 표현했는지 모르고 자신의 갈등 상황을 파악하지 못한다고 하더라도 작품활동 과정에서의 역동은 자기치유력이 작용하여 다음 회기에 어떤 변화가 일어날 수도 있다(왕금미, 2017).

아울러 작품을 매개로 한 집단원 간의 긍정적인 피드백은 사회적 지지와 대인관계 기술 향상으로 미래에 대한 긍정성을 유발한다(이정원, 2013). 이와 같은 연구를 통해 콜라주 미술치료의 유효성이 보고되고 있다. 하지만 아직은 매체활용이 제한적으로 이루어지고 있음을 알 수 있다. 그럼에도 미술치료 현장에서는 다양한 콜라주 기법을 활용하는 시도를 멈추지 않고 있다. 콜라주 미술치료는 개별 및 집단 제작을 활용하면서 그 기법이 지속적으로 발전해가는 추세다. 콜라주 집단미술치료는 콜라주 작업을 하면서 서로 이야기를 나누며 자기발견을 하기도 하고, 서로에게 촉진 역할을 하기도 하면서 의사소통 도구로서 활용 가능성이 넓어졌다(이근매 · 아오키, 2014). 따라서 매체 활용 및 이야기의 구조는 작품의 의미를 가중시켜 그 가치를 확장시킨다.

그러므로 콜라주 미술치료 작품 제작기법과 특징은 다양한 매체를 활용함으로써 소근육 발달과 협응력을 증진시킬 뿐만 아니라 창작능력의 배양과 우연적인 작품으로 내담자에게 작품의 만족도를 높이는 결과를 가져오게 한다(왕금미, 2017). 특히 이러한 예술행위로서의 심리치료활동은 언어와 인종, 종교 및 국제관계, 문화가 다양하게 공존하는 현대사회에서 상호 소통하고 치유할 수 있는 궁극적인 심리치료 기법이라고 할 수 있다.

4) 콜라주 집단미술치료

펫졸드(Petzold, 1991)에 따르면, 예술치료는 "육체적 · 영적 · 정신적 존재이자 삶에서 의식적 · 무의식적 노력을 하고자 하고 사회적 · 생태적 조건과 연계를 이루는 총체적 존재인 인간에게 창의적 매체와 예술 방법을 이론에 근거하여 적절하게 적용하며, 이를 통해 인간의 태도와 행동에 영향을 주어 병을 치유하고 완화하며, 인간성을 개발하고 윤택"하게 하는 것을 목적으로 한다. 여기서 미술치료의 정의는 예술치료의 정의로 대체되고 있다(정여주, 2014). 즉, 말로 표현하기 어려운 느낌이나 생각을 집단 내에서 미술 활동을 통해 미술작품에서 의도하고자 하는 상징의 의미, 설명, 내용을 발견하게 되며, 미술작품에 개인적인 의미 부여와 자기 자신의 창작 과정 및 집단반응에 주의한다. 콜라주 집단미술치료에서 작품의 시작과 마무리 동안 체험하는 긍정적인 정서 경험은 긍정적인 자기발견과 자기강화에 효과적이다(이근매 · 아오키, 2014).

콜라주 집단미술치료는 집단 내 내담자들의 심리적 어려움과 갈등을 창의적인 미술작업활동을 통해 문제해결 방안을 찾는 예술치료의 기법 중 하나다. 쇠붙이, 인쇄물, 나뭇조각, 모래, 나뭇잎, 종이, 천 등의 매체가 있으며, 또 다른 자연물 혹은 공업, 화학, 공산품으로 생산된 재료를 캔버스나 화판에 접착제를 활용한 2차원적 화면 형식 및 부조로 조형 회화적 구성을 이루는 예술 기법이다. 콜라주에 대한 다양한 연구는 개인 및 소집단 심리치료로 학교 부적응, 비행 청소년, 다문화, 이주배경을 가진 중도입국 청소년, 학교 밖 청소년, 진로선택을 고민하는 일반 청소년, 등교거부 문제가 있는 학령기 아동부터 장애 증상인 섭식장애, ADHD 성향, 신경증, 불안증세 및 우울증 등 심신의 어려움을 겪고 있는 사회 속의 성인, 그리고 노인에 이르기까지 대상이 폭넓게 진행되고 있다. 한국에서는 1993년 일본의 스기우라 교코(杉浦京子) 교수에 의해 콜라주 미술치료가 도입되었다(왕금미, 2017). 콜라주 미술치료는 국내에서 아동 · 청소년, 성인 · 노인에 이르는 발달 대상에게 매체를 활용한 연구가 진행되고 있다. 특히, 콜라주 기법은 정서적 안정을 위한 다문화가정 중도입국 청소년, 아동 · 청소년의 학교생활 부적응을 예방하고 소외된 독거노인의 소통방안 등으로 확대하는 치유 도구로 점차 활용되고 있다.

콜라주 제작기법과 함께 콜라주 제작과정에서 내담자의 많은 드라마가 발생하므로 치료사는 제작과정을 신중하게 고려해야 하며 매체 활용이 유능해야 한다. 다음으로 이어지는 주제에 따라 제시되는 매체를 세션 진행 절차에 맞게 선정해야 한다. 내담자는 콜라주 미술치료 활동과정에서 여러 미술 매체 중 색지, 잡지 사진, 공산품, 자연물 등을 오리고 붙이는 과정에서 과거의 사건, 고착된 트라우마, 행복했던 일 등이 회상되기도 한다. 또한 치료사는 콜라주 제작 절차의 중요성을 강조하면서 세부적인 절차를 숙지해야 치료 효과를 극대화할 수 있다.

이와 같이 집단미술치료는 집단에서의 자신을 발견하고, 자신의 이미지를 시각화하여 심리상태를 인지할 수 있으며, 자신의 방향성 표현을 적극적으로 할 수 있다(왕금미 외, 2016).

집단미술치료 과정이 갖는 장점은 '시각적 대화가 지니고 있는 효과'이며, 언어는 종종 전체적인 경험을 전달해주지 못하지만 미술은 언어적으로 반드시 말할 필요가 없는 것들을 활용하고, 이러한 시각적 메시지는 다른 집단 구성원들에 의해 받아들여지고 집단의 구성원들에게 영향을 준다(Wadeson, 1987).

이처럼 미술치료활동을 통한 심리치료는 내담자의 내면세계에 숨겨진 억압된 정서를 자유롭게 표출하게 하여 언어 소통 시 발생하는 정서적 갈등위기를 완충시켜준다. 또한 카타르시스 효과와 더불어 정서 교류의 조정 역할을 하며(김동연, 2000), 사고나 감정이 구체적인 유형의 작품으로 남겨지므로 스스로 자신을 되돌아보고 성찰할 기회를 제공해준다. 이렇듯 콜라주 집단미술치료 경험은 언어적 소통의 한계를 초월한 무의식을 의식화하는 특별한 소통 기회라고 할 수 있다. 특히, 다문화가정의 이주배경을 가진 중도입국 청소년과 진로를 고민하고 있는 일반청소년에게 콜라주 미술치료 작품은 시각적으로 완성된 작품 결과와 작품이 내포하고 있는 의미에 대해 상호 감정을 주고받는 과정에서 자신의 모습을 직면하게 한다. 또한 작품 속 의미에서 스스로 방향성을 깨닫게 하므로 내담자의 사회적 적응과정으로 진지하고도 효율적이다. 하지만 미술치료 작품제작과정에서 내담자 간의 위기 · 갈등 상황이나 전문적인 통찰과 이해가 필요할 때는 치료사가 적극적으로 개입하여 갈등 문제를 해결하도록 도움을 주어야 한다.

또한 콜라주 집단미술치료는 집단활동과정에서 다양한 미술 매체 선택이나 색상의 선택, 동일한 주제를 가지고 자신은 어떻게 나타낼 것인가에 대해 내담자의 의지적인 선택과 결정을 하고 책임을 지는 집단 활동을 경험하게 된다. 이 과정에서 능동적이고 자율적인 태도를 가지게 된다(전미향 외, 1998). 이렇듯 콜라주 집단미술치료는 집단 내의 비언어적 소통매개체이며, 미술 매체의 특성으로 중도입국 청소년이 안고 있는 질풍노도기의 심리적 문제를 언어적 표현의 한계성을 넘을 수 있는 범위에서 자신의 갈등표현을 할 수 있다는 점에서 매우 유용한 소통 수단이 될 것이다. 또한 집단미술치료는 집단의 작품을 통해 상호관계성 촉진으로 치료적 힘을 느끼게 할 수 있을 뿐만 아니라 중도입국 청소년의 내면 및 사회적 갈등요소를 분석함으로써 자아관리능력 및 사회성 대인관계에서 더욱 효과적이다(정여주, 2014).

이와 같이 콜라주 집단미술치료는 그림과 콜라주 작품제작 과정과 완성된 작품을 통해 자기 자신의 자아 통찰과 더불어 작품의 이미지와 상징이 의미하는 것을 충분히 이해하는 느낌을 가진다. 그러한 의미와 느낌은 내담자의 삶에서 깊은 의미와 가치를 찾게 한다. 집단구성원이 작품 속에서 의미 찾기와 느낌 나눔을 통해 상호적 관계형성 집단경험이 이루어져 마침내 자기에게 관심을 갖게 되는 특별한 경험으로 공동체 집단 안에서 사회적 의식을 형성하게 한다.

이상과 같이 콜라주 집단미술치료를 통한 집단의 역동성과 창조적 에너지는 다양한 오브제 활용으로 창의적 작품활동과정을 통해 심리치료 효과를 극대화한다.

2.
이주배경 청소년을 위한 콜라주 미술치료의 설계

1) 이주배경 청소년을 위한 콜라주 집단미술치료

중도입국 청소년에게 콜라주 미술치료는 자신이 처한 현실과 이상의 차이를 간접적으로 이해하는 데 유용하며, 갈등 상황이나 원인 및 동기를 스스로 살펴보는 데 도움을 주고자 한다. 또한 콜라주 미술치료는 작업을 해나가는 과정에서 자신의 욕구가 표출되고 작품활동 자체로서의 치유적인 효과가 있으므로 언어 소통의 한계로 인해 자기표현이 어려운 중도입국 청소년에게 매우 유용한 기법이다(황유경, 2002).

이러한 콜라주 집단미술치료는 집단 구성원들의 상호작용을 통해 집단이 가진 역동을 치료적 힘으로 활용할 수 있다. 구성원들은 집단 안에서 구성원들과의 관계 형성 및 공감 능력이 향상되며, 이로 인해 사회적 기술을 키우고 다양한 시각 및 접근에서 자신을 이해하려는 능력을 증가시킬 수 있다. 이것은 콜라주 집단미술치료가 언어와 문화적 소통의 한계를 지닌 중도입국 청소년에게 심리 · 정서 안정 및 학교생활적응에 효과적인 미술치료 프로그램이라는 점을 시사해주고 있다(왕금미,

2017).

또한 콜라주 미술치료는 집단의 역동성과 만나면서 상승적 효과를 보게 된다. 그 이유는 콜라주를 매체로 하여 집단원 간에 상호교류를 하는 가운데 의사소통이나 상호관계를 촉진시켜 집단활동을 돕거나 개인적 문제를 해결하는 능력을 향상시킬 수 있기 때문이다(신동진, 2015).

콜라주 미술치료는 인종, 성별, 연령, 종교, 사회적 직위 및 장애 등에 관계 없이 작품제작과정 자체의 가치로서 내담자의 심미적 창의성과 소근육 발달, 눈과 손의 협응력 발달로 성취감을 갖게 하는 경험을 제공한다. 즉, 언어로 표현하기 어려운 자기존중감과 타문화 접촉으로 인한 스트레스 등과 같은 부정적인 정서를 뛰어넘어 효과적으로 감정을 표현할 수 있는 치료기법이라 할 수 있다.

콜라주 미술치료를 통해 중도입국 청소년의 자아탄력성 향상, 자기효능감, 문제해결력, 공감과 수용력에 효과가 나타나기도 했으며, 난화를 활용한 이야기 만들기, 미술치료와 섬유 매체를 활용하여 낯선 환경에서 받는 스트레스와 자아정체감, 억눌린 부정적 감정을 표출하는 데도 사용되었다(곽승주 · 전순영, 2013; 임선숙 · 전순영, 2015; 왕금미, 2017). 따라서 콜라주 집단미술치료 활동은 내담자의 심신 피로나 스트레스 해소, 정신건강에 긍정적인 영향을 미친다는 것을 알 수 있다. 특히 언어소통의 한계로 자기표현의 어려움이 있는 중도입국 청소년에게 매우 적합한 예술심리치료 기법이다.

2) 이주배경 청소년의 콜라주 집단미술치료 설계

콜라주 집단미술치료 프로그램의 모형은 인간과 환경 간의 상호작용을 강조하는 브론펜브루너(1997)의 생태학적 이론*을 토대로 학교생활적응 모형(김태화, 2012)에서 조사도구를 근거로 수정 · 보완한 왕금미(2017)의 연구를 토대로 하여 개념 모형을 재인용했다. 중도입국 청소년의 현실적응을 위한 콜라주 집단미술치료 프로그램 모형은 〈그림 2-1〉과 같다(왕금미, 2017).

〈그림 2-1〉과 같이 4단계 절차로 프로그램 모형을 구축했다.

콜라주 미술치료의 잡지 콜라주는 잡지의 그림 및 매체를 활용하여 내담자가 몸담고 있는 분야의 관심과 흥미를 알게 하고, 선택할 기회를 주며, 주제 및 매체 표현에 대해 자신의 감정을 쉽게 나타낼 수 있다(왕금미, 2017). 그러므로 잡지 콜라주 미

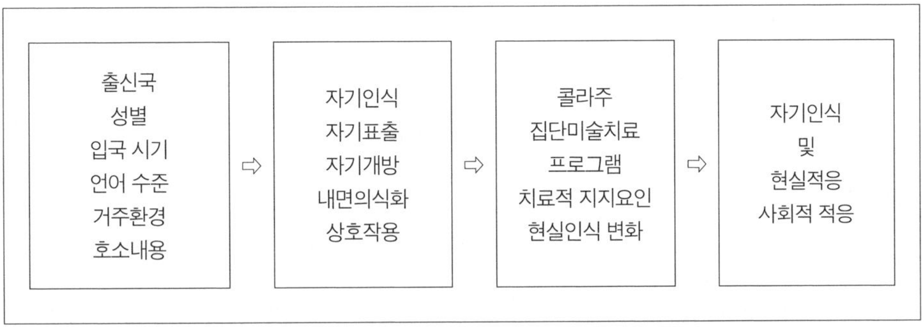

〈그림 2-1〉 중도입국 청소년의 콜라주 집단미술치료 절차 모형

* 브론펜브루너(1979)는 아동발달을 생태학적 모델로 보는 방법을 창안한 사람이다. 아동이 사회라는 큰 틀 속에서 생물학적 · 심리적 · 사회적으로 적응하고 발달하는 존재라고 생각했으며, 이는 과거보다 아동을 훨씬 더 복잡하고 포괄적으로 파악한 것이다. 브론펜브루너에 의해 완성된 생태학적 심리학 발달이론은 기본적으로 아동이 참여하게 되는 생활공간(환경)에서의 경험 내용이 아동의 발달에 직접적으로 영향을 끼친다는 점을 강조한다. 이러한 환경의 중요성에 대한 지적은 교육실천가와 이론가에게 아동의 발달을 연구하는 데 아동이 학교에서 갖게 되는 전체적인 생활경험의 총체(인간관계, 역할 그리고 활동)가 그 아동에게 심대한 영향을 끼친다는 점을 지각하도록 도움을 주고 있다. 그리고 교육과정 연구자에게는 학교가 아동에게 어떠한 생활 경험을 제공하고 있는가를 분석해볼 것을 요구한다.

술치료는 내담자의 부적절한 감정이나 내면의 갈등 및 욕구 등의 표현을 손쉽게 할 수 있어서 매우 효과적이라고 볼 수 있다.

또한 내담자의 방어기제가 적은 콜라주 미술치료는 제작과정에서 무의식적 자기 표출이 용이하다. 그러므로 내담자가 작품 제작과정과 완성된 작품의 의미 자체에 중요성을 두고 있으며, 치료사는 내담자의 작품에 나타난 이미지, 형태, 내용 등을 분석하고 해석하는 과정에서 내담자에 대한 치료적 접근이 가능할 수 있다. 특히 공간 상징과 절편 수, 여백의 분량, 자르거나 붙인 방법 등의 형식, 어떤 내용을 붙였는가에 관한 내용이 내담자의 심리상태를 알고 평가하는 데 중요한 영향을 주는 것으로 알려져 있다(이근매 · 아오키, 2010).

콜라주 미술치료는 할까 말까 하는 도입 시기에 내담자가 마음에 내켜하지 않는 경우 거부할 수 있는 여건의 분위기를 만들어두는 것이 필요하다(곽미정, 2005). 또한 계획하고 시도된 세팅에서 중도에 내담자의 의도와 치료사와의 교감은 강도에 따라 얼마든지 세팅 변경이 가능하며, 내담자의 선택의사를 다시 한번 확인할 수 있다. 이러한 프로그램 진행 중도 확인은 내담자의 정서적 변화를 심도 있게 읽고 프로그램 진행 유연성이 높은 단계의 치료사 역할이라고 볼 수 있다.

나카이(1993)는 분산과 통일에 대해 "인간의 사고와 감정, 의지 또는 행동이라고 하는 것은 하나로 모으려는 통일적 방향이 있고, 콜라주에서는 이러한 통일적 방향과 흩트린다는 분산적 방향성이 있어 이 두 방향성의 통합, 즉 전개를 가능하게 한다. 정신의 건강 또는 정신의 존립 자체의 가능성은 이 두 방향성의 흔들림을 동반한 동적 평균에 있고, 그에 따라 통일과 분산의 통합, 즉 전개라는 것을 가능하게 한다. 이것은 카운셀링 과정 그 자체이기도 하다"라고 기술하고 있다(Na Kai, 1993).

콜라주 집단미술치료는 현재 내담자의 있는 그대로 자신의 모습을 마주 보며, 스스로 삶의 희망하는 지표를 개척할 수 있도록 방향을 정하게 된다.

스기우라(1994)는 일본 인간성심리학회 수강자 61명의 콜라주를 작성한 후 치료 효과에 대해 다음과 같이 일곱 가지를 제시했다. 첫째, 심리적 퇴행을 말한다. 둘째, 내면의 의식화 단계다. 셋째, 자기표현과 미의식의 만족도다. 잡지 사진은 그 자체로 완성되어 있는 것이므로 그것을 어떻게 해체하여 자신의 것으로 만들 것인가에 대한 어려움과 불만족감도 있을 수 있지만, 자신의 내면에 있는 것을 표현하는 기쁨과 균형 잡힌 작품이 완성될 때의 기쁨은 자기표현과 미의식의 만족감이다(양윤정, 2013). 넷째, 상담의 보조적인 요소다. 언어로 감정 표현이 어려운 세대와 증상을 가진 사람에게도 유효하며, 자기통찰이 어려울 때 도입하면 효과가 있을 듯한 상담의 보조적 요소, 카운슬링의 비언어적 표현 수단으로서의 심리치료다(박상근, 2003). 다섯째, 진단자료 제공이다. 유용한 진단자료로 유용하게 활용되며, 계속적인 관찰로 작성된 경우 그 사람의 심리 변화를 알 수 있다(신다영, 2009). 여섯째, 라포 형성 과정에서 의사소통의 매개체다. 내담자와 치료사 간에 이것을 매개로 라포를 형성할 수 있으며, 동시제작법 및 모자상호법 등으로 원활한 의사소통을 할 수 있다(양윤정, 2013). 또한 내담자는 의식적인 현재 심정을 왜곡함으로써 자신의 상태를 스스로 긍정적으로 변화시켜갈 수 있으며, 내재된 환상을 유연하게 하는 방법으로 유효하다. 이러한 과정이 내담자의 집중력, 기회와 선택, 창조력 등 자신의 정체성 및 자존감 향상으로 이어질 수 있다. 이와 같은 요소들은 모래상자요법이 주는 치료적 요인과 거의 일치한다(이근매 · 아오키, 2010 재인용).

콜라주 미술치료는 색지와 잡지, 다양한 공산품 매체에 있는 기존의 이미지를 이용하여 자신의 의도하는 바 또는 무의식적인 행위 및 습관대로 잘라 붙이는 작업과정이 곧 자기표현이며, 이러한 작품활동을 통해 자신에 대한 이해와 통찰이 깊어질 수 있다. 또한 언어로 소통하기 어려운 갈등이나 문제점을 작업과정 및 완성된 작품을 통해 표출함으로써 자신의 상황을 직면하고 이해할 수 있다. 따라서 콜라주 표현과정은 자신의 내면을 통찰함으로써 스스로 자기치유력이 발생하는 치료과정이다(왕금미, 2017).

이처럼 콜라주 미술치료는 중도입국 청소년에게 표현과정을 통해 갈등 상황 및 이에 대한 원인을 알아차리고, 작품을 제작해나가는 과정에서 자신의 욕구가 표출되므로 자신의 현실과 이상의 차이가 미미하거나 확연하다는 것을 이해하는 데 유용하다고 볼 수 있다.

콜라주 미술치료 작품활동 자체로서의 치유적인 효과가 있기에 문화가 다르고 언어적 한계로 인해 자기표현이 어려운 중도입국 청소년에게는 매우 유용한 기법이다. 황유경(2003)은 집단미술치료 종결 2개월 이후 실시한 검사에서 집단미술치료 프로그램이 일정 기간 후에도 지속적인 효과를 보여 학교 교육현장에서 상담기법으로 유용하게 쓰일 수 있으며, 불안요인의 감소에 지속적인 효과를 보여 무기력하고 안정되지 못한 부적응 아동을 위한 상담기법으로 활용도가 높다고 밝히고 있다(황유경, 2003). 그러므로 콜라주 집단미술치료는 4~7명으로 구성된 소그룹 구성원의 상호작용에서 그 집단의 역동이 치료적 힘으로 활용된다. 집단 내에서의 관계 형성과 공감 능력이 향상되고, 단계적인 사회적 소통 문제해결 기술을 키우며, 다양한 시각에서 자신을 이해하는 능력을 향상시키게 된다(왕금미, 2017).

이러한 사회적 비주류 입장에 있는 중도입국 청소년이 콜라주 집단미술치료 프로그램 과정에서 위축된 자신의 내면을 원활하게 표현할 수 있도록 미술치료 환경을 조성할 것이다. 그러나 중도입국 청소년이라는 우리 사회의 다문화가정 자녀의 특수한 상황에 대한 입장을 고려해본다면, 콜라주 미술치료는 자신의 욕구표현이 원치 않는 작품 결과로 보여졌을 때 느끼는 부정적인 감정 같은 것을 경험하지 않을 수도 있다.

이와 같이 콜라주 집단미술치료는 내담자의 내적 갈등 해소로 인한 정신건강에 긍정적인 영향을 미친다는 것을 알 수 있으며, 특히 언어적 자기표현의 한계성으로 어려움이 있는 중도입국 청소년에게 매우 적합하며 가치 있는 예술치료 기법임을 제시한다.

3) 이주배경 청소년을 위한 콜라주 집단미술치료 프로그램

(1) 콜라주 집단미술치료 프로그램

중도입국 청소년 대상의 콜라주 집단미술치료 프로그램은 다음 〈표 2-1〉과 같다.

〈표 2-1〉에서는 콜라주 집단미술치료 프로그램의 단계를 초기단계, 중기단계, 후기단계로 구분했다.

초기단계에서는 콜라주 집단미술치료 프로그램 진행 일정과 내담자의 개인정보 보호 및 권리와 의무를 소개하고, 사전 · 사후검사는 K-HTP로 했다. 초기단계에서는 내담자와 치료사 간의 라포 형성 및 긴장감 해소 그리고 정서 이완을 목적으로 했으며, 개별심리상태와 갈등을 공감하고, 현재의 심리상태를 동감해주는 과정이다. '자기소개하기'는 자신의 성향과 특성에 대해 스스로 인식할 수 있으며, 집단원의 성향과 특징을 빠른 시간 안에 파악할 수 있다(정여주, 2003). 초기단계 2회기의 주제인 '문양만다라'는 집중과 고요를 경험하게 하고, 색상 선택과 채색 순서에서 자아 에너지를 높이는 단계이며, 외향성과 내향성을 인식하는 경험과정이다. 3회기 '나의 나무' 주제에서는 자신의 정체성을 객관화하며, 신체적 · 정신적 · 심리적 상태 경험과 창의력 및 상상력을 향상시킨다(정여주, 2003).

중기단계인 4회기부터 7회기까지는 내담자의 현재 감정표현 방법을 훈련하고, 이로 인한 자아상을 알게 하는 자기이해 및 현실 인식을 목표로 한다. 4회기는 '탄생'이라는 주제로 달걀화를 변형한 콜라주 활동이다. 5회기의 주제는 '곡물 만다라'이며, 곡물에서 오는 느낌으로 이완과 고요 및 집중 그리고 창의적인 성취감을 느낌으로써 자신의 현실을 극복할 수 있게 도움을 준다(최외선 · 김갑숙, 2006). 6회기 주제는

〈표 2-1〉 콜라주 집단미술치료 프로그램

단계	회기	단계	주제	활동내용	기대경험	출처
초기단계	오리엔테이션 사전 검사			K-HTP	자기이해	
	1	라포 형성	자기소개 하기	자신의 이름을 제시된 워크지에 글씨로 표현하며, 작품의 의미 내용을 설명하고 느낌을 나눔	• 라포 형성 • 자기이해 • 사회적 고립감 감소	정여주 (2003)
	2	욕구 탐색	문양 만다라	문양만다라에 집중과 고요 체험 후 콜라주 표현	• 회상과 고요 체험 • 정서 이완	
	3		나의 나무	나무 구성과 함께하는 자신과 동물 콜라주 표현	• 자신의 정체성 객관화, 경험	
중기단계	4	자기 이해 및 현실 인식	탄생	달걀화로 탄생의 이미지화	• 탄생의 의미 • 심리 전환 인식	최외선 외 (2006)
	5		곡물 만다라	곡물 매체의 질감에서 오는 이완과 침잠 경험	• 정서 이완 및 집중력 향상 • 창의적 활동 성취감	
	6		탈	색유점토와 제시된 탈 모형에 인물 표현	• 잠재된 무의식 및 내재감정 표출	
			선물 (택일)	주고 싶은 선물과 받고 싶은 것을 콜라주로 표현	• 자기 재인식 • 관계 인식 • 긍정적 기억	
	7		9분할법	잡지 사진을 9개 선택하여 시계 방향으로 콜라주	• 자기인식 • 수용적 추진 방향	모리타니 (1986)
후기단계	8	현실 적응 및 미래 비전	필름 그림 (택일)	자신의 과거, 현재, 미래상을 엽서 크기로 제시된 워크지에 표현	• 현실인식 • 감정해소 및 미래지향	최외선 외 (2007)
	9		동그라미 가족화	동그라미 안에 가족 표현, 주변에 색골판지로 콜라주	• 자기인식 • 긍정적 자아 향상	
	10		받고 싶은 상장 (택일)	선택한 색지 워크지에 받고 싶은 상장, 자격증 표현	• 자아존중감 향상 • 정서인식 및 성취감	
			소망나무 (택일)	제시된 자료를 활용하여 소망하는 것을 표현	현실적응력 향상	
	사후검사			K-HTP	자기이해	

'탈'이며, 이는 색유점토를 활용한 점토조형 활동이다. 활동 목표는 인물표현에서 무의식적 자아상 표현 및 타인에 대한 수용적 관점 등 이타심을 경험하게 한다. 7회기의 주제는 '9분할법 콜라주'다. 이 기법은 일본 아이치(愛知)의과대학 심리학과 교수인 모리타니(森谷, 1986)가 제안한 기법으로, 콜라주를 가미한 활동이다(최외선 · 김갑숙, 2006).

후기단계인 8회기부터 10회기까지 3회기는 미래 긍정적인 자아상 및 자신을 현실적으로 직시하고 바라볼 수 있는 현실적응 내면을 통찰하는 것으로 목표를 설정했다. 8회기 주제는 '필름 그림'이며, 과거 · 현재 · 미래에 대한 자화상을 표현한다. 이 회기는 회상 및 현실을 인식하게 하고 미래를 생각해보는 경험과정이다. 9회기 주제는 '동그라미 가족화'다. 동그라미 중심 가족화(PSCD: Parent Self Circle Frawing)는 번스(Burns)가 개발한 투사화 심리검사다. 동그라미 중심 가족화는 아버지, 어머니, 나를 따로 그려서 각각 분석하는 방법(Family Centered Circle Drawing technique: FCCD)과 부모와 자신을 하나의 원 안에 한꺼번에 그려서 분석하는 방법(PSCD: Parent Self Circle Drawing)이 있다. 인물의 행동 및 거리, 필압, 속도, 음영 및 내용으로 자신의 위치나 역할을 느껴보게 한다.

마지막 10회기는 소그룹 집단별로 '받고 싶은 상장'과 '소망나무'를 선택하게 하여 진행한다. 소망나무는 최외선(2007)의 꿈나무를 변형한 김미정(2009)과 양윤정 · 이근매(2012)를 참고했다(왕금미, 2017). 소망나무는 내담자가 바라고 소원하는 것을 시크릿 하트 워크지에 표현함으로써 그에 따른 긍정적인 에너지를 유도하는 현실적응력 향상에 목적을 두었고, 불안과 긴장을 감소시키는 데 도움을 주고자 했다. 이 기법은 집단 내에서 개별법이며, 콜라주 활동은 모두 함께 꾸미는 활동으로 상호대화와 작품 전개에서 교류를 즐기면서 할 수 있는 활동으로 집단의 역동성과 사회성에 직접적으로 도움이 된다.

또한 미술 작업에 대한 경험과 개별적으로 한 주간 있었던 일에 대해 이야기 나누기, 선호하는 시대적 유행패션 감각 등 청소년의 공동관심사를 공유했다. 이 과정은 내담자가 미술활동을 원만하게 하기 위해 우리 주변에서 일반적으로 접근이 용이한 파스텔, 색연필, 사인펜, 연필, 지점토, 유점토, 잡지, 반짝이풀, 스티커와 같이 사용하기 간편한 매체를 활용방법과 제시자료 및 저자가 개발한 워크지도 공유하면서 자신의 활동 의도를 서로 이야기한 후 시작하는 것으로 구성된 미술치료 프로그램이다.

(2) 콜라주 집단미술치료 프로그램 회기별 세부 내용

콜라주 집단미술치료 프로그램(1회기)		
회기	1회기	
주제	자기소개하기	
활동 목표 및 기대 효과	치료 초기 집단원 간의 라포 형성과 자기존재, 정체성, 가족, 사회적 관계를 인식하며, 친밀감 형성 및 소속감 증대	
준비물	8절 도화지(색상), 사인펜, 색연필, 색골판지, 이름 워크지, 풀, 가위	
활동 과정	시간	활동내용
도입	10분	전체 프로그램 안내 및 진행자 소개 - 주제, 매체, 워크지 활용, 제시자료 설명
활동 과정	40분	• 자신의 이름 소개하기 • 워크지 선택과 제시된 매체로 자신의 이름 및 이미지를 색골판지 외 매체를 오리고, 풀로 붙이고, 채색하여 꾸민다. • 작품 제목을 지어본다.
자아 탐색 과정	50분	• 자기 작품의 상징과 의미를 설명한다. • 집단원은 상대의 설명에 경청하고 지지하며 박수로 화답한다. • 느낌과 소감을 나누며 서로의 충분한 느낌을 공유한다.
소감문	10분	작품 감상 및 소감문 작성

정리	10분	• 작업 후 주변정리와 손 씻기 • 차기 주제 안내와 질문 받기
기타 참고 유의사항	- 인테이크와 사전 심리검사를 이전 회기에 마친 상태다. - 첫 회기이므로 자유롭고 편안한 집단 분위기를 조성하기 위해 노력한다. - 한국어 표현이 미숙한 참여자를 위해 표정으로 지지한다.	

콜라주 집단미술치료 프로그램(2회기)		
회기	2회기	
주제	문양만다라 콜라주	
활동 목표 및 기대 효과	집중과 고요 경험으로 정서 이완 및 감정조절	
준비물	8절 검정도화지(색상), 사인펜, 색연필, 색골판지 조각, 반짝이풀, 풀, 가위	
활동 과정	시간	활동내용
도입	10분	한 주간 있었던 긍정적인 사건 또는 떠오르는 일에 대해 이야기 나누기 - 주제, 매체, 문양만다라 워크지 활용, 제시자료 설명
활동 과정	40분	• 문양 설명 및 선택 • 문양 워크지 선택과 제시된 매체로 내부 또는 외부부터 채색하게 한다. • 채색 후 색골판지 조각으로 콜라주한다.
자아 탐색 과정	50분	• 자기 작품 감상으로 상징과 의미를 설명한다. • 집단원은 타인의 작품 감상 느낌과 소감을 나누며 서로의 충분한 느낌을 공유한다.
소감문	10분	작품 감상 및 소감문 작성
정리	10분	• 작업 후 주변정리와 손 씻기 • 차기 주제 안내와 질문 받기
기타 참고 유의사항	- 적당한 빛 조절 및 명상음악 - 자유롭고 편안한 집단 분위기를 조성하기 위해 노력한다. - 한국어 표현이 미숙한 참여자를 위해 표정으로 지지한다.	

콜라주 집단미술치료 프로그램(3회기)	
회기	3회기
주제	나의 나무

활동 목표 및 기대 효과	자신의 정체성을 객관화하며, 자신의 정신적 · 신체적 · 심리적 상태를 창의력과 상상력 표현을 통해 경험	
준비물	8절 도화지(색상), 사인펜, 색연필, 색골판지, 나무, 동물, 워크지, 풀, 가위	
활동 과정	시간	활동내용
도입	10분	전체 프로그램 안내 및 진행자 소개 - 주제, 매체, 워크지 활용, 제시자료 설명
활동 과정	40분	• 자신의 이름 소개하기 • 워크지 선택과 제시된 매체로 자신의 이름 및 이미지를 색골판지 외 워크지 및 매체를 오리고, 풀로 붙이고, 계절에 따른 나무를 채색하여 꾸민다. • 작품 제목을 지어본다.
자아 탐색 과정	50분	• 자신의 나무와 동물 그리고 연상된 작품의 상징과 의미를 설명한다. • 집단원은 상대의 설명에 경청하고 호응하며, 질문도 하고 박수로 화답한다. • 느낌과 소감을 나누며 서로의 충분한 느낌을 공유한다.
소감문	10분	작품 감상 및 소감문 작성
정리	10분	• 작업 후 주변정리와 손 씻기 • 차기 주제 안내와 질문 받기
기타 참고 유의사항	- 자신이 원하는 것이 열리는 나무를 표현하게 한다. - 나무와 연상되는 동물 외에도 표현 및 워크지를 활용하게 한다.	

콜라주 집단미술치료 프로그램(4회기)		
회기	4회기	
주제	필름 그림(과거, 현재, 미래) 콜라주	
활동 목표	자기이해 및 현실적 이해 탐색	
기대 효과	자기이해, 현실적 인식 및 지각된 왜곡감정 감소	
준비물	8절 도화지(색상), 사인펜, 색연필, 색골판지, 필름 워크지, 풀, 가위	
활동 과정	시간	활동내용
도입	10분	한 주간 있었던 일에 대해 이야기 나누기 - 1~2분간 눈을 감고 자신의 과거와 현재, 미래를 생각할 시간을 갖는다. - 주제, 매체, 워크지 참고자료 활용, 제시자료 설명

활동 과정	40분	• 어렸을 때 떠오르는 장면, 현재를 직시하며, 미래의 꿈을 희망하며 상상해본다. • 필름 워크지 색 선택과 제시된 매체로 자신의 과거 · 현재 · 미래 이미지를 그려보고 색골판지 외 매체를 오리고, 풀로 붙이고, 채색하여 꾸민다. • 작품 제목을 지어본다.
자아 탐색 과정	50분	• 자기 작품의 상징과 의미를 설명한다. • 집단원은 상대의 설명에 경청하고 지지하며 박수로 화답한다. 번복 설명도 가능케 한다. • 느낌과 소감을 나누며 서로의 충분한 느낌을 공유한다.
소감문	10분	작품 감상 및 소감문 작성
정리	10분	• 작업 후 주변정리와 손 씻기 • 차기 주제 안내와 질문 받기
기타 참고 유의사항	– 교실 온도와 햇빛 차단 조절 등 편안한 분위기 조성 – 한국어 표현이 미숙한 참여자를 위해 표정으로 지지한다. – 자국어 표현도 자유롭게 사용하도록 한다.	

콜라주 집단미술치료 프로그램(5회기)		
회기	5회기	
주제	곡물만다라	
활동 목표 및 기대 효과	집중과 고요 경험으로 정서 이완 및 감정조절, 정서 이완	
준비물	곡물(검정콩, 붉은팥, 흰콩, 붉은 수수, 초록 녹두, 노란 좁쌀 외) 흰 지점토, 흰 유점토, 일회용 접시, 색반짝이풀	
활동 과정	시간	활동내용
도입	10분	한 주간 재미있었던 일 또는 떠오르는 일에 대해 이야기 나누기 – 주제, 매체, 곡물 탐색에 매체 활용, 제시자료 설명
활동 과정	40분	• 주제에 따른 활동방법 순서 설명 • 흰 지점토를 일회용 접시에 두껍게 편 후 유점토로 코팅하는 이유 설명 • 곡물과 색반짝이풀로 콜라주한다.
자아 탐색 과정	50분	• 자기 작품 감상으로 느낌 공유 • 집단원은 서로의 작품을 감상하며 느낌과 소감을 나누고 각자의 충분한 느낌을 경험한다.

소감문	10분	자기 작품 감상 및 집단원 작품 감상 - 소감문 작성
정리	10분	• 작업 후 주변정리와 손 씻기 • 차기 주제 안내와 질문 받기
기타 참고 유의사항	- 점토에 대한 반응 공유 - 자유롭고 편안한 집단 분위기를 조성하기 위해 노력한다.	

콜라주 집단미술치료 프로그램(6회기)		
회기	6회기	
주제	탈(점토 조형작업)	
활동 목표 및 기대 효과	다양한 감정을 표현하며 자아표현에 대한 수용 및 정서 이완	
준비물	8절 검정도화지, 색유점토, 탈 모형, 반짝이풀, 구슬 스티커	
활동 과정	시간	활동내용
도입	10분	동물 가면 문양 선택과 선택한 이유에 대해 이야기 나누기 - 주제, 매체 활용, 제시자료 설명
활동 과정	40분	• 가면 소개하기 • 가면 종류 선택과 제시된 매체로 자신과 탈 이미지에 대해 충분한 느낌을 갖게 한다. • 색유점토 매체로 소근육 발달 및 매체 느낌을 경험하고 색별로 꾸며본다. 마르기 전에 구슬 스티커 장식과 색반짝이풀로 꾸미고 완성된 작품 제목을 지어본다.
자아 탐색 과정	50분	• 자신이 만든 탈 작품의 느낌과 의미 나누기 • 탈을 착용해보고 소리에 대해 서로 충분한 느낌과 소감을 공유한다.
소감문	10분	작품 감상 및 소감문 작성
간식 및 정리	10분	• 작업 후 주변정리와 손 씻기 • 차기 주제 안내와 질문 받기
기타 참고 유의사항	- 점토 느낌에 대한 충분한 공유 - 중기단계 회기로서 자유롭고 편안한 집단 분위기를 조성하기 위해 노력한다. - 탈을 써보며 놀이 기회를 준다.	

콜라주 집단미술치료 프로그램(6-1회기: 선택)		
회기	6-1회기	
주제	선물	
활동 목표 및 기대 효과	소원하고 바라는 것에 대한 인식, 자의식과 자존감을 높이며 긍정적 기억 활성화	
준비물	8절 색도화지, 각종 잡지 사진, 풀, 가위, 색사인펜	
활동 과정	시간	활동내용
도입	10분	두 장의 서로 다른 색지에 각각 선물 콜라주 설명 – 주제, 매체 활용 설명, 그림 사진 선택, 제시자료 설명
활동 과정	40분	• '선물을 누구에게 주고 싶은가?', '누구로부터 받고 싶은가?'에 대한 감정 이입 • 잡지에서 선택한 그림 사진을 줄 사람과 받고 싶은 대상을 생각하게 하며, 선택된 사진을 콜라주한다.
자아 탐색 과정	50분	• 자기 작품의 감상으로 느낌 공유 • 집단원은 서로의 작품을 감상하며 느낌과 소감을 나누고 각자의 충분한 느낌을 경험한다.
소감문	10분	작품 감상 및 소감문 작성
간식 및 정리	10분	• 작업 후 주변정리와 손 씻기 • 차기 주제 안내와 질문 받기
기타 참고 유의사항	– 점토 느낌에 대한 충분한 공유 – 중기단계 회기로서 자유로운 집단 분위기를 조성하기 위해 노력한다. – 선물 내용과 대상자를 떠오르게 하여 충분히 느낄 기회를 준다.	

콜라주 집단미술치료 프로그램(7회기)		
회기	7회기	
주제	9분할 콜라주	
활동 목표 및 기대 효과	자신의 가족, 친구에 대한 이미지 표현으로 자유연상 이미지 표현을 깊게 다룬다.	
준비물	8절 도화지(색상), 사인펜, 색연필, 잡지 그림, 풀, 가위	
활동 과정	시간	활동내용
도입	10분	• 3×3 분할로 9칸을 제시하여 시계 방향으로 그림 콜라주 설명, 제시자료 설명

활동 과정	40분	• 공간적 · 시간적 요소를 이미지 사진 콜라주로 표현 • 순서에 의한 반응 경험 • 그림 또는 잡지 콜라주 모두 가능케 한다.
자아 탐색 과정	50분	• 9면의 그림 또는 콜라주 표현의 의미나 의도를 설명한다. • 느낌과 소감을 나누며 내재된 욕구를 인식한다.
소감문	10분	작품 감상 및 소감문 작성
간식 및 정리	10분	• 작업 후 주변정리와 손 씻기 • 차기 주제 안내와 질문 받기
기타 참고 유의사항	- 심리치료 장면 또는 회기에서 주요 쟁점을 다루는 시기 - 그리지 못하거나 빈칸을 요구할 때는 동의한다. - 그리는 순서는 시계 방향으로 자유롭게 한다.	

콜라주 집단미술치료 프로그램(8회기)		
회기	8회기	
주제	달걀화(탄생) 콜라주	
활동 목표 및 기대 효과	이미지 자극으로 정서 안정 및 내적 중심화, 달걀의 금은 내담자의 현재 심리적 에너지 강도 표현	
준비물	8절 도화지(색상), 달걀 그림 워크지, 말풍선 워크지, 사인펜, 색연필, 색골판지, 이름 워크지, 풀, 가위	
활동 과정	시간	활동내용
도입	10분	달걀이라는 테두리 안에서 그림 이미지에 대한 적극적인 동기부여 - 주제, 매체, 워크지 활용, 제시자료 설명
활동 과정	40분	• 달걀에서 태어나는 것이 무엇이 있을지 이야기 나누기 • 워크지 선택과 제시된 매체에 소원 및 욕구를 그림 또는 글로 표현한다. • 달걀 표면도 꾸며준다.
자아 탐색 과정	50분	• 작품 전체 제목을 지어본다. • 말풍선 속에 있는 내용을 공유하며 호응한다. • 내담자의 의도와 표현 결과를 느껴보게 한다.
소감문	10분	작품 감상 및 소감문 작성
정리	10분	• 작업 후 주변정리와 손 씻기 • 차기 주제 안내와 질문 받기

기타 참고 유의사항	- 치료 중 · 후기단계로, 자신의 욕구를 직면하게 하고 에너지 흐름을 간과한다.

콜라주 집단미술치료 프로그램(9회기)		
회기	9회기	
주제	동그라미 가족화 콜라주	
활동 목표 및 기대 효과	가족과의 관계를 깊이 탐구하여 자신의 내면을 인지하게 함	
준비물	8절 도화지(색상), 사인펜, 색연필, 색골판지, 이름 워크지, 풀, 가위	
활동 과정	시간	활동내용
도입	10분	동그라미 가족화 구성 설명 - 주제, 매체, 워크지 활용, 제시자료 설명
활동 과정	40분	• 자신의 이름 소개하기 • 워크지 선택과 제시된 매체로 자신의 이름 및 이미지를 색골판지 외 매체를 오리고, 풀로 붙이고, 채색하여 꾸민다. • 작품 제목을 지어본다.
자아 탐색 과정	50분	• 자기 작품의 상징과 의미를 설명한다. • 집단원은 상대의 설명에 경청하고 지지하며 박수로 화답한다. • 느낌과 소감을 나누며 서로의 충분한 느낌을 공유한다.
소감문	10분	작품 감상 및 소감문 작성
정리	10분	• 작업 후 주변정리와 손 씻기 • 차기 주제 안내와 질문 받기
기타 참고 유의사항	- 자유롭고 편안한 집단 분위기를 조성하기 위해 노력한다. - 한국어 표현이 미숙한 참여자를 위해 표정으로 지지한다.	

콜라주 집단미술치료 프로그램(10회기)	
회기	10회기
주제	받고 싶은 상장
활동 목표	집단원의 라포 형성과 자기이해, 타인 수용
기대 효과	친밀감 형성 및 소속감 증대

준비물	8절 도화지(색상), 사인펜, 색연필, 색골판지, 이름 워크지, 풀, 가위	
활동 과정	시간	활동내용
도입	10분	전체 프로그램 안내 및 진행과정 소개 - 주제, 매체, 워크지 활용, 제시자료 설명
활동 과정	40분	• 자신의 이름 소개하기 • 워크지 선택과 제시된 매체로 자신의 이름 및 이미지를 색골판지 외 매체를 오리고, 붙이고, 채색하여 꾸민다. • 작품 제목을 지어본다.
자아 탐색 과정	50분	• 자기 작품의 상징과 의미를 설명한다. • 집단원은 상대의 설명에 경청하고 지지하며 박수로 화답한다. • 느낌과 소감을 나누며 서로의 충분한 느낌을 공유한다.
소감문	10분	작품 감상 및 소감문 작성
정리	10분	• 작업 후 주변정리와 손 씻기 • 차기 주제 안내와 질문 받기
기타 참고 유의사항	- 종결 회기로서 자신의 의지를 투영해본다. - 자유롭고 편안한 집단 분위기를 조성하기 위해 노력한다.	

콜라주 집단미술치료 프로그램(10-1회기: 선택)		
회기	10-1회기(선택)	
주제	(크리스마스)희망나무	
활동 목표 및 기대 효과	자존감 향상 및 미래 방향 설정	
준비물	8절 도화지(색상), 사인펜, 색연필, 구슬 스티커, 하트 입체 워크지, 색반짝이풀, 색골판지, 크리스마스트리 워크지, 풀, 가위	
활동 과정	시간	활동내용
도입	10분	계절별(12월)로 크리스마스에 관한 이야기 - 주제, 매체, 워크지 활용, 제시자료 설명
활동 과정	40분	• 크리스마스에 대한 기억과 현재 욕구 나누기 • 워크지 선택과 제시된 매체로 자신의 소망과 욕구를 그림 또는 글로 표현한다. 주변을 색골판지 외 매체를 오리고, 풀로 붙이고, 채색하여 꾸민다. • 작품 제목을 지어본다.

자아 탐색 과정	50분	• 자기 작품 속 의미와 내용을 설명한다. • 집단원은 상대의 설명에 경청하고 지지하며 박수로 화답한다. • 느낌과 소감을 나누며 서로의 충분한 느낌을 공유한다.
소감문	10분	작품 감상 및 소감문 작성
정리	10분	• 작업 후 주변정리와 손 씻기 • 차기 주제 안내와 질문 받기
기타 참고 유의사항	- 말하고 싶지 않은 내용은 발표하지 않게 한다. - 종결 회기로서 자유롭고 편안한 집단 분위기를 조성하기 위해 노력한다.	

3.
이주배경 청소년을 위한 콜라주 미술치료의 실제

콜라주 미술치료 분석기준은 일본의 스기우라(1994)에 의해 개발된 치료기법으로, 내담자의 심적 상태가 드러난다는 점을 근거로 했다. 이를 근거로 내담자별 콜라주 미술치료 작품 제작과정에서 행동 관찰과 작품에 드러나는 형식적 분석, 내용분석, 계열적인 관점을 중심으로 분석했다. 이에 따른 콜라주 작품 분석기준은 이근매와 아오키(2010)의 콜라주 미술치료와 스기우라(2011)의 콜라주 요법, 모리타니(2012)의 콜라주 요법의 실천 가이드를 참고하여 재구성했다(양윤정, 2012 재인용). 이와 더불어 콜라주 작품 분석은 내담자의 자기치유 효과를 기대하며, 콜라주 작품을 통해 내담자의 현재 심리상태를 이해하고 내담자의 갈등을 돕고자 할 경우, 치료사는 콜라주 작품을 통해 전달되는 내담자의 메시지를 파악해야 한다(이근매 · 아오키, 2014). 또한 내담자의 현재 심리상태 및 특이 증상과 발달사를 참고하여 현재의 심리 · 정서 상태를 이해해야 한다.

1) 콜라주 미술치료작품 분석기준

콜라주 분석기준은 콜라주 미술치료 창시자인 스기우라(1994)의 연구와 아오키(青木, 2005), 이근매(2009)의 연구를 참고했다(이근매 · 아오키, 2014). 콜라주 분석기준은 다음 〈표 2-2〉와 같다.

〈표 2-2〉 콜라주 분석기준

영역	구분	내용
형식 분석	조각 수	화지에 붙인 사진(매체)의 조각 수
	여백	작품이 구성된 화지에 여백 여부 평가
	화지 이탈	화지에 붙인 사진(매체) 조각이 화지 밖으로 벗어났는지 평가
	뒷면 사용	화지의 뒷면을 사용했는지 평가
	중첩 사용	화지에 사진(매체) 조각을 겹쳐서 붙였는지 평가
	자르는 방법	손으로 찢었는지, 가위로 오렸는지 평가
	조각 모형	부정형, 사각형, 원형(형태대로 자른 것)
	공간배치	화지 여백의 위치(상, 하, 좌, 우, 중앙)
	종이 위치	화지를 가로로 사용했는지, 세로로 사용했는지 평가
	통합성	작품이 균형이 잡혀 있는지, 불균형한지 평가
내용 분석	사진 내용	자연풍경, 인간, 동물, 식물, 불균형한지 평가
	표현 내용	추상적 내용인지, 명료한 내용인지 평가
계열 분석	통합성	전체적인 작품의 흐름 평가
	주제	회기별 작품의 주제에 따른 평가
	공간 도식	회기별 작품 화지의 공간사용에 대한 평가

콜라주 작품의 분석기준은 〈표 2-2〉에 제시한 것과 같이 형식 · 내용 · 계열 분석의 세 가지로 구분했다.

형식 분석은 공간상 배치, 표현, 가위 사용 및 손으로 찢었는지 등 도구 사용 여부와 사물을 여백을 두고 잘랐는지 사물의 선을 따라 잘랐는지, 큰 조각을 붙였는지 작은 조각을 붙였는지, 그리고 상하좌우를 구분하여 조각과 여백이 어느 쪽에 많이 붙었는지 그 의미를 살펴보는 것이다.

내용 분석은 내담자가 콜라주 작품에 어떠한 그림을 붙였는지에 초점을 둔다. 풍경사진, 인물사진, 음식사진, 문자, 그리고 매체 활용과 그것이 어떤 내용을 담고 있는지 파악해야 한다. 또한 상징성은 동일한 사물이라도 민족, 인종, 지역, 성별, 발달단계, 문화에 따라 차이가 있다는 것을 알아야 한다.

콜라주 계열 분석은 상담 회기마다 지속적으로 분석해야 한다. 콜라주 작품을 완성한 후 의사소통 과정에서 다음과 같은 순서로 내담자의 마음을 파악할 수 있어야 한다. 의사소통하는 단계를 살펴보면 첫째는 콜라주 작품과정을 살펴보는 단계이며, 두 번째는 표현한 작품의 내용 및 의미를 질문하는 단계다. 세 번째는 작품을 완성하는 과정이나 완성 후의 느낌 및 감정에 대해 대화하듯 질문하는 단계다. 다음으로 네 번째 단계는 치료사의 느낌이나 상징 및 이미지 해석을 전달하는 단계다. 다섯 번째는 내담자가 통찰한 것을 언어화하는 단계다. 그리고 여섯 번째는 이를 계속 반복(즉, 명료화)하는 것을 원칙으로 한다. 가장 바람직한 방향은 치료사가 해석해 주는 것이 아니라 내담자 본인이 스스로 통찰해나갈 수 있도록 촉진하는 것이다.

2) 이주배경 청소년 콜라주 집단미술치료 프로그램 사례

(1) 참여자 A의 사례

참여자 A의 콜라주 집단미술치료 프로그램 회기별 사례에서 나타나는 행동 관

〈표 2-3〉 참여자 A의 초기단계 사례

단계	초기단계		
회기	1회기	2회기	3회기
주제	자기소개하기	문양만다라	탈
작품	*		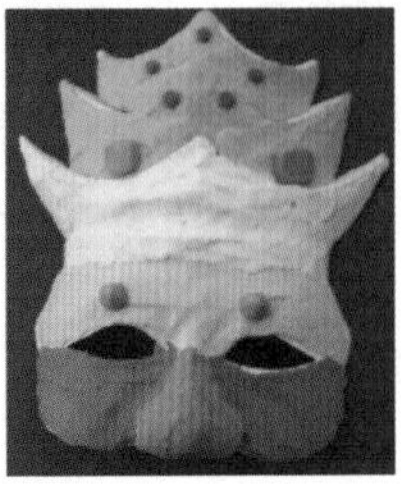
제목	'하얼빈 소나무'	'깜깜한 우주에 별과 나비가 날고 있어요'	'그냥 사람'
행동 관찰	주제 제시에서 머뭇거리는 모습으로 색지를 선택했다. 네임카드 워크지에 자신의 이름을 4B연필과 사인펜으로 채색	제시된 문양을 나비 모양 같다고 혼잣말로 중얼거리며 망설임 없이 선택	색유점토 매체에 대해 관심을 보이며, 만져도 되냐고 물어봄. 제시된 탈 선택 중 뿔관을 쓴 남자 탈을 선택함
작품 내용	자신의 이름을 나타내는 소나무 '송(松)' 자라는 한자를 써 보이고, 성씨 'ㄱ' 자는 고향 하얼빈에 소나무가 많았다고 고향 풍경을 설명	"여기는 우주예요"라고 말함. "깜깜한 우주에 별과 나비가 날고 있어요"라고 주제를 정하고 미소를 지음	빨간색으로 코를 드러나게 꾸밈. 둥글게 구슬 모양으로 색색이 이중 작업을 꾸밈으로써 작업을 마무리함. 제목은 '그냥 사람(men)'이라고 함
치료사 소견	첫 회기보다는 전체적 구성이 덜 단조로웠으며, 자신에게 집중하는 모습과 고요 경험이어서 중심에 문양만다라를 채색하여 붙이고, 비교적 주변을 둥글게 골판지로 표현했다. 밝고 따뜻한 색을 선택한 것은 검정 바탕과의 대비효과를 나타낸 것으로 보인다. 3회기에서는 전 회기에 비해 자기표현에 적극적이었다.		

* 이름 등의 개인정보노출로 인해 제시하지 않음

찰과 작품 내용을 초기 · 중기 · 후기단계로 나누어서 살펴보았다. 프로그램 진행 활동 과정으로는 주제제시에 의한 도입 과정, 치료 실기 활동, 작품 감상, 자아 탐색, 치료사 지지, 작품 제목 제작, 개인별 완성된 작품에 대한 집단 내 느낌 나눔, 활동에 관한 소감문 작성 등으로 기술했다.

초기단계에 나타난 참여자 A의 행동 관찰과 작품 내용은 〈표 2-3〉과 같다.

〈표 2-3〉에서 살펴본 바와 같이 초기단계에 나타난 참여자 A의 행동적 특징으로는 시작 전 집단참가자들의 행동을 살피며 옆 친구의 행동을 관찰하고 난 후 자신의 작업에 임하는 모습을 보였다. 신체적 외상(화상)으로 가위질 등 손을 사용하는 행동에서 불편해했으나, 미술 매체에 대한 호기심과 긍정적인 표정을 보였다. 작품 내용에서는 고향에 대한 소재가 등장했으며, 점토 작업에서는 혼합하여 다양한 색을 만들어 인체를 꾸몄다. 이러한 행위는 미술 매체에 대한 긍정적인 접근으로 자신의 정서적 안정을 회복하려는 의도를 엿볼 수 있다.

다음으로 중기단계에 나타난 참여자 A의 행동 관찰과 작품 내용은 다음 〈표 2-4〉와 같다.

〈표 2-4〉에서 살펴본 바와 같이 중기단계에 나타나는 참여자 A의 행동적 특징으로는 여전히 신체적 외상으로 가위로 오리는 활동에 불편함을 보였지만, 초기와는 달리 스스로 하려는 움직임을 보였다. 여러 가지 사진 그림과 색지를 통해 매체에 대한 호기심이 작품 활동성을 부추긴 듯 보였다. 이어진 작품 내용에서는 다양한 소재의 사진 그림 및 곡물로 화면을 표현했으며, 매체 탐색은 호기심과 흥미를 보여주었다. 화면에서는 선명한 색상의 보색대비로 화면구성을 나타냈다. 또한 내용 면에서 자신의 의지를 대변하는 상징적 표현으로 음식사진과 가족 이야기를 함으로써 자신의 욕구를 나타냈다. 이러한 표현은 현실적 타협으로 심리적 안정을 이루고자 하는 것으로 볼 수 있다.

〈표 2-4〉 참여자 A의 중기단계 사례

단계	중기단계			
회기	4회기	5회기	6회기	7회기
주제	나의 나무	곡물만다라	선물	9분할법
작품		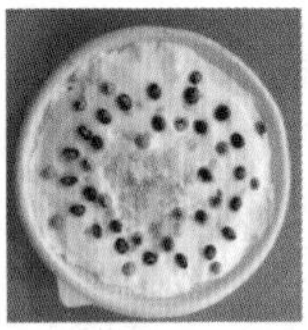		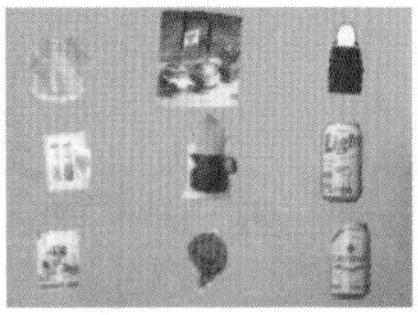
제목	'나무에 동물이 살아요'	'눈 발자국'	'함께 선물 주고받아요'	'시원하고 좋아요'
행동 관찰	색지는 진한 남색을 세로로 구성했으며, 가위질은 신체적 외상(화상)으로 인해 불편해 보임	활동 매체 중 지점토와 흰색 유점토 위의 곡물을 매우 어색해함. 곡물로 미술활동을 한다는 것을 불편해함	자신이 돈을 벌면 고급 승용차, 고급 시계를 사고 맛있는 음식을 마음껏 먹고 싶다고 했고, 자동차를 두 번 선택했으며, 재미있는 놀이 사진도 선택	도화지 위에 전체 사진 중 건물 정원 그림과 정돈된 식당, 아동용 침실을 선택하면서 입가에 미소를 지음
작품 내용	가족 그림을 골라도 되냐고 조심스레 물어봄. 나뭇가지에 그네 타는 사람이 본인이라고 함. 하늘을 날고 있는 것은 참새이며, 귀여운 그림이라고 웃음을 지음	본국에서의 생활 정서와 다른 매체였고, 음식(곡물 매체)으로 장난한다고 생각하며 매우 어색해함. 작품 내용은 눈이 온 길바닥이라고 함	휴식과 잠을 잘 수 있는 편안한 침실을 선택하고, 아빠와 같이 맛있는 요리를 먹고 싶다고 함. 노란색과 초록색의 선명한 색상으로 좌우 대비	선명한 초록색 바탕 위에 음식과 안락한 침실을 표현하며 여기서 자고 싶다고 함
치료사 소견	다른 집단원의 작품을 보며 웃기도 하고 다른 작품들을 손으로 꾹꾹 눌러보는 행동으로 매체에 대한 감각을 느끼고자 한다. 주고 싶은 선물에서는 아빠에게 선물해주고 싶다고 했으며, 이는 친부와의 교감을 느끼고자 함으로써 정서적 안정을 보여주고 있다. 남자 청소년기의 특징이 잘 나타나 있는 사례로 자동차와 시계의 등장을 소재로 들 수 있다. 특이한 점은 누구에게서 받고 싶으냐는 질문이었으나 자신이 돈을 벌어 사고 싶다고 했다. 이러한 부분에서 미성숙한 자신을 인지하고 있지만, 성인이 되어 독립하고자 하는 갈망을 엿볼 수 있다.			

〈표 2-5〉 참여자 A의 후기단계 사례

단계	후기단계		
회기	8회기	9회기	10회기
주제	탄생	동그라미 가족화	받고 싶은 상장
작품	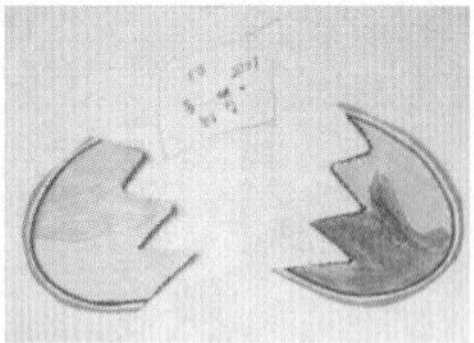		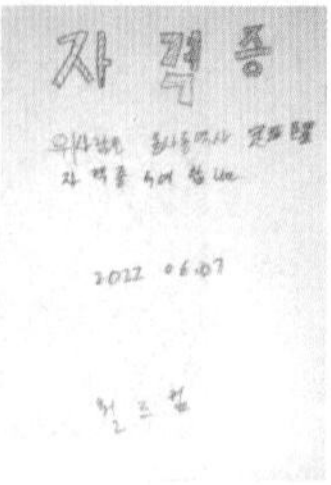
제목	‘좋은 것이 있어요’	‘가족’	‘자격증’
행동 관찰	달걀 워크지 콜라주 활동 중 오리기에서 머뭇거리는 모습	가족을 표현한 후 집 그림은 망설이는 행동	본 회기에서는 중국말과 한국말을 자유롭게 구사. 본인의 원하는 직업으로는 동시통역사를 하고 싶다고 함
작품 내용	달걀껍데기에 단순한 색을 선택하여 파란색 글씨로 친구, 고기, 돈 그리고 좌측 상단에 사람을 막대 형태의 졸라맨이라고 함	집은 검은색으로 그려져 있으며, 가족은 손을 잡고 걸어가고 있다. 해가 좌측 상단에 있고, 하단에 가족 네 명이 손잡고 오른쪽 집으로 향하는 그림	6년 후인 2022년에는 한국과 중국을 오가는 무역회사 사장이 되어 돈을 많이 벌어서 결혼하고 부자로 살고 싶다고 함
치료사 소견	어떤 형태 또는 내용으로 사람이 등장한 것은 매우 반가운 일이다. 욕구에 대한 상징으로 ‘고기’라는 표현, 사회적 소통을 하고 자신을 꾸미는 데 필요한 ‘돈’이라는 소재 등장, 그리고 정서적 지지와 자신의 안정을 도모하고자 ‘집’으로 표현된 소재는 후기단계로서 본 프로그램 경험이 효과성을 나타내고 있다고 볼 수 있다. 바탕 전체에 하늘색으로 상하 구분 없이 채워져 있다. 이러한 가족화 표현의 집 그림에서 창문은 있으나 출입구는 작게 표현됐으며, 그 위에 검정 칠로 덧입혔다. 그래서 출입구가 생략된 것처럼 보인다. 하지만 하단의 ‘월드컵’이라는 표현은 A가 평소 누군가와 같이 축구를 하고 싶은 욕망이 무의식으로 표현되었다고 볼 수 있다. 축구는 혼자 하는 경기가 아니라서 친구가 많았으면 좋겠다고 하는 마음을 보여주고 있다.		

다음으로 후기단계에 나타난 참여자 A의 행동 관찰과 작품 내용은 〈표 2-5〉와 같다.

위의 〈표 2-5〉에서 살펴본 바와 같이 후기단계에 나타나는 참여자 A의 행동적 특징으로는 어릴 적 꿈이 축구선수였으며 자신은 축구를 하고 싶고, 그러기 위해서는 친구들이 많아야 한다고 하면서 사회적 고립감에 대한 아쉬움을 간접적으로 표현하는 모습이다. 또한 중국말을 잘해서 한국어와 함께 이중언어를 사용하여 동시통역사가 되고 싶다는 의견도 표현했다. 작품 내용에서는 가족, 가정, 축구에 대한 애착을 보이며, 미래의 독립적 요소도 내포되어 있다. 후기단계에 나타난 이러한 표현에서 자신의 진정한 욕구를 현실적 접근에 비추어 현재 생활적응에 대한 노력과 미래설계에 대한 계획을 엿볼 수 있었다.

(2) 참여자 B의 사례

참여자 B의 콜라주 집단미술치료 프로그램 회기별 사례에서 나타나는 행동 관찰 및 작품 내용을 초기 · 중기 · 후기단계로 나누어서 살펴보았다.

프로그램 진행 활동 과정으로는 주제제시에 의한 도입 과정, 치료 실기 활동, 작품 감상, 자아 탐색, 치료사의 지지, 작품 제목 제작, 개인별 완성된 작품에 대한 집단 내 느낌의 나눔, 활동에 관한 소감문 작성 등으로 기술했다.

초기단계에 나타난 참여자 B의 행동 관찰과 작품 내용은 다음 〈표 2-6〉과 같다.

〈표 2-6〉에서 살펴본 바와 같이 초기단계에 나타나는 참여자 B의 행동적 특징을 살펴보면, 상대적으로 원활한 언어 소통과 밝은 표정으로 자신이 선호하는 것을 표현했다. 이어서 작품 내용에서 나타나는 표현의미를 살펴보면, 자신이 표현한 소재 및 매체에 대해 설명과 의미를 지니는 특징적 표현을 했다. 표현 소재로는 놀이공원, 바람개비, 웃는 사람 등에서 작품 내용 요소를 도출했다. 이러한 표현은 자신을 부각함으로써 원하는 바를 이루고자 하는 소망이 담겨 있음을 볼 수 있다. 또한 자신의 정체성 존립에 대한 의지를 볼 수 있었다.

〈표 2-6〉 참여자 B의 초기단계 사례

단계	초기단계		
회기	1회기	2회기	3회기
주제	자기소개하기	문양만다라	탈
작품	*		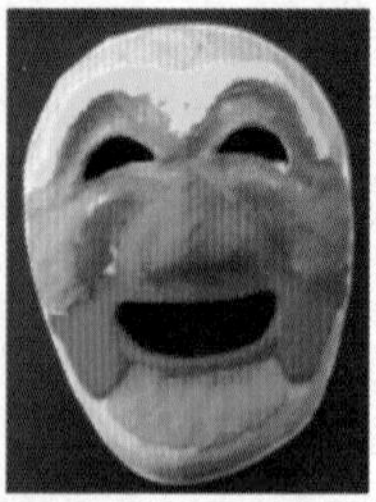
제목	'내 이름'	'바람개비'	'분홍 얼굴'
행동 관찰	참여자 B는 밝고 웃는 표정으로 분홍 색지 선택과 네임카드 및 색상지를 신중히 고르는 모습	곡선이 어우러진 문양을 선택함. 보라색을 규칙적으로 문양에 따라 채색함. "예쁜 무늬 바람개비 같아요"라고 말함.	매체 유점토를 물끄러미 관찰했으며, 탈 꾸미는 작업에서 제시된 몇 종류의 탈 중 하회탈 선택
작품 내용	사인펜으로 네임카드에 자신의 이름을 "예쁘게 쓸 거예요", "놀이공원을 그려도 되나요? "라고 질문하기도 하며, 곡선과 점을 일정한 간격으로 꾸미는 표현	전체적으로 파스텔톤 계열로 채색. 밝은 분홍, 노랑, 빨강, 오렌지색 골판지로 별, 동그라미, 길다란 물방울 모양으로 오려 붙이면서 "별이 빛나고 있어요"라고 함	"저는 예쁜 여자를 좋아해요. 그런데 이 탈은 남자 같아요"라고 함. 빨간색으로 코를 꾸몄으며 입 주변을 양쪽 아래 볼 부분까지 붉은색으로 덮어서 꾸밈
치료사 소견	"놀이공원에 가고 싶어요"라고 자신의 의견을 제시하고 사방에 별로 전체적인 조화와 고요한 체험, 자신에게 집중하는 모습이다. 검정 바탕과 대비되는 채색과 문양 속의 바람개비 형태를 찾아냈는데, 채색의 의미는 내면의 역동성을 표현하고 있다고 볼 수 있다. 사람에 대한 성별 선호도를 표현한 것은 여자 청소년기의 특징을 드러낸다. 친구들이 화장에 관심이 있고 본인도 화장을 하고 싶지만, 엄마가 싫어해서 자신은 하지 않고 자제하는 모습에서 모와의 애착과 자신의 통제는 현실과의 타협이 우선이라는 의지를 보여준다.		

* 이름 등의 개인정보노출로 인해 제시하지 않음

다음으로 중기단계에 나타난 참여자 B의 행동 관찰과 작품 내용은 다음 〈표 2-7〉과 같다.

〈표 2-7〉에서 살펴본 바와 같이 중기단계에 나타나는 참여자 B의 행동적 특징

〈표 2-7〉 참여자 B의 중기단계 사례

단계	초기단계			
회기	4회기	5회기	6회기	7회기
주제	필름 그림	곡물만다라	선물	9분할법
작품		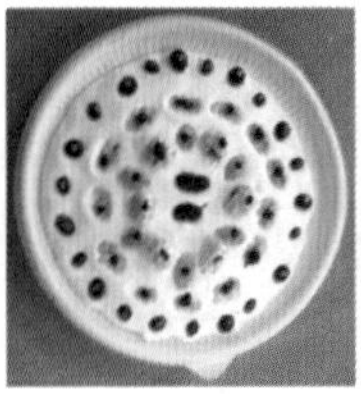		
제목	'예쁜 내 모습'	'떡'	'가지고 싶은 것, 먹고 싶은 것'	'다 좋아요'
행동 관찰	유년기 고향에서 함께 살았던 할아버지 이야기와 지금도 살아계시는데 오래오래 사셨으면 좋겠다고 함	곡물 매체를 대하며 잠깐 머뭇거림. 음식재료를 미술활동의 매체로 사용하는 것에 대한 익숙지 않은 표정	잡지에 있는 사진을 오랫동안 보며 다 가지고 싶다고 함	노란색 도화지를 먼저 선택하며, 잡지 오리는 것이 재미있다고 함
작품 내용	유년기 본국에서 어린 시절을 회상하며 놀이터에서 그네를 타며 미끄럼틀과 모래놀이를 표현했고, 현재는 친구, 책, 휴대폰을 표현함	어려움 없이 빠른 속도로 활동했으며, 옆 친구들이 바닥에 떨어뜨린 콩을 주워 담아줌. 작품은 '떡' 이라고 함	주고 싶은 선물의 종류가 더 많음. 받고 싶은 선물은 커다란 햄버거와 빨간색 자동차, 입고 싶은 옷, 실내 공간 등	노란색이 마음에 들고 밖을 볼 수 있는 창이 넓은 집에서 가족이 살았으면 좋겠다고 함
치료사 소견	유년기 본국에서 조부모와의 생활을 회상하며 "먹는 음식으로 이렇게 장난하는 걸 우리 할머니가 아시면 혼날 거야"라는 조모의 교육방침도 엿볼 수 있었으며, 순응적인 B의 가정생활 환경도 볼 수 있었다. 자연스러운 곡물 표현에서는 정서 이완이 내포되어 있었다. 선물에서 엄마에게 고마움을 표시하고 싶고, 다시는 떨어져 살지 않고 설에 맛난 떡만두국을 엄마와 함께 먹고 싶다고 하며, 엄마에게 경제적인 힘이 되고 싶어 하는 성숙한 모습을 볼 수 있었다.			

으로는 유년기 자신을 돌보아준 본국의 할아버지를 떠올렸으며, 주변 지인들에게 관심받고자 하는 표현으로 선물을 주고 싶다고 했다.

작품 내용을 살펴보면, 가정에 관한 소재와 내용을 나타냈으며, 특히 현재 상황으로 한국에서 떨어져 살고 있는 엄마에 대한 애착 등을 경제적 힘으로 강하게 표현했다. 여기서 엄마와의 분리불안이 무의식에 내포되어 있음을 볼 수 있다.

다음으로 후기단계에 나타난 참여자 B의 행동 관찰과 작품 내용은 다음 〈표 2-8〉과 같다.

〈표 2-8〉 참여자 B의 후기단계 사례

단계	후기단계		
회기	8회기	9회기	10회기
주제	탄생	동그라미 가족화	받고 싶은 상장
작품			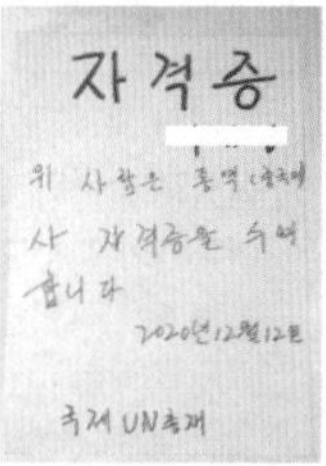
제목	'미래계획'	'마작하는 우리 가족'	'자격증'
행동 관찰	자신 있는 표정으로 이것저것 다 하고 싶다고 함	제시된 동그라미 워크지와 색골판지 매체를 활용한 익숙한 콜라주 표현	초기에는 바리스타에서 중국어 통역사로 직업을 바꾸겠다고 함
작품 내용	제시된 내용 중 여행은 한국과 중국이었으나 시각을 넓게 가지고 영국 여행이라고 표현. 본인은 성인이 되어 미국같이 좋은 나라도 구경하며 미국 친구, 영국 친구도 사귀고 싶다고 함. 또한 하루빨리 엄마 아빠와 합쳐서 살고 싶다고 함	본국에서 하던 놀이문화 중 '마작'이라는 놀이를 현재 한국에서도 가족이 모이면 자연스럽게 즐기며, 아빠, 엄마, 할머니 그리고 본인이 마작할 때가 즐거운 시간이라고 함. 놀이를 하는 풍경을 그림	자신이 하고 싶은 장래 직업은 중국어 통역사로, 4년 후인 2020년 대학을 졸업하여 훌륭한 사업가가 되어 통역하고, 사람을 만나서 이야기하는 것을 좋아하며, 특히 자신은 중국어를 잘하니까 문제없이 잘할 수 있는 직업이라고 함
치료사 소견	후반부에서는 아빠(한국 계부)도 등장했으며, 아빠와 엄마가 행복하게 살게 하고자 본인이 마련하고 싶다고 했다. 외조모와 함께 떨어져 생활했으나 현재 부모와 함께 살게 되어 너무 좋다고 했다. 가정생활 중 아빠는 엄마가 원하는 것을 다 해주시고, 착하다고 했다. 초기에는 바리스타가 되기를 원했으나 후기에는 통역사라는 직업으로 변화되어가는 모습을 보여주었다. 이러한 가족관계에서 자신의 존재를 부각하여 부모로부터 우월성을 인정받고자 함으로 보이며, 분리불안이 내포되어 가족과의 강한 애착을 느끼게 한다.		

〈표 2-8〉에서 살펴본 바와 같이 후기단계에 나타나는 참여자 B의 행동적 특징으로는 가족에게서 벗어나 미래에 세계여행과 미래 직업으로 동시통역사를 하여 경제적 자립을 표현하는 작품 활동을 했다.

작품 내용에서 본인의 노력으로 경제적 자립과 현재 한국에서 부모를 편안하게 모시고자 하는 경제적 관심과 책임 있는 성숙된 의도가 엿보인다. 또한 진로에 대한 계획과 현실적 판단을 하고자 하는 내용을 표현했다. 이러한 표현에서 보이는 의미는 현실적 적응 노력으로 자신의 미래성장 표현을 통해 보상심리를 잘 나타냈다고 볼 수 있다.

(3) 참여자 C의 사례

참여자 C의 콜라주 집단미술치료 프로그램 회기별 사례에서 나타나는 행동 관찰 및 작품 내용을 초기 · 중기 · 후기단계로 나누어서 살펴보았다. 프로그램 진행 활동 과정으로는 주제제시에 의한 도입 과정, 치료 실기 활동, 작품 감상, 자아 탐색, 치료사의 지지, 작품 제목 제작, 개인별 완성된 작품에 대한 집단 내 느낌의 나눔, 활동에 관한 소감문 작성 등으로 기술했다.

〈표 2-9〉에서 살펴본 바와 같이 초기단계에 나타나는 참여자 C의 행동적 특징으로는 외향적으로 우월해 보이는 화장한 얼굴에 한국어 능력을 보여주고자 언어 소통으로 친근감을 보였다. 또한 적극적인 친화력으로 금세 다른 집단원과 장난도 했다.

작품 내용에서는 강한 색상 및 가득 메운 화면구성과 함께 빠른 속도로 작품을 완성했다. 호전적인 출신국과 적극적인 성향을 가진 부모와 함께 이주한 안정적인 가정의 정서적 배경이 참여자의 거침없는 행동으로 나타났다고 볼 수 있다. 또한 장

〈표 2-9〉 참여자 C의 초기단계 사례

단계	초기단계		
회기	1회기	2회기	3회기
주제	자기소개하기	문양만다라	탈
작품	*		
제목	'예쁜 내 이름'	'화려한 집'	'웃는 사람 탈'
행동 관찰	"나는 그림 그리는 걸 좋아해요", "난 그림을 잘 그려요" 하며 글씨 이외에 자신이 선호하는 것을 자신 있어 하는 모습	사각형과 원으로 조합된 문양 선택, 만족한 표정으로 작품 내용을 '화려한 집'이라고 설명	시작 전 매체에 다가가는 행동으로 동생에게도 나눠주며 장난도 하는 모습. 유점토를 흥미롭게 주무르고 혼합하며, 하회탈 선택
작품 내용	이름 그림은 다양한 색을 사용했으며, 옆에 앉은 남동생(참여자 D: 초등 4학년)에게도 도구와 매체를 챙겨줌. 선택한 밝은 색상의 네임카드에 강한 곡선으로 다양한 색상 사용	채색 방향은 안에서 밖으로 했고, 완성된 문양은 가위로 오려 검정도화지 중앙에 붙임. 주변에는 색 골판지로 별과 동그라미 형태를 오려서 공백 없이 전체에 구성	먼저 살구색을 만들어 바탕을 붙인 뒤 눈과 코를 붉은색과 초록색으로 구분함. 점토 작업은 쉽고 빠르게 완성함. 제목은 '웃는 사람 탈'이라고 붙임
치료사 소견	남동생(참여자 D: 초등 4학년)에게도 도구와 매체를 챙겨주었다. 화려하고 강한 보색대비로 작품구성과 빠른 속도의 작품과정 활동으로 미적 감각의 우월성을 드러냈다. 칭찬을 유도하는 모습은 책임감 있고 외향성이 강한 자아를 표현한다.		

* 이름 등의 개인정보노출로 인해 제시하지 않음

녀로서 남동생을 돌봐야 하는 가족애와 책임감은 한국 정서의 뿌리 깊은 혈통인 고려인임을 보여주고 있다. 이러한 가정환경적 특징은 다른 중도입국 청소년에게서는 드물게 나타나는 사례라고 볼 수 있다.

다음으로 중기단계에 나타난 참여자 C의 행동 관찰과 작품 내용은 다음 〈표 2-10〉과 같다.

〈표 2-10〉 참여자 C의 중기단계 사례

단계	중기단계			
회기	4회기	5회기	6회기	7회기
주제	필름 그림	곡물만다라	선물	9분할법
작품		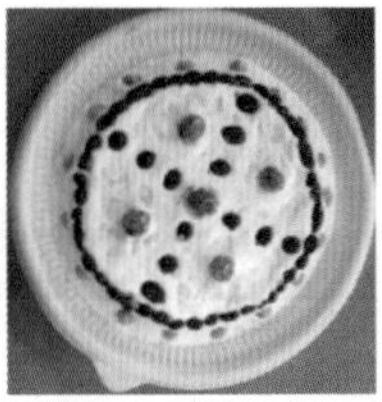		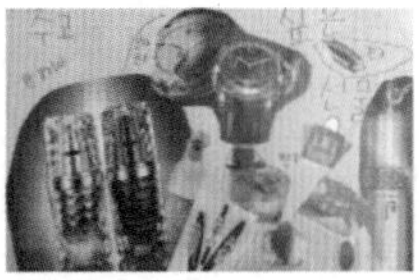
제목	'공부해서 미국 가요'	'십자가'	'가족 선물'	'가지고 싶은 것'
행동 관찰	짙은 분홍색 도화지에 다양한 색골판지로 차례차례 오려 붙이는 모습	손재주가 있어 작품 완성 속도가 가장 빠름. 중심과 바깥에 노란 콩으로 조화를 이루어 대칭 구성	다른 집단원의 작품을 보며 참견도 하고 돌아다니며 도와주기도 하는 행동	지시과정을 무시하고 자신의 의도대로 꾸며나감. 화장품에 대한 높은 관심도
작품 내용	미래 그림에서 행복한 표정과 "다른 나라도 갈 거예요", "나는 영어도 잘해서 갈 수 있어요" 라고 자신감 있는 태도로 포부를 밝힘	흰색 일회용 접시에 지점토와 흰색 유점토를 사용하여 다섯 가지 곡물 중 검정콩을 중앙에는 십자형과 가장자리에는 둥근 원으로 구성하며 십자가라고 함	아빠와 엄마에게 주고 싶다고 함. 자동차, 시계, 옷, 가방, 구두를 엄마에게 드리고 싶다고 함. 노란색과 연두색을 바탕색으로 선택	9개 사진 중 아늑한 침실과 속도감 있는 자동차 사진 및 인형과 사다리, 실내 침실과 주홍색 긴 소파는 가지고 싶다고 함
치료사 소견	휴대폰, 중학교에서 공부하는 교실 풍경, 미래에는 미국에 비행기 타고 가는 그림이다. 곡물만다라에서는 중심과 바깥에 노란 콩으로 조화를 이루어 대칭과 절제로 표현했다. 받고 싶은 선물은 예쁜 구두와 신발, 가방, 옷, 티셔츠, 액세서리 등 본인의 선호도를 잘 나타냈으며, 속도가 빠르다는 점이 특이하다고 본다.			

〈표 2-10〉에서 살펴본 바와 같이 중기단계에 나타나는 참여자 C의 행동적 특징으로는 익숙한 표현으로 빠르게 작품을 완성했고, 참여자 D를 도와주었다. 작품 활동 과정에서 선호도가 분명한 색상을 선택했다.

가족 선물에 대한 콜라주 활동에서 주고 싶은 주변인과 가족을 위해 많은 수의 사진을 선택했다.

작품 내용에서 자신의 의도를 충분히 나타내는 상징을 표현했으며, 가족, 부모 그리고 자신의 선호도를 지체없이 나타냈다.

중기단계에 나타난 참여자의 특징 및 심리적 환경을 살펴보면, 사춘기 청소년에게서 나타나는 시각적인 물질적 풍요로움에 대한 욕구를 강하게 드러냈고, 자신

〈표 2-11〉 참여자 C의 후기단계 사례

단계	후기단계		
회기	8회기	9회기	10회기
주제	탄생	동그라미 가족화	받고 싶은 상장
작품			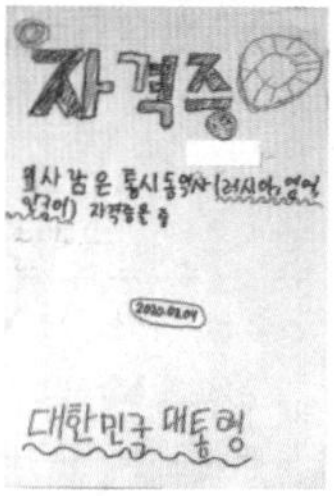
제목	'남자친구와 자동차'	'세 가족'	'동시통역사'
행동 관찰	양쪽으로 벌어진 달걀 조각은 강한 보색대비로 채색	동그라미 안에 가족을 그리고, 검은색 도화지에 색골판지로 다양한 형태를 콜라주함	본인은 러시아어와 영어를 잘해서 여러 나라 여행과 동시통역을 할 수 있다고 함
작품 내용	벌어진 달걀에서 탄생한 것으로 돈, 자격증, 남친 그리고 사랑하는 가족, 자동차, 음악을 표현함. 또한 즐거움을 나타내는 높은음자리표와 오선지 악보를 그림으로 표현	그림보다는 색골판지 꾸미는 데 정성을 쏟음. 이중으로 오려서 덧붙였으며 꼼꼼히 다시 한번 풀칠함. 전체적으로 가족에 대한 애착관계를 표현했으며, 동생을 그리지 않음	진한 초록색 도화지 바탕에 흰색 도화지를 선택하여 앞으로 6년 후인 2022년에는 세계 여러 나라를 여행하고 통역도 하여 자신의 뜻을 자유롭게 표현하며 살고 싶다고 함. 또한 현재 한국에 살고 있어서 대한민국 대통령의 허락을 받고 싶다고 함
치료사 소견	화면 구성은 조화와 통합을 이루고 있다. 남자친구 이야기와 자동차를 설명할 때 수줍은 듯 입을 가리고 웃으며 이야기하는 모습을 보였다. 평소 메이크업아티스트가 되고 싶다고 했으나, 마지막 회기에서는 러시아어와 영어를 잘하고 한국말도 잘할 수 있어서 동시통역사라는 직업으로 바꾸고 다른 나라를 자유롭게 다닐 것이라고 하는 자신감을 엿볼 수 있다.		

의 힘을 물질적 가치에 비교하는 성장기 청소년의 심리적 특징을 볼 수 있었다. 반면, 자신의 내면 가치와 자존감, 실력을 드러내어 인격적 존중을 받고 싶어 하는 사회적 지지를 표명하고 있다고 볼 수 있다.

다음으로 중기단계에 나타난 참여자 C의 행동 관찰과 작품 내용은 〈표 2-11〉과 같다.

〈표 2-11〉에서 살펴본 바와 같이 후기단계에 나타나는 참여자 C의 행동적 특징으로는 매체 선택에서 선호가 강한 색상 선택과 빠른 손제주로 그림과 콜라주 작품을 비교적 빠른 속도로 완성했다.

작품 내용에서 현재 선호하는 음악 장르를 악보로 표현했고, 미래의 이성친구와 세계 자유여행을 가고 싶다고 했다. 이러한 표현은 현재 청소년기의 불안정한 심리요소를 나타내고 있으며, 미래 자신의 기대를 작품에 나타냄으로써 현재의 심리적 안정을 찾고자 하는 것으로 볼 수 있다.

(4) 참여자 D의 사례

참여자 D의 콜라주 집단미술치료 프로그램 회기별 사례에서 나타나는 행동 관찰 및 작품 내용을 초기 · 중기 · 후기단계로 나누어서 살펴보았다. 프로그램 진행 활동 과정으로는 주제제시에 의한 도입 과정, 치료 실기 활동, 작품 감상, 자아 탐색, 치료사의 지지, 작품 제목 제작, 개인별 완성된 작품에 대한 집단 내 느낌의 나눔, 활동에 관한 소감문 작성 등으로 기술했다.

초기단계에 나타난 참여자 D의 행동 관찰과 작품 내용은 다음 〈표 2-12〉와 같다.

〈표 2-12〉에서 살펴본 바와 같이 초기단계에 나타나는 참여자 D의 행동적 특

〈표 2-12〉 참여자 D의 초기단계 사례

단계	초기단계		
회기	1회기	2회기	3회기
주제	자기소개하기	문양만다라	나의 나무
작품	*		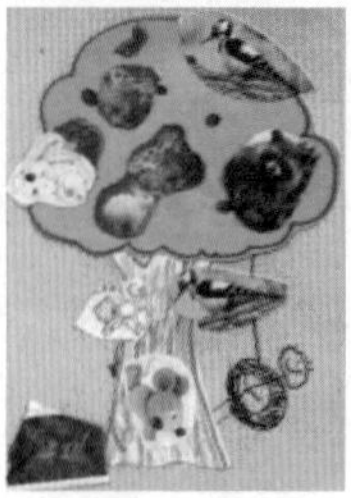
제목	'핸드폰'	'별 우주'	'놀이터 나무'
행동 관찰	제시한 주제에 파란색과 다홍색 네임카드 매체를 선택하여 한글로 자신의 이름 표현. 밝은 표정으로 누나 곁을 떠나지 않고 장난하며 따라다님	가장 단조로운 문양을 선택했으며, 색칠은 대충 급하게 하는 모습. 문양만다라 채색 후 색골판지 조각을 나열하는 표현	워크지 및 동물 사진에 관심을 보였으며, 전 회기와는 달리 비교적 가위질도 잘하는 모습. 화면 배열은 나무 중심으로 구성함
작품 내용	선호하는 캐릭터 인물 그림과 사탕, 휴대폰을 표현하며 휴대폰을 잘 꾸미고 싶다고 함	가위질이 익숙지 않았고, 선호하지 않는 듯함. 완성된 작품 제목을 '별 우주'라고 함	그네를 타는 졸라맨 형식의 사람 그림도 흥미롭게 그려 나감. 맹금류인 올빼미를 오려 붙임
치료사 소견	한국말 표현은 자신이 없는 듯 말을 하지 않았다. 하지만 저자의 설명을 다 알아듣고 프로그램 진행에 순순히 잘 따르는 모습을 보였다. 누나와 귓속말로 러시아어로 종종 이야기를 나누었다. 옆에 있는 누나 C에게 귓속말(러시아어)로 "누나가 오려줘" 하고 도움을 청하는 모습은 아동기의 의존적 생활 태도를 드러내 보였다. 동물 소재에서 맹금류의 등장은 청소년기 발달 진입 단계로 남성성의 힘을 상징하고 있음을 보여주고 있다.		

* 이름 등의 개인정보노출로 인해 제시하지 않음

징으로는 누나인 참여자 C에게 의존하는 태도와 귓속말, 휴대폰, 그리고 장난으로 작품활동에 집중하기 어려운 모습이었다.

작품 내용에서는 자신의 관심사인 캐릭터 및 동물과 맹금류를 표현했다. 이러한 시각적인 표현은 연령으로 보아서는 아동기이지만 청소년기로 접어드는 단계의 남성성을 표현하고자 하는 것으로 볼 수 있다.

<표 2-13> 참여자 D의 중기단계 사례

단계	중기단계			
회기	4회기	5회기	6회기	7회기
주제	필름 그림	곡물만다라	탈	9분할법
작품		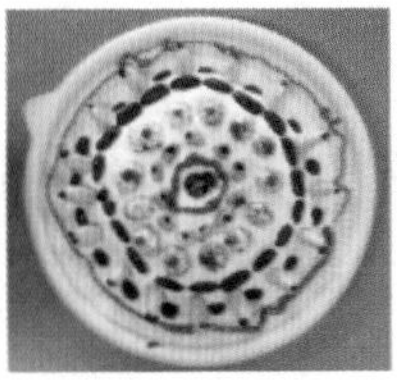		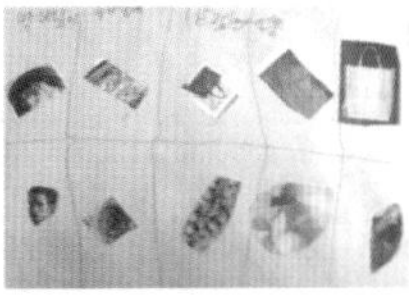
제목	'미국 가요'	'옥수수피자'	'웃는 사람'	'선물 주려구요'
행동 관찰	그림을 표현하는 과정은 초기에서와 같이 머뭇거리며 옆에 있는 누나의 그림을 곁눈질로 보면서 따라 그림	흰 곡물에 대한 관심은 별로 없어 보였고, 몇 종류의 곡물과 튀긴 옥수수를 매체로 표현	매체에 관심과 호기심을 나타내며 색 유점토에 대한 높은 관심을 보였지만, 유점토 작업을 귀찮아하는 모습	흰 바탕의 도화지에 전체 9개 사진 중 3번의 커다란 햄버거 사진과 6번의 손목시계 사진은 화지 이탈 형식
작품 내용	누나와 상의한 후 누나와 비슷한 생각으로 비행기 타고 미국에 가는 모습 표현	제목은 '맛있는 피자' 이며, 제시된 매체 중 곡물과 가공식품 옥수수도 활용했고, 반짝이풀로 장식을 마무리함	전체적으로 살구색을 입힌 후 파랑과 빨강 및 노란색으로 눈과 코, 이마 부분을 꾸밈. 제목은 "몰라요"라고 함	음식에 대한 강한 욕구와 관심. 금속성의 자동차, 시계. 1번의 침대 표현은 생활에서 재미있는 것을 하고 싶다고 함
치료사 소견	아빠가 휴대폰을 사주는 모습, 하회탈에 반짝이풀로 마무리하는 표현과 원 테두리를 강하게 이중으로 꾸미는 데서 자기표현에 집중했고, 자연스럽고 자유롭게 얼굴의 코 부분을 노란색으로 강조하여 익살스러운 이미지 연출로 자유분방한 성격의 특징을 볼 수 있다.			

다음으로 중기단계에 나타난 참여자 D의 행동 관찰과 작품 내용은 다음 <표 2-13>과 같다.

<표 2-13>에서 살펴본 바와 같이, 초기단계에 나타나는 참여자 D의 행동적 특징으로는 자신이 궁금하거나 관심 있는 매체에 대해 질문하고, 선호하는 색상의 점토를 선택했으며, 프로그램 매체에 대한 관심을 보였다.

작품 내용에서는 단조롭지만 상징적이고 의미 있는 그림으로 자신의 의도를 표현하고자 했다. 이러한 표현에서 참여자의 발달적인 접근으로는 자신의 주장과 의도를 표명하고자 하는 청소년 사춘기의 특징적 요소가 보인다는 것을 알 수 있다.

다음으로 후기단계에 나타난 참여자 D의 행동 관찰과 작품 내용은 다음 〈표 2-14〉와 같다.

〈표 2-14〉에서 살펴본 바와 같이 후기단계에 나타나는 참여자 D의 행동적 특징으로는 질문하는 횟수가 줄었으며, 매체 관찰과 선택으로 자신의 의도대로 활동

〈표 2-14〉 참여자 D의 후기단계 사례

단계	후기단계		
회기	8회기	9회기	10회기
주제	탄생	동그라미 가족화	받고 싶은 상장
작품			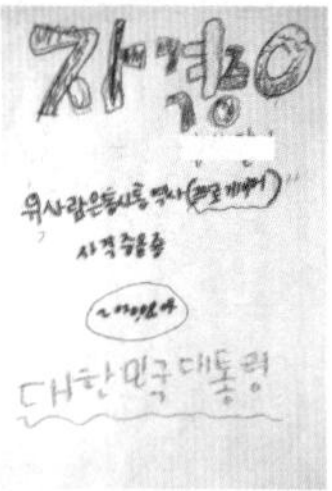
제목	'컴퓨터 게임'	'집으로 가는 우리 가족'	'프로게이머'
행동 관찰	매체와 본 활동을 귀찮아함. 집에서 게임이나 하고 싶다고 함	동그라미 안에 가족을 표현했고, 원 주변에 색골판지로 꾸밈	게임을 좋아한다고 하며, 작품은 옆에 있는 누나에게 의존함
작품 내용	양쪽으로 벌어진 달걀에서 컴퓨터, 패스트푸드, 학교, 휴대폰이 나옴. 'Box'라고 표현한 것은 자신의 비밀박스라고 함	노란색 해와 하단에는 네 명의 가족 그리고 오른쪽에 집 그림이 있음. 집은 창문과 출입문도 있고, 지붕 위 동그란 창도 표현	평소 게임을 좋아하며 하루 종일 게임만 하고 싶다고 함. 지금은 게임을 하지만 성인이 되면 프로게이머가 되겠다고 함
치료사 소견	빨리 색칠하려고 한 흔적과 형태 표현은 본국의 유아 동기 및 초등 저학년 시기의 인지발달 및 정서발달 과정에서 충분한 경험을 가졌다고 보기는 어렵다. 게임을 그림으로 표현하는 것은 게임에 대한 충동성을 자제하려는 의도를 보여주고 있다. 작품 과정에서 옆에 있는 누나에게 의존하는 모습이 안쓰럽기는 하지만, 보고 관찰하고 흉내 내는 것도 하나의 관찰 학습이므로 비록 흉내라고 할지라도 본인이 그 결과를 표현했다면 그대로 인정할 필요가 있다고 본다.		

하려는 주도적인 태도를 보여주었다.

작품 내용에서는 현재 자신이 관심을 두는 휴대폰과 게임 등을 표현하며, 내면의 불안이 무의식을 통해 기저선으로 나타났다. 이러한 표현에서 참여자 D는 초기에 비해 참여자 C에 대한 의존도 횟수가 줄어들었으며, 매체에 대한 관심과 작품활동에 흥미를 갖는 태도로 집중하는 모습을 볼 수 있었다. 또한 사춘기 청소년의 특징으로 심리적 불안과 퇴행 및 양가감정을 드러내고 있다.

따라서 참여자 D는 학습능력의 습득 단계로 학습에 집중할 수 있는 환경조성과 가정 정서에서 가족 간의 원만한 소통으로 가족의 지지가 이루어져야 한다고 볼 수 있다.

(5) 참여자 E의 사례

참여자 E의 콜라주 집단미술치료 프로그램 회기별 사례에서 나타나는 행동 관찰 및 작품 내용을 초기 · 중기 · 후기단계로 나누어서 살펴보았다. 프로그램 진행 활동 과정으로는 주제제시에 의한 도입 과정, 치료 실기 활동, 작품 감상, 자아 탐색, 치료사의 지지, 작품 제목 제작, 개인별 완성된 작품에 대한 집단 내 느낌의 나눔, 활동에 관한 소감문 작성 등으로 기술했다.

초기단계에 나타난 참여자 E의 행동 관찰과 작품 내용은 다음 〈표 2-15〉와 같다.

〈표 2-15〉에서 살펴본 바와 같이 초기단계에 나타나는 참여자 E의 행동적 특징으로는 언어소통보다 몸짓으로 자신의 의사를 표현하고자 했으며, 제시된 주제에 다른 참여자들이 하는 모습을 보고 그대로 모방하는 행동을 보였다.

작품 내용으로는 본국에서의 경험과 기억을 그림으로 나타내며, 자신이 선호하는 하트 형태와 밝은 색상의 매체를 선택했다. 이러한 표현에서 참여자 E는 사춘

〈표 2-15〉 참여자 E의 초기단계 사례

단계	초기단계		
회기	1회기	2회기	3회기
주제	자기소개하기	문양만다라	나의 나무
작품	*		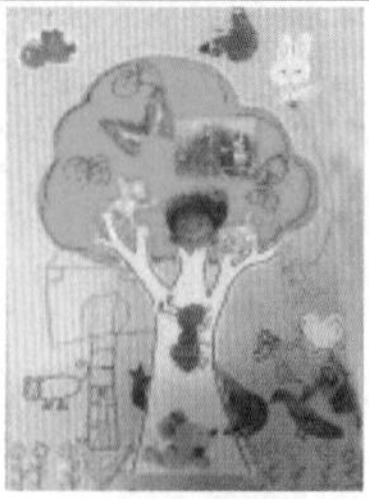
제목	'우리 동네'	'하트꽃'	'나무집'
행동 관찰	신중한 표정으로 자신의 개명된 한국 이름을 그렸으며, 너무 진중하여 정해진 시간이 초과함	"하트를 좋아해요"라고 말하며, 작업과정을 즐기는 듯한 표정을 지음	워크지 및 동물 사진에 관심을 보였으며, 특히 나비 사진 그림을 선호함
작품 내용	자신의 이름 석 자를 빨간색, 다홍색, 파란색 사인펜을 사용하여 가장자리 테두리를 그리고 두 개의 집 그림은 자신이 살았던 고향 베트남 집과 한국에 있는 집을 채색함	본인에게 익숙한 문양을 선택했고, "커다랗고 예쁜 꽃"이라고 하며 대비가 강한 보색 계열로 채색한 후 동그란 주변에 하트를 오려 붙이는 시간이 오래 걸림	꼼꼼한 성격과 섬세하게 가위로 오리는 작업은 이전 회기와 마찬가지로 집중력이 뛰어났으며, 화면 배경에는 집, 사다리, 고양이, 그네 타고 노는 자신의 모습, 친구들, 그리고 꽃들을 하단에 그림
치료사 소견	밝고 따뜻한 색 선택은 검정 바탕과 대비를 이루고 있으며, 이는 현재 센터에서 하는 활동이 자신에게 정서적 안정을 느끼게 하는 것으로 받아들인다고 볼 수 있다. 색상으로 문화적 감각 표현을 있는 그대로 지지하는 듯 보이며, 작품은 공간구성에서 날아다니는 새와 나비들로 채워졌고, 집에 출입할 수 있는 입구에 길을 표현해서 고향에 대한 그리움으로 인해 내적 갈등을 느끼고 있다고 볼 수 있다.		

* 이름 등의 개인정보노출로 인해 제시하지 않음

기 소녀의 특징적인 표현요소를 드러내고 있었으며, 언어적 소통은 프로그램 활동의 특성상 작품교류와 상호관계의 친밀함이 언어능력 활용을 증가시켜줄 것으로 볼 수 있다.

다음으로 중기단계에 나타난 참여자 E의 행동 관찰과 작품 내용은 다음 〈표

〈표 2-16〉 참여자 E의 중기단계 사례

단계	중기단계			
회기	4회기	5회기	6회기	7회기
주제	선물	곡물만다라	탈	9분할법
작품		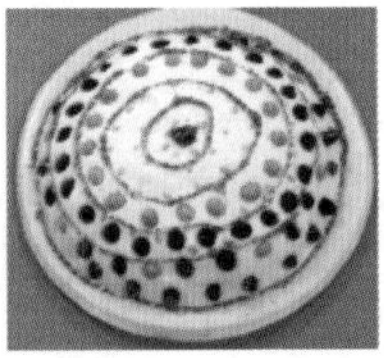	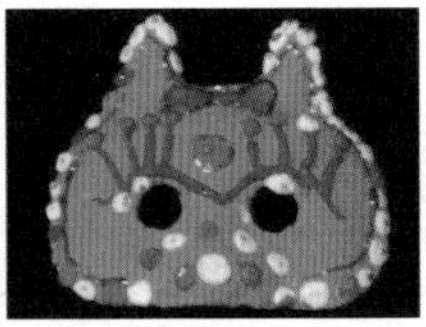	
제목	'모델'	'피자'	'토끼'	'예쁘게 화장해요'
행동 관찰	잡지 속 여성, 액세서리 사진에 관심을 보임	곡물에 대한 관심과 다른 매체에 관심을 둠	토끼 탈 선택. 곡물 외 매체를 자연스럽고 적극적으로 활용하는 모습	1번부터 시계 방향으로 사진을 붙임. 재미있어함
작품 내용	받고 싶은 선물은 패셔니스트한 여성 세 명을 선택. 엄마에게 맛있는 음식과 화장품을 선물하고 싶다고 함	원 모양을 따라 콩 색깔별로 둥글게 구성. 반짝이풀을 사용하여 화려하게 장식함. 피자를 표현함	가장자리에 동그란 모양으로 테를 두르며 완성. 탈을 써보기도 하면서 집단원과 웃으며 놀이함	전체 9칸 속에 붙인 사진은 의류, 신발, 시계, 가방, 액세서리, 화장품, 아이스크림 등 평소 관심 분야임
치료사 소견	주고받는 것에 익숙지 않은 현재 생활을 표현했다. 작업을 마친 후 반짝이풀에 관심을 보이며 하나 가져도 되냐고 물었다. 완성된 작품을 센터 직원 및 학습자들에게 자랑하며 전시했다. 토끼 얼굴 탈의 섬세한 점토 꾸밈을 즐기는 듯 보인다. 대인관계에서는 E를 주의 깊게 살펴보면서 존중해줄 필요성이 있다고 본다.			

2-16〉과 같다.

〈표 2-16〉에서 살펴본 바와 같이 중기단계에 나타나는 참여자 E의 행동적 특징으로는 매체 관찰을 통해 자신의 의도나 선호하는 사진과 색지를 선택하려는 모습을 보였다. 또한 거울을 자주 들여다보며 립스틱을 바르거나 화장을 고치곤 했다. 휴대폰으로 본인의 작품을 촬영하며 집단과 함께하는 활동과정을 촬영했다. 그리고 정해진 활동시간을 초과하여 작품구성에 집중하는 모습을 나타냈다.

작품 내용으로는 청소년에게 민감한 유행하는 패션과 메이크업에 관련된 그림과 사진을 선택하여 내용구성을 했으며, 가족이 운영하는 펫숍에 대한 의미를 그림 속에서 전달하려고 하는 의도를 나타냈다. 이러한 참여자 E의 행동과 작품 내용에서 본 프로그램에 대한 관심과 매체의 소유 욕구는 자신을 억압하고 있는 환경적 요인에서의 갈등을 해결하고자 하는 것으로 볼 수 있다.

다음으로 후기단계에 나타난 참여자 E의 행동 관찰과 작품 내용은 〈표 2-17〉

〈표 2-17〉 참여자 E의 후기단계 사례

단계	후기단계		
회기	8회기	9회기	10회기
주제	탄생	동그라미 가족화	소망나무
작품	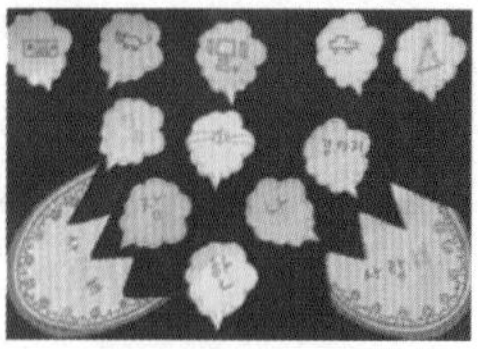	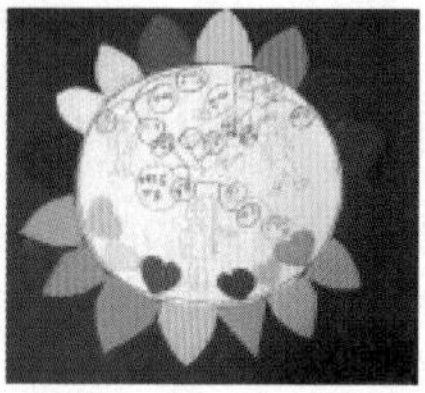	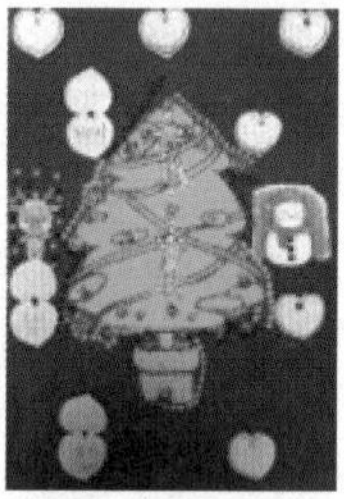
제목	'가지고 싶은 것'	'바쁜 우리 가족'	'선물 나무'
행동 관찰	구성적 측면에서 양쪽으로 벌어진 달걀 조각과 가운데 탄생한 말풍선 워크지가 화면을 가득 채우는 모습	동그라미 안에 가족을 표현한 후 선택한 검은색 도화지에 오려 붙이고, 주변을 색골판지로 다양한 형태를 꾸미는 모습	제시된 자료인 나무 그림 워크지와 시크릿 말풍선 입체하트, 반짝이풀, 구슬 스티커로 콜라주를 표현하는 모습
작품 내용	달걀껍데기에도 "사랑해"라고 썼으며, 가장자리를 돌아가며 꽃그림으로 꾸밈	여행, 중국, 베트남, 아기, 쇼핑 등 여러 단어가 등장함. 둥근 원 안에 본인이 좋아하는 하트 등 검은색 도화지 바탕에 원 주변으로 크기가 일정한 꽃잎 모양의 콜라주 표현	초록색 크리스마스트리와 매체를 활용하여 꾸미는 작업을 함. 특히 하트 말풍선에는 본인이 원하는 소품을 적었고, 작업 중 구슬 스티커 활동에 높은 흥미와 관심을 보임
치료사 소견	환경적 요인으로 강아지, 컴퓨터, 자동차, 드레스, 휴대폰 등이 등장했으며, 이는 욕구에 대한 상징과 소망하기를 간절히 바라는 마음을 표현한 것이다. 중앙에는 본인, 아빠와 엄마를 양쪽에 배열하고, 맵으로 역할에 대한 자신의 욕구를 표현했다. 언어도 미숙한 상태에서 다행히 미술치료라는 경험을 통해 자신을 알릴 수 있다는 것이 E에게는 소통과정이라고 볼 수 있다.		

과 같다.

〈표 2-17〉에서 살펴본 바와 같이 후기단계의 참여자 E의 행동적 특징으로는 작품과정에서 상징되는 의미를 말로 되새기고 있었으며, 자신의 의도를 강조하는 모습을 나타냈다.

작품 내용에서 나타나는 특징으로는 자신의 의도를 강조하는 내용과 현재의 가족과 본국에 두고 온 가족에 대한 애착을 말풍선과 하트에 담아내고 있다.

이러한 참여자 E의 후기단계에 나타나는 심리적 특징을 살펴보면, 자신의 우월성과 미래계획, 그리고 상호교류하는 모습에서 현재 환경에 적응하려는 모습과 수용하려는 의도로 볼 수 있다.

III

미술·
이야기융합치료의
모형*

1. 이야기치료
2. 미술 · 이야기융합치료
3. 이주배경 청소년을 위한 미술 · 이야기융합치료의 설계
4. 이주배경 청소년을 위한 미술 · 이야기융합치료의 모형

* III부에서는 오영섭(2019)의 박사학위논문 「이주배경 중도입국 청소년의 미술-이야기융합치료 프로그램 참여경험 사례연구」를 수정 보완했다.

1.
이야기치료

1) 개념과 철학적 배경

(1) 개념

치료(therapy)는 의학적인 치료와 의미가 같지 않다. 의학에서 말하는 치료(treatment)는 통상적으로 약물치료, 수술치료, 화학치료, 물리치료 등을 의미한다. 이 책에서 치료는 의학적인 치료와 경쟁적인 관계다(이영의, 2010). 이 책의 치료는 인문학에서 사용하는 치료의 개념을 다음과 같이 의미한다(엄찬호 외, 2017). 첫째, 치료는 철학, 문학, 역사, 예술 등의 인문학을 활용한 요법이다. 둘째, 치료는 가족상담, 자녀상담, 집단상담 같은 상담이다. 셋째, 치료는 건전한 인성을 발달시키기 위한 교육이다. 넷째, 실력과 잠재력을 이끌어내는 코칭이다. 따라서 이 책에서 의미하는 치료는 인문학을 활용하여 내담자의 어려움을 해결하는 데 도움을 주거나 예방하는 것을 의미한다(엄찬호 외, 2017).

이야기치료(narrative therapy)는 좁은 의미에서 말하면 마이클 화이트와 데이빗 엡스턴이 상담현장에서 임상을 통해 정리한 개념과 치료기법이며, 개인의 이야기 속에서 문제와 대안을 발견하여 새로운 정체성을 만들어가는 기법이다(최현미, 2013; 고미영, 2004).

하지만 이야기치료는 넓은 의미에서 말하면 인문학에서 발전한 인문치료의 한 분야다. 인문학은 인간을 이해하는 학문이며, 이를 위해 기본적으로 서사 혹은 내러티브, 즉 이야기를 사용한다. 문학 · 역사 · 철학으로 대표되는 인문학은 기본적으로 언어적 표현으로 인간의 문제를 다루기 때문에 스토리텔링 저서라고 할 수 있다(한혜원, 2010). 인문학을 치료적으로 활용하기 위해 내러티브를 치료의 주요 내용으로, 이야기하기를 치료의 주요 행위로 삼는다(엄찬호 외, 2017). 그러므로 이야기치료는 넓은 의미에서 '인문치료'라고 할 수 있으며, 인문학자들은 이러한 치료를 '내러티브 활용 인문치료'라고 말한다(엄찬호 외, 2017).

(2) 철학적 배경

① 폴 리쾨르

폴 리쾨르(Paul Ricoeur)는 내러티브를 치유적으로 활용할 수 있는 이론적 근거를 발전시키는 데 크게 공헌했다(최현미, 2013). 리쾨르는 현상학적 해석학자이자 철학자로서 에드문트 후설의 현상학을 프랑스에 처음으로 소개했다. 리쾨르는 그의 중요한 저서 중의 하나인 『시간과 이야기(Temps et Récit)』에서 이야기를 치유적으로 활용하는 데 필요한 개념을 네 가지로 제시했다(변경원 · 최승은, 2015; 이민용, 2010; 폴 리쾨르, 1999).

첫째, 이야기 정체성(narrative identity)이다. 인간은 이야기를 통해 현실을 해석하고, 더 나아가 이야기를 통해 자신의 정체성을 정립한다는 것이 이야기 정체성의 의미다. 인간은 시간에 구속된 존재로서 자신의 시간에서 질서가 없는 것과 같은 세계를 경험하지만, 이야기는 인간이 경험한 세계에 질서와 의미를 부여한다. 그러므로 이야기 정체성은 인간이 이야기를 통해 변화되고 치유될 가능성을 제공한다. 다시 말해 이야기는 경험을 해석할 수 있는 틀을 제공하며, 이야기라는 렌즈를 통해 자신의 문제를 볼 수 있다. 인간의 정체성은 역동적으로 변화할 수 있으며, 치료는 바로 자기 해석의 틀로서 이야기가 변화할 때 발생한다.

둘째, 뮈토스(mythos)다. 뮈토스는 아리스토텔레스의 『시학』에 처음 등장한 단어로 사건의 체계, 플롯, 이야기의 줄거리를 의미한다. 뮈토스는 이야기에 질서와 인과관계를 부여하면서 파편적인 사건들을 하나의 통합된 이야기로 엮어낸다. 이야기는 뮈토스를 통해 사건들의 단순한 열거가 아니라 인과적 관계를 통해 설명되고 비로소 이야기가 된다(이민용, 2010). 이야기가 뮈토스를 통해 엮이고 설명이 가능해질 때 치료가 시작된다.

셋째, 미메시스(mimesis)다. 미메시스 역시 아리스토텔레스의 『시학』에 나오는 단어로 재현 혹은 행동의 모방을 뜻한다. 미메시스는 이야기를 말하는 행위를 통해 자아를 이해하고 형성하는 과정을 설명한다(변경원 · 최승은, 2015; 배영의 · 김성범, 2017). 리쾨르는 미메시스를 3단계로 설명한다. 첫 번째는 전 형상화 단계로, 이야기되기를 기다리는 이야기이며 어떤 이야기에 앞선 사전(事前) 이해를 의미한다(이민용, 2010). 어떤 사람의 행동 속에 이미 제시된 의미를 밝힘으로써 그 사람을 이해하는 단계다(변경원 · 최승은, 2015). 두 번째는 형상화 단계로, 이야기된 이야기를 의미한다. 뮈토스를 통해 이야기를 엮으면서 이야기에 들어 있는 상징적이고 은유적인 의미를 설명하는 단계다(변경원 · 최승은, 2015). 세 번째는 재형상화 단계로, 이야기를 통해 세계를 해석한다. 주체적으로 삶의 의미를 발견하며, 자아정체성을 형성한다(이민용, 2010; 변경원 · 최승은, 2015). 그러므로 미메시스의 3단계는 치료 단계로 변용될 수 있다.

넷째, 역사적 이야기와 허구적 이야기다. 이야기의 두 유형으로서 역사와 허구는 뮈토스를 통해 의미를 형성한다. 역사와 허구는 씨줄과 날줄을 엮어서 천을 만드는 것처럼 현실을 만든다. 서로 엮인 두 이야기를 구분하고 이해하려면 서사적 능력이 필요하다. 그러므로 리쾨르가 말한 역사와 허구는 인간의 삶 속에서 문제와 부정적인 이야기, 대안과 긍정적인 이야기가 섞여 있으며, 이 둘을 구분하고 이해하는 과정을 통해 변화와 치료가 시작된다.

② 후기구조주의와 포스트모더니즘

이야기치료를 창안한 마이클 화이트와 데이빗 엡스턴은 자신들의 이야기치료의 이론 형성에 영향을 미친 사상들을 언급하는데, 주요 이론가들은 미셸 푸코(Michael Foucault), 제롬 브루너(Jerome Bruner), 그레고리 베이트슨(Gregory Bateson), 바바라 마이어호프(Barbara Myerhoff) 등이다(White & Epston, 1990; White, 2007). 이들은 후기구조주의와 포스트모더니즘에 속한 사상가들이다(고미영, 2004; Wachong, 2009).

이러한 철학적 배경에서 이야기의 치료적인 시사점은 다음과 같다(고미영, 2004). 첫째, 사회적 상호작용으로 구성된 이야기다. 인간의 언어로 현실이 만들어지며, 이야기를 통해 현실이 확장된다. 인간이 제시한 모든 견해는 결국 언어 행위이며 이야기다. 이야기에는 현실이 반영되기도 하지만, 현실이 반영되지 않기도 한다. 그러므로 후기구조주의자에 따르면 언어를 통해 새로운 현실을 만들거나 현실 세계를 진보시키는 데 도움을 줄 수 있다. 이러한 점에서 현실은 사회적인 상호작용으로 구성된다. 인간이 가진 감각의 한계로 인해 인간이 인식할 수 있는 현실은 전체적이고 객관적인 경험이라고 할 수 없다(베이트슨, 1980). 인간은 경험하는 세계에 대해 있는 그대로의 세계로 해석하기보다는 세계와 관계하는 방식, 즉 인식의 지도로 해석한다. 화이트(1989)는 인식의 지도 안에 있는 개념, 문제해결방식 등이 경험을 해석하는 데 영향을 준다고 했다. 그러므로 한 개인의 이야기는 있는 그대로의 현실이기보다는 사회적 상호작용에 의해 형성된다. 이런 점에서 한 개인의 변화와 치료는 사회적으로 구성된 현실의 이야기를 해체하고 재구성하는 데서 시작된다.

둘째, 절대적인 진리가 될 수 없는 이야기다. 인간 세계에는 다양한 종류의 담론만이 존재할 뿐이며, 모든 현상에 적용되는 거대한 담론은 존재하지 않는다. 그러므로 한 개인의 이야기를 대체할 수 있는 절대적인 이야기는 존재할 수 없다. 치료사나 상담사의 이야기가 내담자의 이야기보다 우위에 있지 않다. 그러므로 치료사나 상담사는 내담자에게 알고자 하는 자세 혹은 알지 못하고 있다는 자세를 가져야 한다(Anderson, 2005). 치료사는 자신의 이론이나 이야기를 내담자에게 강요하지 말아야 하며, 내담자와의 관계에서 우월한 태도를 갖지 않도록 유의해야 한다. 다만 치료사의 자세는 내담자의 이야기를 들을 수 있어야 하고, 내담자와 협력적 관계가 되어야 한다.

셋째, 인생의 각본으로서 이야기다. 배우들이 각본의 방향에 따라 움직이는 것처럼 이야기는 자신과 타인을 바라보는 관점을 규정한다. 그러므로 각본에 구속된 내담자의 치료는 각본으로서 이야기를 교체하거나 다시 쓰는 것이다. 하지만 각본은 인간이 속한 문화적 맥락, 즉 관습, 언어, 신념 등과 관련되어 있으므로 한 개인이 혼자서 쓰는 것이 아니라 그 사람과 관련된 모든 사람이 함께 쓰는 것이다. 그러므로 내담자는 각본의 공동저자인 자신과 관련된 사람들과 함께 이야기를 다시 쓴다면, 치료가 이루어질 수 있다. 자신의 이야기를 바꿀 수 있는 최종적인 권위자는 바로 내담자다.

2) 이야기의 치료적 속성, 치료의 원리와 단계

(1) 이야기의 치료적 속성

내러티브를 활용한 인문치료에서 적용될 수 있는 내러티브의 치료적인 속성은 다음 여섯 가지로 정리할 수 있다(엄찬호 외, 2017). 첫째, 동일화다. 인간은 누군가의 이야기가 자신의 이야기와 비슷하다고 느끼면 심리적으로 동일화한다. 이야기 속에 있는 시간과 공간, 사건, 인물, 줄거리 등을 동일화할 수 있다. 내담자는 상담현장에서 상담사의 이야기를 들으면서 자신을 상담사와 동일화할 수 있다. 또한 집단상담에서는 다른 내담자들의 이야기를 자신의 이야기로 동일화할 수 있다. 내담자는 동일화를 통해 이야기에 공감하고 위로를 느낀다. 다른 치료의 선행조건으로 동일화를 먼저 시작할 수 있다.

둘째, 카타르시스다. '정화'를 뜻하는 카타르시스는 아리스토텔레스가 처음으로 언급한 단어로, 치료 원리이면서 효과다. 내담자는 희극이나 비극 이야기를 들으면서 공감하고, 웃고 울면서 감정이 정화되고 해소된다. 카타르시스는 독자적으로 작용하기보다는 동일화와 더불어 감정이 표현되거나 정화된다.

셋째, 일반화다. 일반화 혹은 상대화는 자신의 이야기가 자신만이 경험한 이야기가 아니라 많은 사람이 경험한 보편적인 이야기라는 것을 알게 함으로써 자신의 문제에서 벗어나도록 도움을 준다. 다시 말하면 내담자가 자신의 문제를 자신과 거리를 두어서 바라보도록 하는데, 이를 '문제의 외재화'라고 한다. 일반화는 내담자가 자신과 문제가 되는 이야기를 분리하면서 자신의 다른 이야기에서 치료의 자원을 발견하도록 도움을 준다.

넷째, 객관화다. 객관화는 일반화와 관련이 있지만, 동일화와는 반대로 작동한다. 인간은 자신의 문제를 객관적으로 바라볼 때, 문제를 통찰하거나 해결할 수 있다. 대표적인 방법은 관점 혹은 인칭을 바꾸는 것이다. 내담자가 이야기를 서술하는 시점을 1인칭 시점이 아니라 2인칭이나 3인칭 시점으로 바꾸면, 내담자는 다른 방향에서 문제를 바라보거나 문제와 거리를 두면서 문제를 통찰할 수 있는 여유를 갖게 된다.

다섯째, 간접경험이다. 인간은 시간적으로나 공간적으로 경험의 한계를 가지고 있다. 따라서 인간은 자신이 직접 경험하지 않더라도 다른 사람들이 경험한 이야기를 통해 간접적으로 배울 수 있으며, 자신의 문제를 해결하거나 완화할 수 있는 열쇠를 얻게 된다. 간접경험은 동일화나 일반화와 연관이 있다.

여섯째, 대안 제시다. 인간은 자신의 이야기 중에서 문제뿐만 아니라 대안도 가지고 있을 수 있다. 문제가 되는 이야기를 대체할 수 있는 대안적인 이야기를 발견하고 조명하고 다시 써보기를 하는 것은 이야기치료에서 중요한 작업이다. 하지만 내담자가 자신의 이야기에서 대안을 발견하지 못하면 상담사는 다른 이야기들을 창의적으로 변용하여 대안을 제시할 수 있다.

(2) 이야기치료의 원리

이야기치료를 창시한 화이트와 엡스턴은 다음과 같이 이야기치료의 원리를 제시한다. 첫째, 기본적인 전제다. 이야기치료의 핵심적인 전제는 "사람이 문제가 아니라 문제가 문제다"(White & Epston, 1990). 그러므로 이야기치료는 내담자 자체를 바꾸는 것이 아니라 내담자가 가진 이야기를 바꾸고자 한다.

둘째, 문제적 이야기다. 내담자가 상담실에 찾아올 때 보통 문제를 가지고 오는데, 이야기치료에서는 문제가 되는 이야기를 '문제에 흠뻑 젖은 이야기' 혹은 '문제적 이야기'라고 부른다. 이야기치료에서 내담자는 문제적 이야기 때문에 고통을 받는다고 본다. 그러므로 이야기치료는 먼저 문제적 이야기와 이로 인해 고통받는 사람을 구분한다. 이야기치료의 목표는 1차적으로 내담자 안에 숨겨진 문제적 이야기를 드러내고 사람과 이야기를 구분하는 것이다.

셋째, 대안적 이야기다. 이야기치료는 문제가 되는 이야기를 발견하는 데 그치지 않고 최종적으로 대안이 되는 이야기를 발견하고 문제 이야기를 대체한다. 대안적 이야기는 내담자의 삶에서 잘 드러나지 않았기 때문에 상담사는 내담자가 자신의 삶 속에서 독특한 결과를 만든 이야기를 발굴하고 조명하도록 도움을 준다.

이상과 같은 이야기치료의 원리를 사용하여 치료가 진행되는 과정은 다음에서 구체적으로 살펴볼 것이다.

(3) 치료 단계

내러티브 활용 인문치료(엄찬호 외, 2017)와 이야기치료(White & Epston, 1990)에서 사용하는 각 치료기법의 단계를 비교하고 이 책을 위한 개념적인 치료단계를 도출한다.

① 내러티브 활용 인문치료

내러티브 활용 인문치료의 과정은 다음 다섯 단계로 구성된다(엄찬호 외, 2017). 첫째, 내담자의 자기스토리텔링 단계다. 내담자가 자신이 처한 상황과 문제를 스토리텔링하여 말하는 단계다.

둘째, 치료사의 상호적 스토리텔링 단계다. 치료사는 내담자의 자기스토리텔링을 들으면서 내담자의 문제적 이야기를 대신할 수 있는 대안적 이야기를 염두에 두면서 내담자와 대화한다. 그래서 이 단계를 '리스토리텔링(re-storytelling)'이라고 한다. 이 단계에서 동일화, 일반화, 객관화, 카타르시스 등의 치료적 속성이 구현된다.

셋째, 치료적 이야기의 구성이다. 이야기의 서사요소와 담화요소로 나누어서 구성할 수 있다. 먼저 서사요소인 내담자의 이야기로부터 대안적 이야기를 찾거나 내담자의 이야기를 치유적으로 변용할 수 있다. 다음으로 담화요소인 인칭, 어조, 플롯 등을 변용하여 치료의 촉매제로 활용한다. 이 단계에서 대안 제시, 객관화, 일반화, 간접경험 등의 치료적 속성이 구현된다.

넷째, 대안적 스토리텔링의 완성이다. 최종적으로 내담자를 치료하는 대안적인 이야기가 완성되는 단계다. 대안적인 이야기는 자기최면, 독백, 체계적 둔감법 등 다양한 방법으로 내담자에게 심어진다. 이 단계에서 간접학습, 동일화 등의 치료적 속성이 구현될 수 있다.

다섯째, 대안적인 스토리텔링의 공고화다. 대안적인 이야기가 내담자의 마음에 자리를 확고하게 잡을 수 있도록 하는 단계다. 내담자의 지인을 증인으로 활용한 증인의식 활동을 통해 대안적인 이야기가 자리를 잡을 수 있도록 돕는다.

② 이야기치료

이야기치료의 단계는 다음 네 가지로 구성된다(White & Epston, 1990). 첫째, 해체적 경청이다. 해체적 경청은 내담자의 이야기에서 내담자가 당연하게 인식하는 관습과 현실을 뒤집는 것이다. 치료사는 모순, 맥락, 상징적인 표현, 짐작 가능한 이야기 등에 대해 질문하면서 내담자의 이야기를 진지하게 듣는다. 이 단계에서 문제의 외재화가 일어난다. 문제가 내담자의 인식에서 해체되고, 문제가 실제로 존재하는 실체가 아니라 이야기에만 존재하게 된다. 문제의 외재화는 내담자에게 문제와 거리를 두게 하고, 문제를 다른 실체로 바라보고 대항할 수 있게 한다.

둘째, 독특한 결과의 해체다. 첫 번째 해체적 경청 단계에서 나온 이야기 중에서 독특한 결과에 주목한다. 독특한 결과는 내담자를 지배하고 있는 이야기 외의 이야기이며, 주로 잊힌 이야기다. 하지만 내담자의 삶의 경험에서 중요한 의미를 가질 수 있는 이야기다. 내담자가 지향하는 가치관, 내담자가 했던 긍정적인 행동과 내담자가 원하는 모습일 수 있다(정문자 외, 2007). 그러므로 내담자의 독특한 결과에서 문제적 이야기를 대체하는 대안적인 이야기를 찾을 수 있다.

셋째, 대안적 이야기의 구축이다. 이 단계에서 재저작 혹은 회원재구성을 통해 대안적 이야기를 구축한다. 재저작은 내담자의 독특한 결과에서 수집된 대안적인 이야기들을 서로 연결하여 의미를 부여하는 것이다. 이야기 발생 시점인 과거, 현재, 미래를 넘나들고 행위와 정체성의 관점을 오가면서 이야기에 의미가 붙게 된다. 회원재구성은 내담자의 이야기에서 중요한 인물을 찾고, 그 인물의 관점에서 내담자의 정체성을 탐색하며, 대안적 이야기와 연결한다. 그렇게 발견된 인물은 이야기에서 중요한 역할을 할 수 있다.

넷째, 대안적 이야기 정체성의 구축이다. 이 단계에서 정의예식 혹은 인정의식을 통해 내담자의 이야기가 새롭게 정의되거나 회복된 것을 외부 증인들에게 알림으로써 정체성을 구축한다. 외부 증인들은 치료사 외에 내담자의 친구, 가족, 지인 등이라고 할 수 있다. 증인들은 내담자가 새롭게 만들고 발표한 대안적인 이야기를 들은 사람들이며, 내담자의 대안적 이야기를 풍부하게 하고 인정하는 역할을 한다. 정의예식은 이야기를 진술하고 재진술하는 것으로 구성된다. 다시 말하면, 내담자가 말한 이야기를 외부 증인들이 다시 말하면서 그 이야기를 풍성하게 하고 그 이야기가 더욱 공고해지도록 도움을 준다.

이와 같이 내러티브 활용 인문치료와 이야기치료를 비교해볼 때, 각 치료 단계는 대체로 유사하다. 따라서 이 책은 이야기와 관련한 치료이론에서 도출된 원리와 과정을 정리하여 다음과 같은 3단계 모델을 제시한다.

첫째, 문제적 이야기다. 첫째 단계는 내담자의 심리를 지배하는 문제적인 이야기를 표현하고 구분하는 외재화 단계다.

둘째, 독특한 결과다. 둘째 단계는 내담자의 문제적인 이야기를 대체할 수 있는 중요한 사건이나 사람 등을 탐색하고 의미를 부여하는 독특한 결과 단계다.

셋째, 대안적 이야기다. 셋째 단계는 독특한 결과 단계에서 얻은 이야기 재료를 가지고 새로운 이야기로 다시 쓰는 대안적 이야기 단계다. 내담자의 새로운 이야기에 긍정적인 영향을 미치는 사람들을 재구성하고 이들을 외부 증인으로 삼아서 자신의 새로운 이야기를 선언한다. 외부 증인들은 내담자의 새로운 이야기를 듣고 인정해주는 역할을 한다.

2.
미술 · 이야기융합치료

1) 융합치료

중도입국 청소년에게 적합한 심리치료는 한 가지 치료기법에 제한되지 않는다. 중도입국 청소년이 받는 심리치료의 기본 조건은 이들의 이주배경과 연관된 언어적 어려움, 심리적 특성을 고려하면서 임상적으로 효과적인 결과가 도출되어야 한다. 그뿐만 아니라 상담실, 학교, 이주민센터 등의 현장에서 상담사 및 치료사가 활용하기에 용이하며, 내담자가 접근하기 쉽고 자발적으로 참여할 수 있어야 한다. 따라서 한 가지 치료기법에 국한되지 않고 다양한 치료기법과 인문학적 방법을 연결할 때, 중도입국 청소년의 심리적 문제가 해결되고 완화될 수 있을 것이다. 이런 점에서 통합적인 치료 혹은 융합적인 치료의 맥락에서 미술치료와 이야기치료에 접근하고자 한다.

심리치료 기법들을 통합하려는 시도는 기술적인 절충, 공통요인 통합, 이론적인 통합, 흡수 통합의 네 가지 형태로 이루어졌다(Stricker & Jerry, 2008).

첫째, 기술적인 절충(technical eclecticism)이다. 이는 네 가지 융합치료 중에서 가장 단순한 형태다. 내담자의 임상적인 필요에 적합한 치료기법을 고려하여 통합하고, 특정한 이론과 기법에 얽매이지 않는다.

둘째, 공통요인 통합(common factors approaches to integration)이다. 이것의 기본 전제는 어떠한 치료기법이 다른 치료기법보다 우월하다고 보지 않는 것이다. 그러므로 내담자를 치료하는 데 가장 중요한 공통요인들을 도출하고, 그러한 요인들을 증진하는 치료기법을 확인하고 통합한다.

셋째, 이론적인 통합(theoretical integration)이다. 이는 가장 복잡한 형태의 통합이다. 치료기법들이 통합되기 이전과는 완전히 다른 형태의 치료기법으로 통합된다. 각 학파와 전통에서 온 여러 개념을 통합하여 치료적 효과를 설명하는 이론을 만들고, 내담자의 문제를 설명한다.

넷째, 흡수 통합(assimilative integration)이다. 이는 보조적인 치료기법이 주된 치료기법에 흡수되어 통합하는 것이다. 다시 말해, 흡수통합은 특정한 한 가지 치료기법을 최우선적으로 고려하면서 다른 치료기법을 흡수하여 활용한다.

이 책에서 소개하는 미술 · 이야기융합치료는 이야기치료 기법을 주요 치료이론으로 사용하되, 미술치료 활동을 매개로 활용한다. 다시 말해, 융합치료의 네 가지 형태 중 흡수 통합 형태로, 이야기치료가 미술치료를 흡수하여 통합하는 방식으로 이야기치료와 미술치료를 융합한다. 그러나 미술 · 이야기융합치료는 부분적으로 이론적인 통합이다. 이야기치료와 미술치료의 이론적인 통합은 서로 다른 이론적 배경에서 온 각 치료기법의 장점을 살려서 시너지를 만들어낸다. 따라서 미술 · 이야기융합치료는 한편으로 흡수 통합 형태를 갖지만, 다른 한편으로 이론적인 통합의 효과를 가짐으로써 중도입국 청소년에게 가장 적합한 치료를 구현하는 것을 목표로 한다.

2) 이야기치료에서 미술치료 활용

미술치료(art therapy)는 미술활동을 통한 자기이해, 자기표현, 자기수용, 승화, 통찰을 통해 내담자의 갈등을 조절하고 심리적인 문제를 해소 및 완화함으로써 내면의 성장을 촉진하는 심리치료의 한 분야다(왕금미, 2017). 1961년 울만이 '미술치료'라는 용어를 처음으로 사용했으며, 이후 미술치료는 치료 및 상담, 재활, 교육, 여가 등 다양한 영역에서 활용되고 있다. 미술치료를 활용할 때 다음의 세 가지 관점으로 볼 수 있다. 첫째, 치료를 위한 매개로서 미술을 간접적으로 활용하는 것이다(art in therapy). 둘째, 미술활동을 하는 것 자체로 치료적 효과가 있으므로 미술활동을 직접적으로 치료에 활용하는 것이다(art as therapy). 셋째, 이상의 두 가지 관점을 함께 사용하는 관점으로서 미술활동을 치료에 직간접적으로 활용한다(art in and as therapy). 여기에서 구안된 미술 · 이야기융합치료는 주로 미술치료 활동을 내담자의 관심과 이야기를 이끌어내는 매개로 활용하지만, 미술활동 자체가 가진 치료적 효과를 간과하지 않는다.

미술치료는 다음과 같은 장점을 가지고 있다(왕금미, 2017). 첫째, 자신의 감정을 다양하고 창의적인 방식으로 표현할 수 있다. 둘째, 환상과 무의식의 세계를 표현할 수 있다. 셋째, 미술활동에서 나온 작품은 오랫동안 보관이 가능하고 치료사는 시간을 두고 탐색할 수 있다. 특히 집단활동으로 미술치료를 할 때, 다음과 같은 장점이 있다(왕금미, 2017). 첫째, 모든 참여자가 수준별 차이 없이 접근하기 쉬우며, 풍부한 이야기 소재를 얻을 수 있다. 둘째, 집단원 사이에 의사소통을 하면서 상호작용의 중요한 통로가 될 수 있다. 셋째, 흥미가 유발되어 집단원 사이의 관심과 즐거움을 나눌 수 있다.

미술치료와 이야기치료는 각각 치료기법이 가진 특징과 장점이 있으며, 다음과 같이 비교할 수 있다(김유숙 외, 2013). 첫째, 미술치료는 구조주의를 기반으로 인간 심리의 심층구조를 탐색하는 데 초점을 둔다. 미술치료는 내담자의 현실세계와 다른 이야기를 사용하여 표현하는 은유법을 적극적으로 활용한다. 다시 말해, 내담자는 이야기를 새롭게 쓰기보다는 그림 표현에서 나타난 이야기의 의미와 상징을 치료에 활용한다.

둘째, 이야기치료는 미술치료와 달리 탈구조주의를 기반으로 '지금 그리고 여기에' 드러난 실재에 초점을 둔다. 미술치료에서 내담자가 그린 그림은 무의식의 세계를 나타내지만, 이야기치료에서 내담자가 그린 그림은 무의식이 아니라 문제를 직접적으로 표현한다. 그러므로 이야기치료에서 미술은 직유를 통해 문제를 드러내는 기능을 한다. 또한 이야기치료에서 활용되는 미술활동은 내담자와 치료사 사이를 연결하는 매개체가 되며, 그림의 상징성에 머물지 않고 새로운 이야기를 이끌어내는 데 비중이 있다.

더 나아가 인간의 언어적인 측면을 자세히 살펴보아도 인간은 은유와 환유라는 두 가지 기능의 언어를 사용한다. 언어학자 로만 야콥슨은 인간의 언어활동을 은유적 표현과 환유적 표현으로 구분한다(박혜영, 1987; 구자황, 2015). 은유가 유사성에 근거한 비유법이라면, 환유는 인접성에 근거한 비유법이다. 전자는 선택과 대치를 통해 언어를 사용하며, 후자는 결합과 문맥을 통해 담화를 만들어낸다. 전자를 '시(詩)'라고 하면, 후자는 '산문(散文)'이라고 할 수 있다. 전자가 프로이트의 동일화와 상징화라면, 후자는 프로이트의 이동과 압축에 해당한다. 이러한 은유와 환유는 서로 다른 인지적 과정이기는 하지만, 배타적으로 구분되는 것이 아니라 상호작용하면서 표현된다(이성재, 2008; 정희자, 2003).

이런 점에서 인간의 심리는 크게 은유, 직유, 환유로 표현된다고 할 수 있다. 은유, 직유, 환유는 상호작용하면서 인간의 내면을 표현한다는 점에서 경계 짓기가 모호한 부분이 있다. 또한 환유는 직유를 포함한 포괄적인 비유법이다(박혜영, 1987: 109).

그러므로 이 책은 편의상 저서의 개념적인 틀을 구성하기 위해 인간의 심리가 두 가지 기능, 즉 은유와 환유로 표현된다고 본다. 그리고 이 책에서 은유는 주로 미술치료를 통해, 환유는 주로 이야기치료를 통해 다루어질 수 있다고 조작적으로 정의한다.

인간에게 언어는 중요하지만, 마음을 모두 표현하기에는 불완전하다. 언어로 표현할 수 없는 마음을 드러내기 위한 방법 중 하나는 상징과 은유다(Smith & Nylund, 1997). 이런 점에서 특히 언어적 능력이 부족한 아동, 청소년 혹은 이주민에게 미술치료는 효과적이다. 하지만 이야기치료는 상징과 은유에 머무르는 것으로는 불충분하다고 본다. 환유를 통해 지금 여기에 자신의 경험을 가져오고 이야기를 재구성하는 것까지 가야 한다고 본다. 이런 점에서 미술치료와 이야기치료를 융합한 치료는 미술치료 혹은 이야기치료가 단독으로 사용될 때보다 더 큰 치료적인 효과, 즉 시너지 효과를 기대할 수 있다. 이러한 두 가지 치료기법의 장점을 활용한 이야기치료를 '이야기치료의 진수'라고 표현하기도 한다(김유숙 외, 2013). 두 가지 치료가 적절하게 융합될 때, 시너지 효과를 얻을 수 있다.

미술치료를 융합한 이야기치료는 다음과 같은 장점을 기대할 수 있다(김유숙 외, 2013). 첫째, 이야기치료의 장점이 극대화된다. 그림을 통해 심리적인 문제를 외재화하거나 문제적 이야기를 해체할 경우, 문제를 자신과 동일시하지 않고 객관적인 대상의 하나로 바라보게 된다. 문제와 사람을 분리하여 그사이에 공간을 제공하므로 긴장이 완화되고 문제를 대하는 마음이 편해진다. 미술치료를 융합한 이야기치료는 치료과정을 구체적으로 나타나게 하고, 내담자에게 치료를 이해하기 쉬운 것으로 만들어준다(Cattanach, 2006).

둘째, 미술치료 활동을 통한 은유적 전달은 빈약한 이야기에서 풍부한 이야기로 변화시킨다. 이야기치료의 최종목표는 내담자가 가진 문제적 이야기가 대안적 이야기로 바뀌는 것이다. 미술치료 활동은 내담자의 과거 경험 중에서 긍정적인 경험과 자원을 발굴하도록 돕는다. 이야기치료는 이러한 긍정적인 자원을 '빛나는 순간' 혹은 '독특한 결과'라고 부르며, 미술치료 활동은 이러한 독특한 결과를 발견하도록 인도하는 매개가 될 수 있다.

3.
이주배경 청소년을 위한 미술 · 이야기융합치료의 설계

1) 이주배경 청소년의 심리치료

이 장은 중도입국 청소년의 심리치료에 대해 국내와 해외의 선행연구를 비교하여 분석했다. 국내에서 본격적으로 중도입국 청소년을 대상으로 치료프로그램을 적용한 저서는 2013년 처음으로 등장했다. 학위논문 및 소논문을 포함하여 2017년까지 20편이 발표되었다. 국내 중도입국 청소년을 대상으로 한 심리치료프로그램의 특징은 다음과 같다.

첫째, 국내의 저서는 모두 비언어적인 예술치료중심이다. 곽승주(2013)가 이야기 만들기 미술치료를 중도입국 청소년에게 적용하기는 했으나, 이야기 구조와 이야기 구성능력을 증진하는 일종의 언어치료라고 할 수 있으며, 본격적인 이야기치료를 적용했다고 보기에는 무리가 있다.

둘째, 국내의 저서는 다음과 같은 심리적인 문제를 다루었다. ① 많은 저서가 중도입국 청소년의 자아존중감 향상에 집중되었다(박하나 · 손현동, 2017; 민향식, 2017; 김지인, 2017; 황현정, 2016). ② 중도입국 청소년의 사회성 개발에 관심을 가졌다. 왕금미(2017)와 김연진(2013)은 모두 심리 · 정서적 안정감과 더불어 타인과의 상호작용, 타인과의 교류, 사회성을 증진시키는 데 초점을 두었다. ③ 중도입국 청소년의 문화적응 스트레스를 다루었다(황현정, 2016). ④ 중도입국 청소년의 자아탄력성을 지원하고자 했다(김정옥, 2015). ⑤ 중도입국 청소년의 정서표현능력 개발에 주목했다(왕금미, 2017; 곽승주, 2013).

국내의 저서와 달리 해외 선행연구의 특징은 좀 더 다양한 심리적 문제를 다루었으며, 이야기치료를 본격적으로 사용했다. 구체적인 내용은 다음과 같다.

첫째, 국내의 저서보다 매우 구체적이고 다양한 심리적 · 행동적인 문제를 다루고 있다. 예를 들어, 주의력결핍, 불안장애, 우울, 자살행동, 트라우마 등의 구체적인 행동장애 및 심리적인 문제를 30여 가지에 이르는 다양한 치료기법으로 접근했다. 해외에서 활용된 치료기법은 대부분 인지행동치료(CBT), 증거기반치료(EBT)에 근거한 것이다(Huey & Jones, 2013: 427-442).

둘째, 국내의 저서와 달리 이야기치료를 중도입국 청소년의 심리치료에 활용했다. 스톡(Stock 외, 2012)과 엡(Epp, 2013)은 각각 호주 원주민의 부모-자녀, 캐나다 이민자 부모-자녀에게 이야기와 미술을 적용했을 때, 부모-자녀의 관계 증진에 도움을 주었다.

슈바이처(Schweitzer, 2014)는 리베리아 출신 난민 청소년에게 이야기치료 기반 표현치료 프로그램을 적용했을 때 긍정적인 효과를 거두었으며, 다섯 가지 치료적인 요인으로 대안적 이야기의 탐색, 집단 응집성의 강화, 교정적인 심리적 경험 제공, 외부증인의 경험, 희망의 증가 등을 제시했다.

특히 해외의 선행연구에서 주목할 만한 부분은 인종에 따라 치료효과에 차이가 나지 않는다는 것이다. 휴이(Huey)와 존스(Jones)에 따르면, 위에서 기술된 심리치료기법들이 소수인종의 청소년에게 효과가 있었지만, 지금까지의 메타분석에 의하면 인종 사이의 유의미한 차이를 보이지 않는다고 결론을 내린다. 그럼에도 심리치료가 모든 인종에서 동일하게 효과적일 것이라고 결론을 내리는 것은 시기상조라고 말하고 있다(Huey & Jones, 2013: 434-436).

그뿐만 아니라 휴이와 존스는 문화적으로 다듬어진 치료 혹은 문화적으로 반응하는 치료는 소수인종의 청소년에게 일반적으로 효과가 있지만, 일반적인 심리치료와 비교할 때 현재까지 유의미한 차이를 보이지 않는다고 결론을 내린다. 그러므로 어떤 특정 치료가 가장 효과적인지, 혹은 문화적으로 반응하는 치료 자체가 실제로 치료효과를 강화하는지는 아직까지 확정적인 결론을 내리지 못하고 있다(Huey & Jones, 2013: 434-441).

중도입국 청소년의 심리치료에 관한 국내 · 외의 선행연구가 이 책에 주는 시사점은 다음과 같다.

첫째, 중도입국 청소년의 심리치료 저서는 다양한 융합치료 설계 및 임상 결과를 통해 기초자료를 확보할 필요가 있다. 휴이와 존스는 다음과 같이 향후 저작 방향을 제시했다(Huey & Jones, 2013: 441-442). 중도입국 청소년의 심리치료 저서의 질적 수준을 제고하기 위해 ① 임상 시도를 확대할 필요가 있고, ② 인종을 포함한 문화적 차이가 치료에 미치는 영향을 집필해야 하고, ③ 문화적으로 다듬어진 치료를 지속적으로 묘사하고, ④ 문화적으로 다듬어진 치료의 효과를 엄격히 평가하고, ⑤ 저서 문제를 평가하기에 충분한 크기의 표본을 확보하고, ⑥ 결과측정검사가 문화적으로 적절한지 확인하고, ⑦ 치료 매뉴얼에 다양성과 관련된 이슈들을 소개하고, ⑧ 치료에 대한 반응에서 사례 내 집단 차이를 평가하는 것이다. 그러므로 이 책은 미술치료 중심으로 진행된 국내의 저서에서 한 걸음 더 나아가 미술활동과 이야기치료를 융합한 치료를 임상적으로 시도한다.

둘째, 기존의 저작 결과를 활용하되 현장성을 가진 저서가 되어야 한다. 휴이와 존스는 선행연구들이 대학기관과 병원 환경에서 수행된 임상이므로 현실 세계의 임상 환경과 다를 수 있으며, 그 결과도 다를 수 있음을 언급한다. 이런 점에서 중도입국 청소년이 주로 생활하는 생활세계에서 더 많은 임상이 추진될 필요가 있다(Huey & Jones, 2013: 442). 따라서 이 책은 중도입국 고등학생이 실제로 생활하는 교실에서 임상을 진행한다. 공동 저자들이 실제로는 상담이나 심리치료에 대한 개인적인 필요 때문이라기보다는 방과 후 수업의 일환으로 이 책에 참여한다는 점을 고려하여 필요 이상으로 인위적인 임상 환경과 치료사의 작위적인 개입을 지양한다. 이러한 현장성을 고려한 이 책은 실제에 가까운 중도입국 청소년의 심리적인 문제에 접근할 수 있을 것이며, 임상 환경에 맞는 심리치료 프로그램을 개발하고, 향후 적절히 변용하여 활용할 수 있을 것이다.

2) 이주배경 청소년과 미술 · 이야기융합치료

이상의 이론적 논의를 정리하면 다음과 같다. 첫째, 중도입국 청소년의 심리적인 문제는 개인, 가정, 학교, 지역사회라는 다양한 층위에서 이해될 수 있으며, 이들의 중도입국 경험에 관련된 맥락을 고려하여 특화된 상담 및 심리치료가 필요하다.

둘째, 이야기치료는 내러티브의 치료적 속성을 기반으로 내담자의 문제적 이야기를 대안적 이야기로 바꾸는 포스트모던적인 심리치료기법이며, 이야기치료에 미술활동을 사용할 때 치료적인 효과를 강화할 수 있다.

셋째, 국내 중도입국 청소년의 심리치료는 미술치료가 주류였으나, 이야기치료 중심의 융합치료를 통해 새로운 치료적 가능성을 열어볼 수 있을 것으로 기대된다.

이상과 같이 이 책의 이론적인 개념 틀을 도식화하면 다음 〈그림 3-1〉과 같다.

〈그림 3-1〉에서 보는 바와 같이 미술치료는 은유적 표현을 통해 무의식의 세

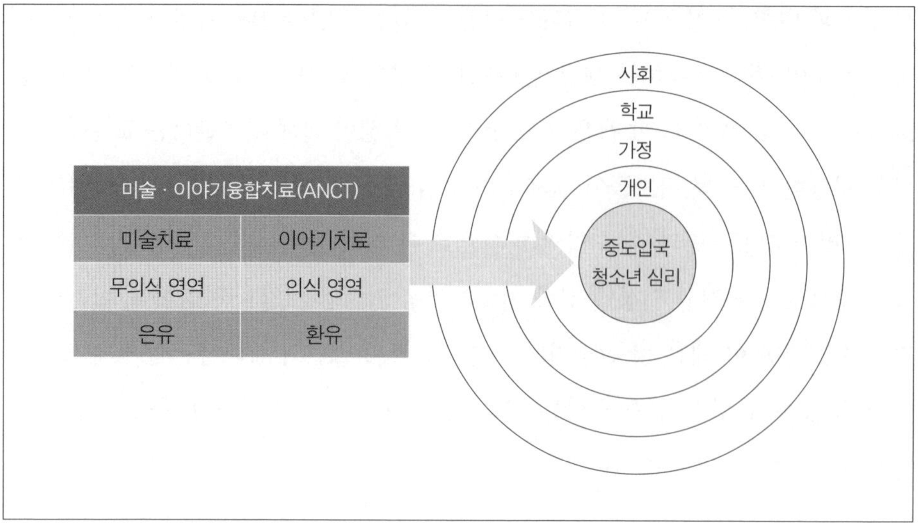

〈그림 3-1〉 중도입국 청소년의 미술 · 이야기융합치료

계를 다루며, 이야기치료는 환유적 표현을 통해 의식의 세계를 다루기 때문에 서로 다른 두 세계를 다루는 치료가 융합될 때 단독 치료기법보다 치료적인 효과가 더 클 것으로 기대한다.

그러므로 이 책은 중도입국 청소년의 심리적인 문제를 해소하고 완화하는 데 미술치료와 이야기치료를 융합한 심리치료를 '미술 · 이야기융합치료(Art-Narrative Convergence Therapy: ANCT)'라고 정의한다.

미술 · 이야기융합치료는 미술활동을 통해 무의식적인 세계를 은유로 나타내고, 스토리텔링을 통해 의식적인 세계의 이야기를 환유로 나타내면서 인지 · 정서 · 행동의 전인적인 차원을 포괄하는 통합적인 치료모형이다.

미술 · 이야기융합치료는 미술활동을 매개로 얻은 내담자의 내러티브를 통해 문제적 이야기와 대안적 이야기로 재구성하여 내담자를 치료한다.

미술 · 이야기융합치료는 내담자를 둘러싼 개인, 가정, 학교, 사회의 맥락에서 형성된 삶의 경험을 내담자에게 이야기하게 하며, 이 이야기를 통해 내담자가 자신의 심리를 이해하고 심리적인 어려움을 해소하고 완화하는 데 도움을 준다.

4.
이주배경 청소년을 위한 미술 · 이야기융합치료의 모형

1) 미술 · 이야기융합치료 프로그램 설계

이 장은 중도입국 청소년을 위한 미술 · 이야기융합치료 프로그램을 구안했다. 본 연구의 미술 · 이야기융합치료 프로그램 구성 및 내용은 왕금미(2017)가 중도입국 청소년을 대상으로 실시한 콜라주미술집단치료의 연구에서 제시한 미술치료활동을 기반으로 이야기치료활동을 재구성했다(왕금미, 2017: 54-57). 본 연구에서 구안한 미술 · 이야기융합치료 프로그램은 다음 〈표 3-1〉과 같다.

〈표 3-1〉과 같이 프로그램은 초기, 중기, 후기 단계별로 각 4회기씩 진행되며, 각 회기마다 60~80분 정도가 소요된다. 프로그램은 미술활동과 이야기활동의 2개 활동이 융합적으로 구성된다. 이러한 융합치료의 요인이면서 동시에 효과는 문제적 이야기의 외재화, 독특한 결과의 조명, 대안적 이야기의 다시 쓰기의 세 가지다.

초기단계는 연구자와 연구참여자 사이에 라포를 형성하고, 긴장감을 완화하고 정서를 이완하려는 목적을 가진다. 구체적으로 미술 · 이야기융합치료 요인과 효

〈표 3-1〉 미술 · 이야기융합치료(ANCT) 프로그램의 구성과 내용

단계	회기	주제	미술치료	이야기치료	융합치료 효과 · 요인
초기	1	집, 나무, 사람	자신의 집, 나무, 가족 그리기	자신의 가족, 고향 집, 한국 집 등에 대해 이야기하기	투사된 자신의 정서 외재화
	2	나와 나무	나무와 사람 그리기	나무와 사람에 대해 이야기하기	자신의 그림자 이야기 찾기
	3	필름 그림	과거, 현재, 미래의 자신 그리기	과거, 현재, 미래의 자신에 대해 이야기하기	독특한 결과 찾기
	4	두 얼굴	행복한 얼굴과 불행한 얼굴 그리기	행복한 감정이 나오는 상황과 불행한 감정이 나오는 상황에 대해 이야기하기	독특한 결과 찾기
중기	5	탄생	달걀에서 태어난 자신의 소원 그리기	가지고 싶은 물건, 하고 싶은 일 등에 대해 이야기하기	대안 이야기 찾기
	6	상장	받고 싶은 상장, 합격증 그리기	구체적으로 전공, 대학교 이름을 정하여 이야기하기	대안 이야기 찾기
	7	집, 나무, 사람	자신의 집, 나무, 가족 그리기	자신의 가족, 고향 집, 한국 집 등에 대해 이야기하기	투사된 자신의 정서 외재화
	8	나의 이름	자신의 한국어 이름을 그림으로 그리기	자신의 한국어 이름의 작명배경, 만족도에 대해 이야기하기	독특한 결과 찾기
후기	9	나와 나무	나무와 사람 그리기	나무와 사람에 대해 이야기하기	자신의 그림자 이야기 찾기
	10	손가락	좋아하는 것, 싫어하는 것 그리기	자신의 장점과 단점에 대해 이야기하기	대안 이야기 찾기
	11	두 얼굴	행복한 얼굴과 불행한 얼굴 그리기	행복한 감정이 나오는 상황과 불행한 감정이 나오는 상황에 대해 이야기하기	독특한 결과 찾기
	12	선물	받고 싶은 선물, 주고 싶은 선물 그리기	선물을 주고 싶고 받고 싶은 사람과 선물의 내용 이야기하기	대안 이야기 찾기

과 측면에서 미술에 투사된 자신의 정서를 외재화하고, 표출되는 정서의 이면에 있는 문제적 정서를 자신과 분리하며, 더 나아가서 독특한 경험까지 탐색하는 단계다.

1회기 '집, 나무, 사람'이라는 주제에서 가족, 고향 집, 한국 집에 관한 정서를 표현하면서 자신에게 어려움이 있는 이야기를 확인한다. 2회기 '나와 나무'라는 주제에서 나무와 사람에 대한 정서를 표현하면서 자신의 정체성, 즉 자신의 그림자를 객관화한다. 3회기 '필름 그림'이라는 주제에서 과거, 현재, 미래의 자화상에 대해 이야기하면서 이주 전-중-후의 과정에서 나타난 정서를 탐색하고 더 나아가서 자신의 꿈과 진로를 구상해본다. 4회기 '두 얼굴'이라는 주제에서 행복한 감정과 불행한 감정이 나오는 상황 및 요인에 대해 이야기함으로써 문제적 경험과 독특한 경험을 확인한다.

중기단계는 융합치료 요인과 효과 측면에서 초기단계의 문제적 이야기와 독특한 결과를 반복하고 심화시키면서, 더 나아가 대안적 이야기까지 구성하려는 목적을 가진다. 5회기 '탄생'이라는 주제로 달걀의 이미지를 사용하여 자신이 품고 있으며 현실로 나타나게 하고 싶은 소원을 이야기함으로써 대안적인 경험을 탐색한다. 6회기 '상장'이라는 주제에서는 대학합격증 혹은 받고 싶은 상장을 그림으로 그리고 이야기로 표현한다. 구체적으로 자신의 적성, 전공, 대학교 이름, 직업명을 구체화 · 객관화함으로써 현실 문제에서 눈을 돌려 미래에 초점을 맞추고 대안적인 이야기를 풍성하게 한다. 7회기 '집, 나무, 사람'이라는 주제는 1회기와 동일하다. 이는 6회기, 즉 두 달이라는 시간이 경과하면서 변화된 정서를 보고자 한다. 8회기 '나의 이름'이라는 주제에서는 자신의 한국어 이름을 그림으로 표현하면서 작명 배경, 한국생활에 대한 만족도, 정체성 등을 확인하고 독특한 경험을 탐색한다.

후기단계는 융합치료 요인과 효과 측면에서 초-중기단계의 문제적 이야기, 독특한 결과, 대안적 이야기를 심화시키면서, 더 나아가서 대안적 이야기 정체성을 공고히 하려는 목적을 가진다. 9회기 '나와 나무'라는 주제는 2회기와 동일하다. 이는 정체성에 대한 고민이 많은 중도입국 청소년들이 본 프로그램을 통해 어떻게 변화했는지를 확인하기 위함이다. 10회기 '손가락'이라는 주제에서는 자신의 장점과 단점에 대해 표현하면서, 자신의 강점에 삶의 초점을 맞추고 대안적인 이야기를 강화한다. 11회기 '두 얼굴'이라는 주제는 4회기와 동일하다. 이는 중도입국 청소년이 본 프로그램을 통해 자신의 정서와 그러한 정서를 일으키는 원인을 어떻게 분리시키고 변화되었는지를 확인하기 위함이다. 12회기 '선물'이라는 주제에서 주거나 받고 싶은 선물의 내용과 대상을 표현함으로써 중도입국 청소년의 인간관계나 가족관계에서 형성된 감정을 순화하고 자신의 삶의 중요한 회원을 재구성한다.

2) 미술 · 이야기융합치료 프로그램 회기별 세부내용

본 프로그램은 12회기로 구성되어 있으며, 각 회기별 세부내용은 주제, 활동목표, 준비물, 활동과정, 참고사항으로 정리할 수 있다. 본 프로그램을 진행하는 상담사는 다음의 교수안을 참고하여 프로그램을 진행할 수 있다.

<table>
<tr><th colspan="3">1회기 교수안</th></tr>
<tr><td>주제</td><td colspan="2">집, 나무, 사람</td></tr>
<tr><td>활동목표</td><td colspan="2">1. 집단원 사이의 라포 및 치료사와의 라포 형성
2. 자신의 전반적인 심리를 탐색하고 표현할 수 있음</td></tr>
<tr><td>준비물</td><td colspan="2">사인펜, 색연필, 지우개, A4용지, 소감문 양식</td></tr>
<tr><td>활동과정</td><td>시간</td><td>활동내용</td></tr>
<tr><td rowspan="3">도입</td><td>5분</td><td>간식 나눔</td></tr>
<tr><td>10분</td><td>전체 프로그램 안내 및 진행자 소개</td></tr>
<tr><td>5분</td><td>1회기 프로그램 소개
- 주제, 매체, 그림 예시 등 설명</td></tr>
</table>

미술치료	40분	자신의 집, 나무, 가족 그리기
이야기치료		자기 작품의 상징과 의미 설명 - 집단원들에게 설명 - 소감문 작성
정리	10분	작업 후 책상 정리 및 쓰레기 줍기
기타	10분	(필요 시) 추가 개별인터뷰
참고	1. 첫 회기로서 자유롭고 편안한 집단 분위기를 조성하는 데 초점을 둠 2. 녹음 및 참여관찰일지 작성(종료 후 스캔 및 보관) 3. 한국어가 미숙한 참여자를 위해 편안하게 참여할 수 있도록 유도하고, 집단원 및 연구자가 통역을 제공함	

2회기 교수안		
주제	나와 나무	
활동목표	자신의 정체성을 객관화해보고, 자신의 심리적 · 정서적 · 신체적 상태를 구체적으로 표현할 수 있음	
준비물	사인펜, 색연필, 지우개, A4용지, 소감문 양식	
활동과정	시간	활동내용
도입	5분	간식 나눔
	10분	2회기 프로그램 안내 - 주제, 매체, 그림 예시 등을 설명
미술치료	40분	나무와 사람 그리기
이야기치료		자기 작품의 상징과 의미 설명: 나무 옆에 서 있는 사람의 감정을 이야기함 - 집단원들에게 설명 - 소감문 작성
정리	10분	작업 후 책상 정리 및 쓰레기 줍기
기타	10분	(필요 시) 추가 개별인터뷰
참고	1. 초기단계로서 자신의 심리를 탐색하고 문제적 이야기를 발견하는 데 초점을 둠 2. 연구참여자의 모국 문화에 따라 상담 · 심리치료 및 치료사에 대한 관점의 차이가 있을 수 있음을 고려해야 함	

3회기 교수안		
주제	필름 그림	
활동목표	이주과정 전-중-후에 발생한 사건을 탐색하고, 그 사건과 관련된 자신의 심리를 표현할 수 있음	
준비물	사인펜, 색연필, 지우개, A4용지, 8절 색상도화지, 풀, 가위, 소감문 양식	
활동과정	시간	활동내용
도입	5분	간식 나눔
	10분	3회기 프로그램 안내 - 주제, 매체, 그림 예시 등을 설명 -1~2분간 눈을 감고 과거부터 현재와 미래에 이르기까지 자신의 삶 돌아보기
미술치료	40분	어렸을 때 떠오르는 장면, 현재 생활에서 나의 모습, 미래에 소망하는 꿈 그리기
이야기치료		자기 작품의 상징과 의미 설명 - 집단원들에게 설명 - 소감문 작성 및 발표
정리	10분	작업 후 책상 정리 및 쓰레기 줍기
기타	10분	(필요 시) 추가 개별인터뷰
참고	1. 자신의 인생에 긍정적인 영향을 주었던 독특한 사건, 앞으로 일어나기 바라는 사건을 탐색함 2. 연구참여자의 미술 혹은 한국어의 수준에 따라 각 치료의 시간이 차이가 있을 수 있으며, 개별적으로 시간을 충분히 부여함	

4회기 교수안		
주제	두 얼굴	
활동목표	자신의 양면적 감정을 이해하고 표현할 수 있음	
준비물	사인펜, 색연필, 지우개, A4용지, 8절 색상도화지, 풀, 가위, 소감문 양식	
활동과정	시간	활동내용
도입	5분	간식 나눔
	10분	4회기 프로그램 안내 - 주제, 매체, 그림 예시 등을 설명

미술치료	40분	행복한 감정의 얼굴과 불행한 감정의 얼굴을 각각 그리고, 행복하거나 불행한 감정에 대한 이유를 말풍선 안에 쓰기
이야기치료		자기 작품의 상징과 의미 설명 - 집단원들에게 설명 - 소감문 작성 및 발표
정리	10분	작업 후 책상 정리 및 쓰레기 줍기
기타	10분	(필요 시) 추가 개별인터뷰
참고	1. 양면적인 감정과 관련된 인간관계, 특정한 사건, 일상시간 활용 내용을 탐색하는 데 초점을 둠 2. 발표를 통해 집단원 사이의 이해를 증진하고, 다른 사람의 이야기를 통해 자신에 대한 이해를 증진함	

5회기 교수안		
주제	탄생	
활동목표	자신의 문제적 이야기를 대체할 긍정적이고 대안적인 이야기를 탐색하고 표현할 수 있음	
준비물	사인펜, 색연필, 지우개, A4용지, 8절 색상도화지, 말풍선 워크지, 색골판지, 풀, 가위, 소감문 양식	
활동과정	시간	활동내용
도입	5분	간식 나눔
	10분	5회기 프로그램 안내 - 주제, 매체, 그림 예시 등을 설명
미술치료	40분	달걀에서 태어난 이미지를 활용하여 새롭게 태어난 자신의 모습, 가지고 싶은 물건, 하고 싶은 일 등을 콜라주기법으로 표현
이야기치료		자기 작품의 상징과 의미 설명 - 집단원들에게 설명 - 소감문 작성 및 발표
정리	10분	작업 후 책상 정리 및 쓰레기 줍기
기타	10분	(필요 시) 추가 개별인터뷰
참고	1. 중기단계로서 자신의 욕구와 소원을 직면하고 표현하는 데 초점을 둠 2. 현장의 상황 혹은 연구참여자의 상태에 따라 계획을 일부 변경할 수 있으며, 그 상황에 맞게 적절히 개입할 수 있음	

6회기 교수안		
주제	상장	
활동목표	진로 및 진학에 대한 자신의 적성과 희망을 탐색하고 구체적으로 표현할 수 있음	
준비물	사인펜, 색연필, 지우개, A4용지, 8절 색상도화지, 말풍선 워크지, 색골판지, 풀, 가위, 소감문 양식	
활동과정	시간	활동내용
도입	5분	간식 나눔
	10분	6회기 프로그램 안내 - 주제, 매체, 그림 예시 등을 설명
미술치료	40분	구체적으로 자신의 전공, 대학교 이름을 상장(대학입학증) 형식으로 콜라주기법으로 표현
이야기치료		자기 작품의 상징과 의미 설명 - 집단원들에게 설명 - 소감문 작성 및 발표
정리	10분	작업 후 책상 정리 및 쓰레기 줍기
기타	10분	(필요 시) 추가 개별인터뷰
참고	1. 고교 졸업 후 자신의 미래와 관련된 불안한 심리를 확인하고 이를 대체할 이야기를 자신의 적성과 경험에서 탐색함. 더 나아가서 전공, 대학, 직업 등을 목표로 준비하는 의지를 기르는 데 초점을 둠 2. 발표 시 박수를 쳐주며 서로의 꿈을 지지함	

7회기 교수안		
주제	집, 나무, 사람	
활동목표	자신의 가족, 고향 집, 한국 집, 이주과정 등과 관련한 심리적인 어려움을 다시 확인하고 표현할 수 있음	
준비물	사인펜, 색연필, 지우개, A4용지, 소감문 양식	
활동과정	시간	활동내용
도입	5분	간식 나눔
	10분	7회기 프로그램 안내 - 주제, 매체, 그림 예시 등을 설명

미술치료	40분	자신의 집, 나무, 가족 그리기
이야기치료		자기 작품의 상징과 의미 설명 - 집단원들에게 설명 - 소감문 작성 및 발표
정리	10분	작업 후 책상 정리 및 쓰레기 줍기
기타	10분	(필요 시) 추가 개별인터뷰
참고	1. 중기 이후에도 학생들의 자발적인 참여가 지속될 수 있도록 격려와 지지를 아끼지 않으며, 유익하고 재미있는 활동이 되는 데 초점을 둠 2. 불출석한 학생들의 상황을 담당교사로부터 확인함	

8회기 교수안		
주제	나의 이름	
활동목표	자신의 이름에 담긴 정체성을 확인하고 표현할 수 있음	
준비물	사인펜, 색연필, 지우개, A4용지, 소감문 양식	
활동과정	시간	활동내용
도입	5분	간식 나눔
	10분	8회기 프로그램 안내 - 주제, 매체, 그림 예시 등을 설명
미술치료	40분	자신의 한국어 이름, 모국어 이름 그리기
이야기치료		자기 작품의 상징과 의미 설명: 한국어 이름, 모국어 이름에 관한 설명 - 집단원들에게 설명 - 소감문 작성 및 발표
정리	10분	작업 후 책상 정리 및 쓰레기 줍기
기타	10분	(필요 시) 추가 개별인터뷰
참고	1. 한국어 이름의 뜻, 지어준 사람, 만족도를 통해 이주과정에서의 독특한 경험을 확인하고 한국에서의 삶에 대한 의지를 격려하는 데 초점을 둠 2. 편안하게 표현할 수 있는 분위기를 조성함	

9회기 교수안	
주제	나와 나무

활동목표	자신의 심리적 · 정서적 · 신체적 상태를 구체적으로 다시 확인하고 표현할 수 있음	
준비물	사인펜, 색연필, 지우개, A4용지, 소감문 양식	
활동과정	시간	활동내용
도입	5분	간식 나눔
	10분	9회기 프로그램 안내 - 주제, 매체, 그림 예시 등을 설명
미술치료	40분	나무와 함께 있는 자기 자신 그리기
이야기치료		자기 작품의 상징과 의미 설명: 나무 옆에 서 있는 자신의 감정을 이야기함 - 집단원들에게 설명 - 소감문 작성
정리	10분	작업 후 책상 정리 및 쓰레기 줍기
기타	10분	(필요 시) 추가 개별인터뷰
참고	1. 후기단계로서 참여자가 초 · 중기와 달라진 심리적 상태를 확인하고 자신의 이야기를 발전시키는 데 초점을 둠 2. 미술활동과 이야기활동 시간을 적절히 분배해야 함	

10회기 교수안		
주제	손가락	
활동목표	자신의 장점과 약점을 이해하고 표현할 수 있음	
준비물	사인펜, 색연필, 지우개, A4용지, 소감문 양식	
활동과정	시간	활동내용
도입	5분	간식 나눔
	10분	10회기 프로그램 안내 - 주제, 매체, 그림 예시 등을 설명
미술치료	40분	양 손가락을 그리고, 왼손가락에는 자신의 단점, 오른손가락에는 자신의 장점 쓰기
이야기치료		자기 작품의 상징과 의미 설명: 자신의 장점과 단점에 대해 설명 - 집단원들에게 설명 - 소감문 작성
정리	10분	작업 후 책상 정리 및 쓰레기 줍기
기타	10분	(필요 시) 추가 개별인터뷰

참고	1. 중도입국 청소년이 가진 잠재력과 가능성을 끌어내고, 스스로 인식하고 자부심을 가지도록 하는 데 초점을 둠 2. 학생들이 자신의 이야기를 다시 쓰고(re-authoring), 치료사는 그들의 이야기를 다시 이야기함(re-telling)으로써 학생들의 정체성 형성에 도움을 줌

11회기 교수안		
주제	두 얼굴	
활동목표	자신의 양면적 감정을 재인식하고 표현할 수 있음	
준비물	사인펜, 색연필, 지우개, A4용지, 8절 색상도화지, 풀, 가위, 소감문 양식	
활동과정	시간	활동내용
도입	5분	간식 나눔
	10분	11회기 프로그램 안내 - 주제, 매체, 그림 예시 등을 설명
미술치료	40분	행복한 감정의 얼굴과 불행한 감정의 얼굴을 각각 그리고, 행복하거나 불행한 감정에 대한 이유를 말풍선 안에 쓰기
이야기치료		자기 작품의 상징과 의미 설명 - 집단원들에게 설명 - 소감문 작성 및 발표
정리	10분	작업 후 책상 정리 및 쓰레기 줍기
기타	10분	(필요 시) 추가 개별인터뷰
참고	1. 양면적인 감정과 관련된 원인에 대한 인식이 어떻게 변화되고 발전되었는지 확인하는 데 초점을 둠 2. 발표를 통해 집단원 사이의 이해를 증진하고, 다른 사람의 이야기를 통해 자신에 대한 이해를 증진함	

12회기 교수안	
주제	선물
활동목표	가족관계를 포함한 인간관계에서 형성된 감정을 순화하고 자신의 삶에서 중요한 회원을 재구성할 수 있음
준비물	사인펜, 색연필, 지우개, A4용지, 8절 색상도화지, 풀, 가위, 소감문 양식, 잡지

활동과정	시간	활동내용
도입	5분	간식 나눔
	10분	11회기 프로그램 안내 - 주제, 매체, 그림 예시 등을 설명
미술치료	40분	받고 싶은 선물, 주고 싶은 선물을 그리거나 잡지에서 오려서 붙이는 콜라주 기법으로 표현함
이야기치료		자기 작품의 상징과 의미 설명: 선물과 관련된 경험, 인간관계를 이야기함 - 집단원들에게 설명 - 소감문 작성 및 발표
정리	10분	작업 후 책상 정리 및 쓰레기 줍기
기타	10분	(필요 시) 추가 개별인터뷰
참고	1. 12회기를 참석한 학생들에 대한 소정의 선물을 준비하여 증정하고 마무리하는 데 초점을 둠 2. 프로그램에 참가하면서 자신의 마음을 탐색하고 표현한 소감을 나누며 서로를 격려하고 지지함	

3) 미술 · 이야기융합치료 프로그램 사례

(1) 내담자 A의 사례

① 내담자 A의 배경

A는 중국 H시에서 태어나고 성장한 중국 한족 출신의 여자 청소년이다. 엄마가 한국인 새아빠와 재혼하고 한국에 먼저 왔으며, A는 한국에 입국하기 전까지 중국에서 할아버지의 보호를 받으며 성장했다. 본 프로그램의 후반기에 A의 할아버지

가 돌아가심으로써 A의 마음에 깊은 슬픔과 상실감이 있었다.

A가 한국에 온 지는 3년이 지났으며, 일상적인 한국어 대화가 가능하다. 현재 고등학교 3학년에 재학 중이다. 학교에서 성실하게 생활하여 선생님이 열쇠를 맡기거나 심부름을 시킬 정도로 학교에서 신뢰감을 얻었다. 평소에 밝은 표정으로 생활한다. 연구참여자 D와 절친한 관계이며, 학교 안팎에서 생활을 같이한다. 중국어와 한국어를 구사할 수 있는 이중언어의 장점을 살려 관련 전공이 있는 대학교에 진학하고자 한다.

② 내담자 A의 미술 · 이야기융합치료

A의 미술 · 이야기융합치료 프로그램 회기별 사례에서 나타나는 미술작품과 이야기를 초기, 중기, 후기 단계로 나누어서 살펴보았다. 미술작품의 자세한 내용은 부록에서 확인할 수 있다.

초기단계에 나타난 연구참여자 A의 미술작품과 이야기 내용은 다음 〈표 3-2〉와 같다.

〈표 3-2〉와 같이 초기단계에서 나타나는 연구참여자 A(이하 A) 이야기의 주요 내용은 다음과 같다. 중국 한족 출신이며 고등학교 3학년인 A는 중국에서 한국으로 온 지 3년 정도 되었으며, 현재 한국어로 듣고 말하는 데 큰 어려움이 없다. 그럼에도 한국어가 여전히 어렵다. 학교생활에 적응도 잘하고 학교 선생님들도 자신을 믿어주지만, 피곤한 부분이 없지 않다. 중국이든 한국이든 어디에서든지 과거, 현재, 미래를 막론하고 언제든지 A의 생활과 A의 마음의 중심에는 친구가 있다. 중국에서 한국으로 나올 때 친구들과 헤어져서 마음이 힘들었지만, 지금 여기에서 친구들과 관계에서 행복할 때도 슬플 때도 있다. 고3이라서 진로에 대한 고민이 있고 대학진학을 할 것인지, 일을 할 것인지 여러 가지 대안을 생각해보고 준비하는 중이다.

〈표 3-2〉 연구참여자 A의 초기단계 사례

단계	초기			
회기	1회기	2회기	3회기	4회기
주제	집, 나무, 사람	나와 나무	과거-현재-미래	두 얼굴
제목	꿈	나와 나무	나	나의 기분
미술		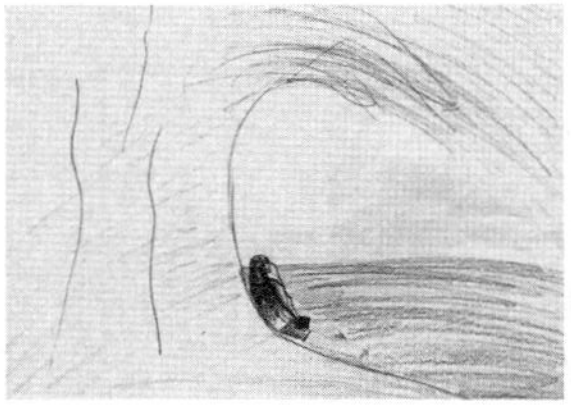	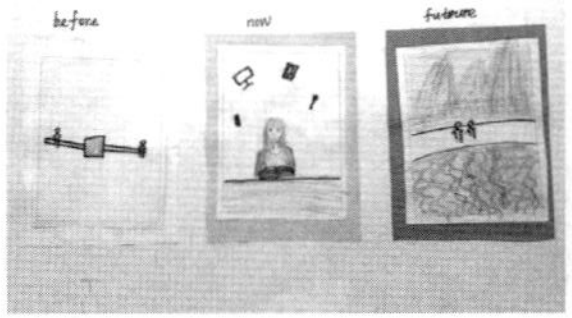	
작품내용	삼림으로 둘러싸인 3층집을 표현. 본인은 2층에 걸터앉음	나무에 기대어 휴식을 취함	과거의 놀이, 현재의 생활, 미래의 꿈 묘사	행복하거나 슬픈 기분을 친구와의 관계를 통해 묘사
이야기의 주요 내용	• 울창한 삼림 안에 있는 집에 앉아 있는 자신의 모습 • 한국에 거주한 지 3년 정도 됨	• 나무에 기대어 노래를 듣는 모습 • 학교 선생님이 자신을 믿어주고 열쇠를 맡기고 교실 문을 잠그고 가라고 함	• 과거: 친구와 시소놀이를 추억함 • 현재: 고등학교에서 공부함. 일상에서는 노래방 가고 컴퓨터, 핸드폰을 함 • 미래: D와 세계여행을 하고 싶음	• 친구와 ㅇㅇ역 지하상가에서 쇼핑 할 때 행복함 • 중국에서 한국으로 이주하면서 헤어진 남자친구, 가족, 친구들로 인해 슬퍼함

이와 같이 A는 자신의 심리상태를 미술작품을 통해 표현했으며, 이야기를 통해 좀 더 구체화시키고 있다. 초기단계에서 자신의 문제적인 이야기로서 지치고 고단한 자신의 마음을 드러내면서, 휴식에 대한 욕구와 진로에 대한 고민을 드러내기 시작했다.

중기단계에서 연구참여자 A의 미술작품과 이야기 내용은 다음 〈표 3-3〉과 같다.

〈표 3-3〉과 같이, 중기단계에서 나타나는 연구참여자 A 이야기의 주요 내용은 다음과 같다. A는 초기단계에서 드러낸 진로에 관한 이야기를 조금 더 구체화시켰다. A가 하고 싶은 직업의 목록을 제시했는데, 웨딩드레스 디자이너, 자동차 디자이너, 메이크업 디자이너, 건축디자이너, 사진작가, 의사, 요리사 등이었다. 디자이너와 같이 새로운 것을 창조하는 직업군의 직업을 선호했으며, 이를 위해 공부도 잘하고 그림도 잘 그리고 싶고, 돈을 많이 벌고 싶고 커피숍을 운영해보고 싶다고 했다. 이러한 자신의 꿈 목록을 다 펼쳐 보이니 마음이 가볍고 시원해졌다고 소감을 말했다. 연구자가 A에게 꿈의 목록 가운데서 구체적으로 한 가지를 선택해서 집중하도록 요청하자, 중국어와 한국어를 둘 다 말할 수 있는 자신의 장점을 살려서 ○○대학교 통역학과에 들어가겠다는 대학입학 합격증을 만들어서 이야기했다.

중기에서 주목할 이야기는 자신의 가족 이야기를 처음으로 소개했다는 것이다. 특히, 현재 가족의 이야기가 아니라 미래의 가족 이야기를 들려주었다. A는 현재보다 더 크고 부유한 집, 각종 과일나무로 풍성한 정원이 있는 집을 원했다. 이 집에서 한국인 아빠는 가족들에게 바비큐 요리를 해주고, 중국인 엄마는 핸드폰을 하고 있으며, 자신은 그네를 타면서 쉬고 있는 모습을 구체적으로 묘사하고 이야기했다.

부모가 이혼하기 전에 중국인 아빠의 성을 따라 지은 중국어 이름이 아니라 현재 한국인 새아빠의 성을 따라 지은 한국어 이름에 대해 만족하면서 한국생활에 적응하고 있었다. 하지만 처음에 한국에 올 때보다 힘이 든다고 말했다. 졸업이 가까

〈표 3-3〉 연구참여자 A의 중기단계 사례

단계	중기			
회기	5회기	6회기	7회기	8회기
주제	탄생	상장	집, 나무, 사람	나의 이름
제목	(없음)	(없음)	미래	나의 이름
미술		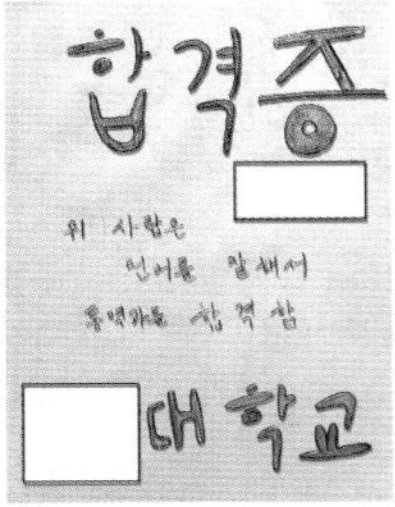		*
작품 내용	달걀에서 태어난 자신의 소원을 묘사함	자신의 소원을 구체적으로 대학합격증으로 묘사	미래의 가족 모습 묘사	자신의 한국 이름 표현
이야기의 주요 내용	• 내가 하고 싶은 직업 목록: 웨딩드레스 디자이너, 자동차 디자이너, 메이크업 디자이너, 건축디자이너, 사진작가, 의사, 요리사 • 기타 소원들: 돈 많이 벌기, 그림 잘 그리기, 공부 잘하기, 커피숍 운영	• 언어를 잘해서 ○○대학교 통역학과에 들어가고 싶음	• 미래의 가족 집을 300평이나 되는 큰 집으로 묘사 • 정원에 모든 과일이 있는 나무들이 있음 • 아빠는 바비큐요리를 하고, 엄마는 휴대폰을 하면서 쉬고, 본인은 그네를 타고 있음. 이러한 가족의 모습을 꿈꾸고 있음	• 한국 이름은 부모가 지어준 것이며, 자신의 이름을 누군가 불러줄 때 기분이 좋음 • 고1 때보다 현재의 자신이 심리적으로 어려움이 있음. 할 게 많고 한국어를 알아야 하는 일임

* 이름 등의 개인정보노출로 인해 제시하지 않음

워서 준비할 게 많으며, 한국어를 많이 알아야 할 수 있는 일이기 때문이다.

후기단계에서 연구참여자 A의 미술작품과 이야기 내용은 다음 〈표 3-4〉와 같다.

〈표 3-4〉와 같이 후기단계에서 나타나는 연구참여자 A 이야기의 주요 내용은 다음과 같다. A의 그림에서 그네는 반복적으로 등장했다(7, 9회기). 그 이유는 할아버지에 대한 추억의 상징이기 때문이다. 자신을 어려서부터 길러주시고 사랑해준 할아버지가 만들어주신 그네를 타면서 A는 휴식을 얻었다. 회기 도중에 할아버지가 위독하셔서 중국에 20여 일 방문했다. 하지만 안타깝게도 할아버지가 돌아가셔서 A의 마음에는 큰 상실감이 있었다. 돌아가신 할아버지에 대한 애도의 표현으로서 할아버지에게 드리고 싶은 선물을 미술과 이야기로 표현했다.

자신의 대학진학을 원하지 않는 엄마와 갈등이 있었지만, A는 중어중문과에 가고 싶은 의지가 있으며, 이에 대해 구체적으로 시험준비를 했다. 여전히 한국어에 대한 어려움 때문에 학교에서 한국어로 하는 발표가 싫었다. 반면에 여전히 중국어에 대한 애정을 가지고 중국어로 된 책을 읽으면서 위안을 얻었다.

후기단계에서 독특한 이야기는 중국에서 한국에 오기까지 우여곡절 과정에서 중국인 아빠(前父)와 중학교 선생님에 대한 것이었다. 한국에 입국하는 데 필요한 비자 및 여권을 준비하는 과정에서 중국인 아빠가 서명을 해주어야 하는데, 서명을 해주지 않았다. A를 3년 동안 담임선생으로 지도하고 아껴준 중학교 선생님이 아빠를 찾아가 설득하여 서명을 받아내어 한국에 올 수 있었다. 이 선생님 덕분에 A는 한국에 올 수 있었다면서 중국에 방문하게 되면 선생님께 만년필을 선물로 드리고 싶다고 했다.

〈표 3-4〉 연구참여자 A의 후기단계 사례

단계	후기			
회기	9회기	10회기	11회기	12회기
주제	나와 나무	손가락	두 얼굴	선물
제목	나와 나무	좋아하는 것, 싫어하는 것	(없음)	주고 싶은 선물, 받고 싶은 선물
미술		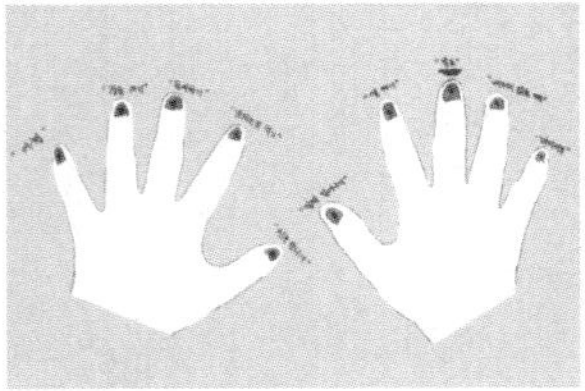	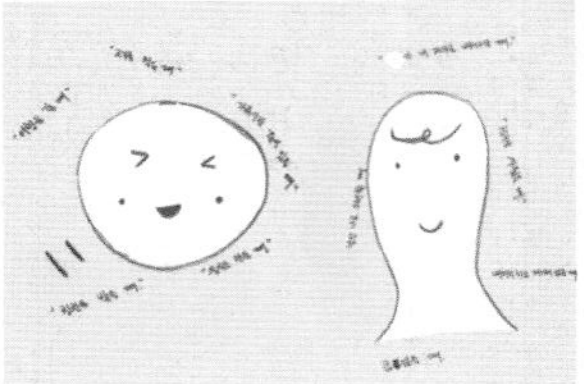	
작품 내용	큰 나무 밑에서 그네를 타고 있는 A	왼손가락에 좋아하는 것, 오른손가락에 싫어하는 것 기술	행복한 조건과 불행한 조건을 묘사함	할아버지에게 하고 싶은 선물, D에게 받고 싶은 선물
이야기의 주요 내용	• 어렸을 때 할아버지가 만들어준 그네를 타고 놀았음. 할아버지가 자신을 키워주었음 • 대학진학에 대해 엄마와 갈등이 있지만, 중어중문학과에 가고 싶어 함	• 한국어 발표시간이 싫지만, 중국어로 된 책을 읽으면 스트레스가 풀림 • 지난주에 중국에 방문함. 할아버지의 임종과 장례를 경험하고 난 후 마음이 슬퍼짐	• 행복은 여행, 고기, 가족, 칭찬, 요리에서 나옴 • 불행은 D와의 관계, 다른 친구와 갈등, 배고픔 등에서 나옴	• 할아버지가 살아계신다면 치과진료를 받게 해드리고 싶음 • 한국에 오는 데 중학교 선생님이 결정적인 역할을 해주셨음

(2) 내담자 B의 사례

① 내담자 B의 배경

B는 중국 S시에서 태어나고 성장한 재중동포 출신의 남자 청소년이다. 재중동포인 아빠와 엄마가 일찍 한국에 오면서, 외외할아버지와 외외할머니의 보호 아래에서 성장했다. 외외할아버지와 외외할머니는 B를 과잉보호라고 할 수 있을 정도로 애지중지 키웠다. 상대적으로 부모와의 친밀감은 떨어져 있는 상태다.

어려서부터 조선족 학교에서 한국어를 배워서 한국어가 능숙하며, 한국문화에 대해 익숙하다. 현재 고등학교 2학년에 재학 중이며, 매사에 행동이 진지하다. 한국의 K-pop 아이돌 가수를 좋아하여 춤과 노래를 연습하며, 아이돌이 되고 싶어 한다. 하지만 차선으로 대학진학을 염두하면서 어학시험을 준비하고 있다. B는 한국의 학교가 중국의 학교보다 좋다고 생각하고, 학교생활에 만족하며 교사들과 친구들과 원만하게 생활하고 있다.

② 내담자 B의 미술 · 이야기융합치료

연구참여자 B의 미술 · 이야기융합치료 프로그램 회기별 사례에서 나타나는 미술작품과 이야기를 초기, 중기, 후기 단계로 나누어서 살펴보았다. 미술작품의 자세한 내용은 부록에서 확인할 수 있다.

초기단계에 나타난 연구참여자 B의 미술작품과 이야기 내용은 다음 〈표 3-5〉와 같다.

〈표 3-5〉와 같이 초기단계에서 나타나는 연구참여자 B(이하 B) 이야기의 주요 내용은 다음과 같다. 재중동포 출신이며 고등학교 2학년에 재학 중인 B는 모국인 중

〈표 3-5〉 연구참여자 B의 초기단계 사례

단계	초기			
회기	1회기	2회기	3회기	4회기
주제	집, 나무, 사람	나와 나무	과거-현재-미래	두 얼굴
제목	(없음)	어렸을 때의 친구	나의 '과거, 현재, 미래'	나의 얼굴
미술			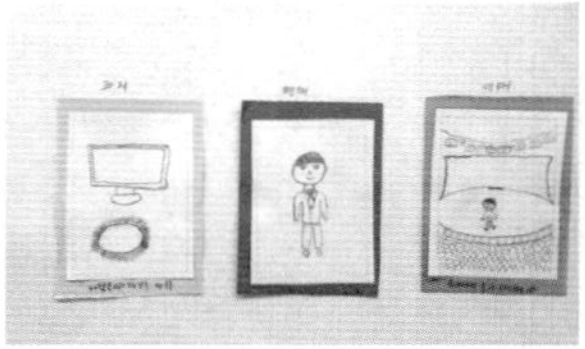	
작품 내용	중국의 시골집에서 외할아버지, 외할머니와 함께 살았던 모습을 묘사	집 앞에 있는 자두나무 묘사	과거 외할아버지와 외할머니와의 생활, 현재의 고등학교 생활, 미래 아이돌스타로서의 꿈 묘사	기쁘거나 슬픈 기분을 엄마와의 관계를 통해 묘사
이야기의 주요 내용	• 중국 S시의 시골집을 추억함 • 부모는 한국으로 먼저 간 상황이어서 외할아버지와 외할머니의 슬하에서 성장함 • 외할아버지와 외할머니가 나무 하나를 심었음	• 중국 시골에 있는 자두나무를 추억함 • 현재 시골집과 함께 사라짐 • 이제는 없어진 시골집과 나무를 생각하니 아쉽고 착잡한 마음이 듦	• 과거에 외할아버지와 외할머니의 사랑을 받고 자랐으나, 밖에 나오지 못하고 집에서 TV를 주로 보았음 • 현재 G고등학교에 다니고 있음 • 미래에는 아이돌가수가 되어서 무대에서 춤과 노래를 하고 싶음	• 행복할 때는 엄마로부터 용돈을 얻었을 때임 • 슬픈 때는 엄마랑 싸웠을 때임. 엄마와 대화가 잘 되지 않음

국을 추억하면서 이야기를 시작했다. 먼저 중국 S시에 있는 시골집에 관한 이야기를 했다. 이 집은 외할아버지, 외할머니와의 추억이 있는 집이었다. B의 부모가 한국으로 일하러 가면서 외할아버지, 외할머니는 어린시절 B의 보호자가 되어주었다. 외할아버지, 외할머니는 지금은 한국에 없어서 B는 그립고 보고 싶었다. 이 시골집에는 자두나무가 있었는데, 외할아버지, 외할머니가 심은 나무였다. 그런데 안타까운 것은 다른 건물이 들어오면서 집과 나무는 사라지게 되었다. 시골집과 자두나무는 이제 더 이상 찾아갈 수 없는 추억의 장소로만 남게 되었다. B는 모국의 터전이 상실되어 착잡하고 아쉬운 마음이 들었다.

B의 이야기는 점점 과거에서 현재로, 현재에서 미래로 확장되었다. 과거에는 외할아버지와 외할머니의 슬하에서 자라났다. B의 외할아버지와 외할머니는 B가 밖에서 놀다가 다칠까 봐 밖에 나오지 못하게 할 정도로 B를 아꼈다. B는 과거 중국에서 집안에 갇혀 TV를 보는 폐쇄적인 자신의 모습을 회상했다. 심지어 과거를 묘사한 그림에는 자기 자신의 모습이 없었으며, TV와 TV 앞에 앉는 자리만이 놓여 있었다. 하지만 현재 삶의 공간은 한국으로 이동했다. 고등학교에 다니는 자신의 모습을 묘사하면서, 과거의 '집'이라는 폐쇄적인 공간보다는 확장된 영역인 '학교'라는 공간에서 자신의 현재 삶을 이야기했다. 그림에서 교복을 입은 자신의 모습이 큼직하게 자리했다. 과거와 달리, 현재는 고등학생으로서 자신의 존재감을 드러내고 있었다. 더 나아가서 미래에는 B가 무대에서 혼자서 스포트라이트를 받으며 많은 사람에게 둘러싸여 주목을 받고 있다고 이야기했다. B는 자신이 좋아하는 아이돌 그룹인 방탄소년단의 「상남자」라는 곡을 1년 동안 춤연습을 할 정도로 관심을 가지고 있었다. 이와 같이 B의 이야기 속에서 삶의 외연이 확장되어가고 자신의 모습이 점점 발전하고 있었다. 하지만 B는 한편으로 '미래가 자신의 생각처럼 될까?'라는 의구심을 가지고 있었다.

B에게 행복한 마음과 불행한 마음은 주로 엄마와의 관계 속에서 발생하고 있

었다. 엄마가 용돈을 주거나, 학용품이나 옷을 사주는 경제적인 부분을 챙겨줄 때는 마음이 좋았다. 하지만 엄마가 B의 의견을 물어보지 않고 결정하는 일이 발생하거나 엄마와 갈등이 발생할 때, 슬픈 마음이 들었다. B에게 추억과 사랑의 대상인 외할아버지, 외할머니와 달리, 엄마는 B에게 현재 애증의 대상이다. B는 연구자에게 엄마와의 관계를 이야기하면서, 속이 시원하다고 표현했다.

이와 같이 초기단계에서 B는 자신의 존재 뿌리인 중국의 시골집과 사랑의 젖줄인 외할아버지와 외할머니를 추억하면서 이야기를 시작했다. B는 과거의 추억에 머물지 않고 점점 자기 삶의 공간과 인간관계를 확대하면서 자신의 존재감을 발전시키는 이야기를 진행했다. 하지만 다른 한편으로는 미래에 대한 불안과 현재 엄마와의 불안한 관계를 이야기했다.

중기단계에서 연구참여자 B의 미술작품과 이야기 내용은 다음 〈표 3-6〉과 같다.

〈표 3-6〉과 같이, 중기단계에서 나타나는 연구참여자 B 이야기의 주요 내용은 다음과 같다. B는 초기단계에서 드러낸 미래에 대한 이야기를 이어가고 있었다. 그것은 미래에 대한 구체적인 준비에 관한 것이었다. B가 원하는 것들은 대부분 아이돌 가수로서 미래를 준비하기 위해 필요한 물품들이었다. 그것은 향수, 아이폰, 춤을 출 때 입는 상의, 하의, 신발이었다. 또한 자신의 꿈이 실현된 상징으로서 개인CD 앨범을 언급했다. 연구자는 자신이 소속된 학교에 연극영화과가 있다고 B에게 소개했다. B는 ○○대학교 연극영화과의 입학합격증을 만들어 아이돌로서 준비하겠다는 자신의 꿈을 이야기했다.

중기에서 주목할 이야기는 B의 집, 즉 가족에 대한 이야기다. 초기단계에서 B의 집은 과거에 외할아버지와 외할머니와 함께 살고 있는 중국의 시골집이었다. 하지만 중기단계에서 B의 집은 지금 여기에서 부모와 함께 살고 있는 한국의 집으로 시간과 공간이 전환했다. B는 한국에 처음 온 날짜, 공간적 배치, 부모의 행동을 생

〈표 3-6〉 연구참여자 B의 중기단계 사례

단계	중기			
회기	5회기	6회기	7회기	8회기
주제	탄생	상장	집, 나무, 사람	나의 이름
제목	(없음)	(없음)	한국에 처음 왔을 때	(없음)
미술		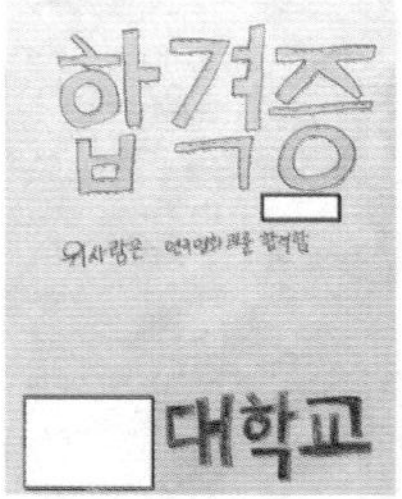		*
작품 내용	달걀에서 태어난 자신의 소원을 묘사함	자신의 소원을 구체적으로 대학합격증으로 묘사	한국에 처음 왔을 때의 상황 묘사	자신의 한국 이름 표현
이야기의 주요 내용	• 원하는 것의 목록: 향수, 집, 자동차, 반지, 아이폰, 춤출 때 입는 옷, 자신이 발표한 개인 CD 앨범	• ㅇㅇ대학교 연극영화과에 들어가 아이돌로서 준비함	• 한국에 처음 입국한 날짜를 기억하고 당시의 상황을 묘사할 정도로 또렷이 기억함 • 부모가 먼저 한국에 오면서 할아버지와 할머니의 슬하에서 성장했으며, 부모와 완전히 결합하기까지 한국과 중국을 오감	• B의 이름은 할아버지가 꿈에서 하나님으로부터 받은 이름임 • 할아버지가 집밖에 나가지 못하게 하고 귀하게 키웠음 • B의 뿌리는 경북 D시임 • 자신의 이름에 대한 자부심을 가지고 이름에 걸맞은 삶을 살기 원함

* 이름 등의 개인정보노출로 인해 제시하지 않음

생히 기억할 만큼 강한 인상을 받았다. B의 부모는 일을 하러 먼저 한국에 나와 있었으며, 외할아버지와 외할머니가 B를 길러주었다. 그러므로 부모와 완전히 결합하기까지 부모와 헤어져 상당한 시간을 분리되어 보냈으며, B는 한국의 부모와 중국의 조부모 사이를 오가야 했다. B는 초등학교 3학년 때 처음 한국에 방문했으며, 초등학교 졸업을 하면서 한 달간 한국에 체류했다. 그리고 2년 전에 한국으로 이주하면서 비로소 부모와 함께 살게 되었다. 그러므로 부모와의 완전한 결합은 잦은 헤어짐과 오랜 기다림 끝에 온 것이므로 B에게는 의미 있는 이야기였다. 초기에 B가 언급한 엄마와 애증관계의 원인은 중기 이야기에서 그 실마리가 풀리고 있었다. 다시 말하면, B와 B의 부모가 서로를 만나고 이해할 수 있는 공간과 시간이 그만큼 적었던 것이다.

중기에서 B는 자신의 이름이 지어진 흥미로운 배경을 소개하면서 자신의 정체성에 대한 이야기를 했다. B의 이름은 외할아버지의 꿈에서 나타난 하나님으로부터 받은 이름이었다. 외할아버지는 종교가 없음에도 B가 태어나기 전날 꾼 꿈에서 하나님이 2개의 이름을 지어주셨다. 첫째 이름은 하늘의 뜻을 따르라는 뜻이고, 둘째 이름도 하늘로부터 태어난 사람이라는 뜻이었다. 두 이름 모두 평범하지 않은 이름이었다. 외할아버지는 B를 하나님이 주신 자식이니 잘 키우라는 의미로 받아들여 애지중지 키웠다. 심지어 집 밖에도 나가지 못하게 할 정도로 귀하게 대했다. 이런 점에서 B는 자신의 존재에 대한 자존감이 높았다. B는 자신의 이름을 습관처럼 사용했지만, 자신의 이름에 대해 다시 생각하게 되었다. B는 자신의 이름과 자신의 정체성에 대해 존귀한 존재라는 의식을 가지고 있으며, 이러한 인식은 밖에서 함부로 살지 말아야겠다는 윤리의식이 되었다고 말했다. 그리고 자신은 외할아버지와 하나님의 보호를 받고 있다고 생각했다.

B는 자신의 이름과 관련된 정체성을 이야기하면서, 자기 집안의 뿌리가 경상북도 D시에서 시작되었음을 이야기했다. B의 외할아버지의 외할아버지가 일제강점

기에 D시에서 중국 S시로 이주했다. 그러므로 B는 중국 S시에서 출생하고 성장했으며, 현재 국적은 중국이지만 자신의 성(姓)은 한국에서 온 이름이라는 것을 이야기했다.

후기단계에서 연구참여자 B의 미술작품과 이야기 내용은 다음 〈표 3-7〉과 같다.

〈표 3-7〉과 같이 후기단계에서 나타나는 연구참여자 B 이야기의 주요 내용은 다음과 같다. B는 다시 과거로 돌아왔다. 어릴 적에 보았던, 같이 있어서 익숙하고 편안한 나무 이야기를 했다. 하지만 나무를 보는 관점이 변했다. 초기에는 어렸을 적 친구가 되어준 나무가 이제는 더 이상 없어서 착잡한 마음이었지만, 후기에서는 더 이상 그러한 감정을 표현하지 않았다. 혼자서 그네를 타면서 친구를 기다리는 마음에 조급한 마음만을 가지고 있었다. B는 친구에 대한 이야기를 발전시켰다. 한국의 학교 친구들과 원만한 관계를 유지하고 있었다. B는 친구에 관한 이야기를 하면서 무슨 이야기든 나눌 수 있는 친구, 믿을 수 있는 친구, 자신의 말을 들어준 친구, 중국에 대해 관심을 가진 친구에 대해 좋은 친구들이라고 말했다. 다시 말해서, B는 같은 '나무'라는 소재로 이야기할 때, 초기에는 모국인 중국에 대한 추억과 감상에 머물렀지만, 후기에는 현실적으로 지금-여기에 있는 친구와의 관계로 관점을 이동했다.

이와 같은 B의 관점 변화는 '두 얼굴'이라는 주제의 이야기에서도 나타난다. 초기에 그린 자신의 기쁜 얼굴과 슬픈 얼굴을 통해 엄마와의 애증관계가 그러한 기분을 좌우하는 주된 원인이었다. 하지만 후기에는 자신의 두 얼굴의 주된 원인이 엄마와의 관계에 국한되어 있지 않다고 이야기했다. 여전히 집에 들어가면 마음이 힘들었다. 부모가 맞벌이를 해야 하는 상황이었고, 특히 엄마는 멀리 명동에서 일했다. 집에 들어가면 항상 혼자만 있었다. 후기의 B는 엄마 때문이 아니라 일상의 소소한 일들에서 기쁘거나 슬펐다. 이러한 관점의 변화는 중기단계에서 엄마와의 애증관계

〈표 3-7〉 연구참여자 B의 후기단계 사례

단계	후기			
회기	9회기	10회기	11회기	12회기
주제	나와 나무	손가락	두 얼굴	선물
제목	(없음)	무지개 손	두 마음	부모님께 주고 싶은 선물
미술		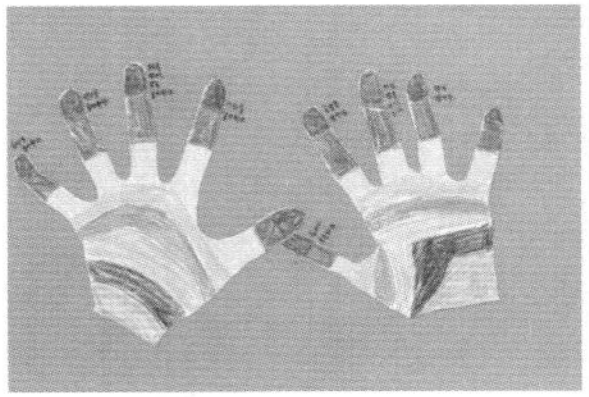		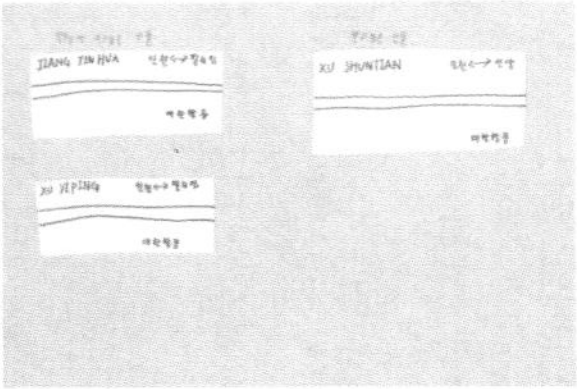
작품내용	어릴 때부터 보던 나무를 묘사	장점과 단점이 어우러져서 무지개같은 색의 자신의 정체성을 손으로 묘사	기쁜 상황과 화난 상황을 얼굴로 묘사	부모님께 드리고 싶은 선물과 부모님께 받고 싶은 선물을 항공권으로 묘사
이야기의 주요내용	• 어릴 때부터 보던 익숙하고 편안한 나무임. • 나무에서 그네를 타면서 친구를 기다리고 있음.	• 장점: 음악, 춤, 기타, 요리배우는 것을 좋아함. • 단점: 처음하는 일에 용기가 부족함. 늦잠. 아침밥을 거름. 편식을 함. 이러한 단점들을 없애려고 노력함.	• 행복은 밥을 먹을 때, 잠잘 때, 돈 쓸 때, 춤출 때, 친구와 놀러 갈 때 있음. • 불행은 돈 없을 때, 집에 갔을 때, 일찍 일어났을 때 있음.	• 부모의 결혼 20주년을 맞아서 필리핀여행을 보내드리고 싶음. • 중국에서 자신을 기다리는 할아버지를 방문하고 싶음. • 부모가 한국에 오게 된 이야기, 가족의 이야기

가 B의 가족의 한국 이주 이야기를 통해 드러나고 어느 정도 해소되었기 때문이다.

더 나아가서 엄마에 대한 이야기, 가족에 대한 이야기가 긍정적인 방향으로 전개되고 있었다. B는 부모의 20주년 결혼기념 선물로 필리핀 행 항공권을 드리고 싶어 했다. B는 자신을 길러준 외할아버지와 외할머니를 찾아뵙고 싶은 마음을 중국 S시행 항공권으로 표현했다.

후기에 들어오면서 B의 이야기는 좀 더 현실적인 이야기로 변화되었다. B는 아이돌 스타가 되는 것이 매우 가능성이 희박한 좁은 문이라는 것을 현실로 받아들이면서, 차선의 전략을 모색했다. 아이돌 오디션에 떨어질 경우를 고려하여 어학시험을 통해 대학진학을 고려했다. 아이돌 연습생으로 고생하는 중국인 친구들의 상황과 아빠가 일하는 공장의 일을 고려해보기도 하면서 자신에게 맞는 진로를 찾아가는 이야기를 전개했다.

그러므로 후기단계에서 B의 이야기는 문제에 대한 관점의 변화를 보여주고 있으며, 초기보다 현실적이고 실현 가능한 이야기를 모색하고 있다.

(3) 내담자 C의 사례

① 내담자 C의 배경

C는 중국 H시에서 태어나고 성장한 재중동포 출신의 여자 청소년이다. 한국에 입국하여 거주한 지는 4년이 되었지만, 간단한 한국어 질문을 알아듣지 못하며 의사소통에 어려움이 있다. 한국에 일하러 온 아빠를 따라 한국에 왔으며, 현재 다른 가족구성원 없이 아빠하고 살고 있다.

학교에 입학한 지는 2년이 되었으며, 현재 고등학교 3학년에 재학 중이다. 미술에 상당한 재능을 가지고 있다. 평소에 애니메이션을 그리는 것이 취미이며, 자신의 작품을 SNS에 올려서 친구들과 공유한다. 한국어가 서툴러서 주로 이야기보다는 그림으로 자신의 감정과 생각을 표현한다. 하지만 한국어가 어렵다고 주눅이 들거나 어려움을 호소하지 않는다. 고3임에도 진학이나 진로준비를 하지 않는다. 말과 행동이 느리며, 성격은 낙천적이다.

② 내담자 C의 미술 · 이야기융합치료

연구참여자 C의 미술 · 이야기융합치료 프로그램 회기별 사례에서 나타나는 미술작품 내용과 이야기 내용을 초기, 중기, 후기 단계로 나누어서 살펴보았다. 미술작품의 자세한 내용은 부록에서 확인할 수 있다.

초기단계에 나타난 연구참여자 C의 미술작품과 이야기 내용은 다음 〈표 3-8〉과 같다.

〈표 3-8〉과 같이 초기단계에 나타나는 연구참여자 C(이하 C) 이야기의 주요내용은 다음과 같다. C는 집에 대한 이야기를 하면서 아빠와 살고 있는 집을 말했다. 아빠는 자신의 모습을 지켜보고 계신다. 그뿐만 아니라 C는 아빠와 함께 중국의 놀이공원에 놀러 간 이야기를 했다. 하지만 엄마의 존재는 C의 이야기에서 나타나지 않았다.

C의 이야기의 중심인물이 아빠에서 남자친구로 이동한다. C는 프로그램 초기에 자신에게 남자친구가 있음을 집단원들과 연구자에게 처음으로 공개했다. 같은 고등학교에 다니는 집단원들도 처음으로 안 사실이라면서 놀라워했다. C는 미술작품과 이야기에서 남자친구를 공개하면서 표정이 밝아졌다. 그뿐만 아니라 남자친구를 공개한 이후부터 외모에 신경을 쓰고 예뻐지려는 변화가 있었다. C는 현재 남자친구와 함께할 뿐만 아니라 미래에도 남자친구와 함께하고 싶다는 이야기를 했다.

〈표 3-8〉 연구참여자 C의 초기단계 사례

단계	초기			
회기	1회기	2회기	3회기	4회기
주제	집, 나무, 사람	나와 나무	과거-현재-미래	두 얼굴
제목	작은 씨앗	사과나무하고 나	나의 과거와 미래	나의 마음
미술				
작품내용	아빠하고 살고 있는 집과 씨앗에 물을 주는 자신의 모습 묘사	커다란 사과나무에서 사과를 따서 먹는 모습 묘사	과거의 놀이, 현재의 남자친구, 미래의 꿈 묘사	즐거웠던 장면, 슬펐던 장면 묘사
이야기의 주요 내용	• 다른 가족 없이 아빠와 산다. • 매우 커다란 우리 집 • 작은 씨앗을 심고 물을 주며, 큰 나무가 될 것을 소망함 • 중국의 놀이공원에 아빠와 놀러감	• 커다란 사과나무에서 사과를 따서 먹음 • 사과나무를 감싸고 있는 담쟁이 넝쿨과 사과나무에 오를 수 있는 사다리 • 나무에서 떨어진 경험이 있음	• 과거: 고무줄놀이를 했음 • 현재: 남자친구와 함께함 • 미래: 남자친구와 지우개 도장을 만들 것임	• 여동생 친구와 서울 명동에 나가서 놀았을 때 행복했음 • 연예인 ○○○를 좋아하여 관련 상품을 삼 • 인형뽑기를 잘 하지 못해서 슬펐음

엄마의 부재를 남자친구로 대체하면서, 아빠의 존재감은 축소된다.

C는 서울 명동에 가서 여동생 친구와 놀았던 기억이 즐거웠다고 말했다. 특히 한국인 남자 연예인 ○○○를 좋아하고, 이와 관련된 상품을 사는 것을 좋아했다. C의 평소 행동은 느리고 성격은 낙천적이라서 걱정이 별로 없어 보인다. 하지만 고등학교 3학년으로서 할 만한 미래에 대한 꿈과 구체적인 준비와 의지가 보이지 않았다. 현재에 만족하고 다른 사람의 시선에 별로 신경을 쓰지 않았다. 자신의 한국어 실력에 대해서도 걱정하지 않았다. 평소에 애니메이션을 그릴 정도로 미술을 좋아하여 이 프로그램에 참가했다.

중기단계에서 연구참여자 C의 미술작품과 이야기 내용은 다음 〈표 3-9〉와 같다.

〈표 3-9〉와 같이 중기단계에서 나타나는 연구참여자 C 이야기의 주요 내용은 다음과 같다. 연구참여자 C는 초기단계처럼 남자친구와 한국인 남자 연예인 ○○○를 중심인물로 이야기했다. C는 가족 이야기를 했는데, 아빠 이외에 고모, 오빠, 할머니를 언급했다. 그런데 가족 앞에서 사진을 찍는 사람이 바로 남자친구였다. C는 남자친구와의 교제를 아빠에게 아직 말하지 않은 상태였다. 자신의 핸드폰에 있는 사진을 아빠가 보지 못하도록 숨겨놓았다. 하지만 남자친구의 존재는 C의 이야기에서 점점 중심적인 인물로 부상하고 있었다. 그뿐만 아니라 마음속의 연애대상인 연예인 ○○○도 중심인물이었다.

C의 생활에서 미술은 상당한 비중을 차지했다. 평소에도 만화를 습작하고 자신의 작품을 SNS에 공개했다. 이 프로그램에 빠짐없이 오는 이유도 미술을 좋아하고 미술을 할 수 있기 때문이었다. 그래서 C는 미술용품인 연필, 지우개, 필통, 스케치북을 받고 싶다고 이야기했다. 하지만 안타깝게도 C는 자신의 재능과 흥미를 진로와 연결시키지 못했다. 그래서 연구자는 미술학과가 있는 인근의 대학교를 소개하면서, C가 자신의 재능을 진학에 연결시켜보는 시간을 주었다. C는 미술학과의

〈표 3-9〉 연구참여자 C의 중기단계 사례

단계	중기			
회기	5회기	6회기	7회기	8회기
주제	탄생	상장	집, 나무, 사람	나의 이름
제목	(없음)	(없음)	숨바꼭질	(없음)
미술				*
작품 내용	C가 필요로 하는 물품, 사람의 목록 묘사	C의 적성을 고려하여 전공과 대학을 입학합격증으로 묘사	고층아파트에서 사는 가족들 묘사	자신의 이름을 과자와 물고기 모양을 가지고 묘사
이야기의 주요 내용	• 미술을 하는 데 필요한 미술 용품들을 가지고 싶음 • 연예인 ○○○을 좋아함 • 남자친구에 대한 관심을 표현함	• 미술을 하는 데 흥미가 있어서 ○○대학교 미술학과에 대한 관심을 가짐	• 고층아파트에 사는 가족은 아빠, 고모, 오빠, 나, 할머니임 • 가족들의 사진을 찍는 사진사는 남자친구임 • 중국에 가고 싶어 함	• 고모가 이름을 지어줌 • 과자와 물고기 모양을 사용하여 이름을 묘사함

* 이름 등의 개인정보노출로 인해 제시하지 않음

대학입학증을 만들어서 자신의 미래를 구체적으로 탐색했다. 중기의 C의 이야기에서 주목할 것은 가족구성원의 변화였다. 초기에 아빠만 있던 집은 고모, 오빠, 할머니로 가족이 확장되었다. 이들이 살고 있는 중국 산둥에 가고 싶어 한다. 하지만 여전히 엄마는 존재하지 않았다. 엄마의 자리에 고모와 할머니가 있었다. 특히 고모는 자신의 이름을 지어줄 정도로 C에게 의미 있는 인물이었다.

C의 행동을 살펴보면, C는 평소에 자신만의 세계에 빠져 있는 사람처럼 보였다. 이 프로그램의 집단원인 연구참여자들, 특히 중국계 연구참여자들과도 프로그램 중에 이야기를 나누지 않았다. C의 사고나 행동이 같은 연령대의 고등학생들보다 어려 보였다.

후기단계에서 연구참여자 C의 미술작품과 이야기 내용은 다음 〈표 3-10〉과 같다.

〈표 3-10〉과 같이 후기단계에 나타나는 연구참여자 C 이야기의 주요 내용은 다음과 같다. 후기의 이야기에서 중요한 것은 C가 처음으로 엄마에 대해 언급한 것이다. C는 엄마와 살고 있지는 않다는 것을 언급했다. 그리고 엄마가 해준 요리가 맛있었다고 말했다. 현실적으로 아빠와 살지만, 요리에 대한 이야기를 하면서 엄마의 빈자리를 언급했다.

C는 중기의 어느 날 자신의 애니메이션 그림을 공유하는 중국인 초등학교 친구에 대해 이야기했다. 친구 역시 그림을 좋아한다. 친구는 현재 이탈리아에 거주하지만, 방학 때 중국에 방문하려고 하는데 C는 친구의 중국 집에 자신이 그린 그림을 선물로 보내려고 한다. C는 '미술'이라는 자신의 관심사를 공유하는 열정적인 모습을 보여주었다.

C는 초기와 같이 다시 새싹에 물을 주고 있는 자신을 이야기한다. 아직은 한국생활적응이 서툴고 한국어도 부족하고 미래에 대한 준비도 부족했다. 하지만 C는 항상 무엇인가를 키우고 있는 사람으로 자신을 묘사하면서, 성장하고자 하는 의지

〈표 3-10〉 연구참여자 C의 후기단계 사례

단계	후기			
회기	9회기	10회기	11회기	12회기
주제	나와 나무	손가락	두 얼굴	선물
제목	(없음)	좋아 싫어	(없음)	선물
미술		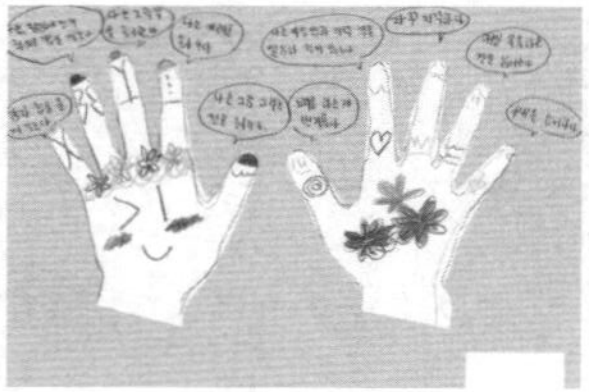		
작품내용	새싹에 물을 주고 있는 자신의 모습 묘사	왼손가락에 좋아하는 것을, 오른손가락에 싫어하는 것을 기술	행복의 조건, 불행의 조건 묘사	아빠에게 드릴 선물과 친구에게 받고 싶은 선물 묘사
이야기의 주요 내용	• 새싹에 물을 주고 있음 • 중국에서 가고 싶어 함 외할아버지와 외할머니에 대한 그리움 • 아빠와 살지만, 엄마와 같이 살고 있지는 않음	• 좋아하는 것: 그림, 카레, 노란색, 점심식사, 감자칩 • 싫어하는 것: 요리, 아침밥과 저녁밥, 지각하는 자신, 목욕, 우유 • 아빠가 요리를 해주지만, 엄마가 해준 요리가 맛있었음	• 행복은 빙수, 달리기, 기타, 이야기에서 나옴 • 불행은 일을 망침, 오지 않는 친구, 넘어짐, 울음, 과식에서 나옴	• 아빠에게 드리고 싶은 선물은 치약/치솔 세트, 감자요리, 외출복임 • 친구에게 받고 싶은 선물은 떡볶이, 가방, 신발

와 욕구를 표현했다.

C는 초기와 같이 다시 아빠에게 초점을 둔다. 아빠에게 드릴 선물 목록을 이야기했다. 평소에 이를 닦지 않는 아빠, 감자를 좋아하는 아빠, 작업복만 입는 아빠를 위해 치약과 칫솔, 감자요리, 외출복을 선물로 드리고 싶어 했다. C는 아빠가 건축 관련 공사일을 하셔서 시력이 나쁘다고 하면서 안경을 사드리고 싶어 했다. C의 이야기는 여전히 아빠의 울타리에 있으며, 아빠에 대한 연민의 감정을 보여주었다. 하지만 C는 아빠로부터 벗어나서 독립하여 남자친구와의 미래를 꿈꾸는 이야기를 동시에 가지고 있었다.

Ⅳ

이주배경 청소년을 위한 미술·이야기융합치료의 실제*

1. 이주배경 청소년을 위한 심리정서상담사업의 개요
2. 이주배경 청소년을 위한 심리정서상담사업의 구성과 실제
3. 이주배경 청소년을 위한 심리정서상담사업의 수행 결과
4. 이주배경 청소년을 위한 심리정서상담사업의 성과분석
5. 부록

* IV부에서는 인하대학교 다문화융합연구소와 서울특별시 교육청(2020)의 『중도입국 다문화학생 · 외국인가정자녀를 위한 심리정서 상담 프로그램 개발 · 운영용역』 결과보고서를 수정 보완했다.

1.
이주배경 청소년을 위한 심리정서상담사업의 개요

- 프로그램명: 다문화가정 자녀를 위한 미술 · 이야기융합치료 프로젝트
- 운영 장소: I시 중도입국 학생 밀집 초 · 중학교
- 참여 인원: 누적 인원 112명
- 운영 기간: 2019.9.20~2020.2.28(5개월)

1) 운영 목적

① 불안, 우울, 정체성 혼란 등 다양한 적응 문제를 겪고 있는 중도입국 다문화 학생에 대한 미술 · 이야기 치료 기반 예술융합형 심리정서 상담 프로그램을 개발함

② 본 중도입국 다문화 학생, 외국인가정 자녀 심리정서 상담 프로그램을 개발 · 운영한 결과를 기반으로 전문상담교원 및 상담사 연수모형을 제안하고자 함

2) 기대 효과

① 본 프로그램 운영 및 연구를 통해 이주배경 중도입국 학생을 포함한 다문화가정 청소년이 심리 · 정서적으로 건강하게 성장할 수 있도록 상담치료의 기초자료를 제공할 수 있음

② 상담사-담임교사-학부모-교육청 연계 및 협력모델을 제시함으로써 지속발전 가능한 상담모델을 제시할 수 있음

③ 교원 및 상담사 연수모형을 개발하여 전국 초 · 중 · 고교로 확산 및 보급함으로써 향후 국내 다문화 학생에 대한 관리 및 상담교육에 대안을 제시할 수 있음

3) 상담 프로그램 개요

① 집단상담 프로그램(2회기)

- 목표: 집단내담자의 심리상태를 조기에 파악함

- 상담시간: 1회기 50분

회기	주제	내용
1	학교적응, 자존감척도 등 심리검사	설문지로 학교적응 및 자존감척도 등의 기본심리 검사
2	그림검사(K-HTP)	자신의 집, 나무, 가족 그리기

② 치료 프로그램(6회기)

- 목표: 개인 · 집단내담자의 미술 · 이야기 활동을 통해 스트레스를 해소함
- 상담시간: 1회기 100분

회기	주제	미술치료	이야기치료	융합치료 효과 · 요인
1	나의 이미지	이름, 자화상 그리기	자신의 이름과 모습에 대해 이야기하기	자신의 그림자 이야기 찾기
2	필름 그림	과거, 현재, 미래의 자신 그리기	과거, 현재, 미래의 자신에 대해 이야기하기	독특한 결과 찾기
3	두 얼굴	행복한 얼굴과 불행한 얼굴 그리기	행복한 감정이 나오는 상황과 불행한 감정이 나오는 상황에 대해 이야기하기	독특한 결과 찾기
4	손가락	좋아하는 것, 싫어하는 것 그리기	자신의 장점과 단점에 대해 이야기하기	대안 이야기 찾기
5	선물	받고 싶은 선물, 주고 싶은 선물 그리기	선물을 주고 싶고 받고 싶은 사람과 선물의 내용 이야기하기	대안 이야기 찾기
6	집, 나무, 사람	자신의 집, 나무, 가족 그리기	자신의 가족, 고향 집, 한국 집 등에 대해 이야기하기	투사된 자신의 정서 외재화

※ 상담사 한 팀은 상담사 1, 상담사 2, 통역사로 구성됨
※ 학교 사정에 따라 2개의 회기를 하루에 진행함

4) 운영 일정

일시	내용
2019.5.9.	1차 회의(인하대학교)
2019.8.19.	2차 회의(인하대학교)
2019.9.4.	세부 운영계획서 제출
2019.10.2.	착수계 및 상담사 · 통역사 성범죄조회신청서 제출
2019.9.9.~10.30.	상담사 및 통역사 사전교육(총 16차시) - 9.24. 10:00~18:00 미술 · 이야기치료의 실제 - 9.26. 13:00~17:00 다문화사회와 다문화교육 - 10.11. 18:30~20:00 이야기치료의 이론 - 10.17. 18:00~20:30 중도입국 청소년의 심리 ※ 상담사 교육 워크북 제작
2019.11.7.~12.31.	상담 프로그램 개발 · 운영 - 11.7. 상담사/통역사 사전 실무교육 - 11.7.~12.18. 상담임상 ※ 미술 · 이야기 활동 키트, 상담보고서/설문지 제작 ※ 상담사 및 통역사 업무 매뉴얼 제작
2019.12.5.~12.20.	상담사 슈퍼비전(총 9차시) - 12.5. 15:00~18:00 1차 슈퍼비전 - 12.12. 15:00~17:30 2차 슈퍼비전 - 12.20. 10:30-12:00 3차 슈퍼비전
2019.12.23.	1차 자문회의
2020.1.23.	2차 자문회의
2020.2.13.	평가위원 의견서 취합
2020.2.28.	결과보고서 제출

5) 사업추진체계

① 추진기구표

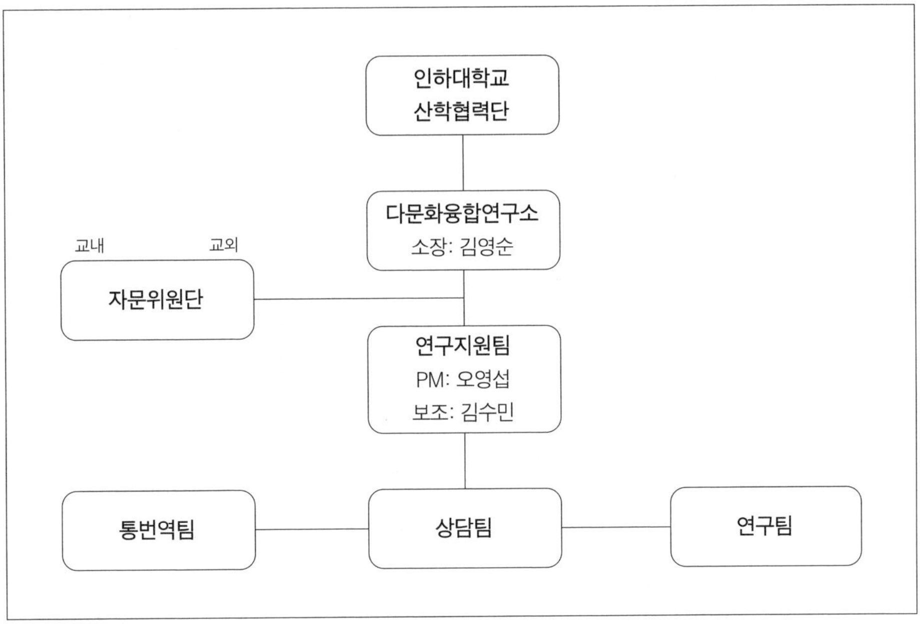

② 사업운영진

직책	성명	현 소속	직급	최종 학력	주요 경력
연구 책임자	김영순	인하대학교	교수	박사	인하대학교 부설 다문화융합연구소 소장 인하대학교 대학원 다문화교육 교수 인하대학교 사회교육과 교수
PM	오영섭	인하대학교	연구교수	박사	인하대학교 BK21+다문화교육사업팀 연구교수 인하대학교 다문화융합연구소 연구원
연구 보조원	김수민	인하대학교	연구원	석사	인하대학교 다문화교육전공 박사과정 인하대학교 다문화융합연구소 연구보조원

6) 운영인력 현황

① 상담사

순번	성명	현 소속	직급	최종학력	자격증	주요 경력
1	A	인하대학교	전임 연구원	박사	미술심리상담사 2급, TA교류분석상담사, TA성격프로파일분석사, 하브루타교육사 2급	프로그램 코디네이터, 미술 · 이야기융합치료 (ANCT) 개발, 중도입국청소년상담, 청소년상담, 목회상담
2	B	인하대학교	연구원	박사과정 (인문융합치료)	상담심리 석사, 목회상담사, 교류분석가족상담사 2급	공동체교류심리연구소 마음친구들 대표, 심야상담소 스피링크 심리작가, 목회상담
3	C	인하대학교	연구원	박사과정 (다문화교육)	상담심리 석사, 미술심리상담지도사 1급, 방과후지도사 1급, 아동심리상담사 1급, 학교상담전문가 2급, 전문상담교사 2급	인천지역 초등학교 아트테라피 강사, 싱가포르 국제학교 미술치료 봉사
4	D	인하대학교	연구원	박사과정 (인문융합치료)	상담심리 석사, 직업상담사, 미술심리상담 1급, 부모상담 전문가, 상담사 2급, 평생교육사 사회복지사	상담센터에서 치료사 및 상담사로 활동
5	E	인하대학교	연구원	박사과정 (인문융합치료)	상담심리 석사, 청소년상담사 2급, MBTI 강사자격, MMPI 심리검사자격, 감각활용상담사, 교류분석 3급	청소년센터 및 건강가정지원센터에서 상담 및 놀이치료

6	F	인하대학교	연구원	박사과정 (인문융합치료)	상담심리 석사, MBTI 강사자격, 부부상담사 2급, 국제공인커플상담사	상담센터에서 상담사로 활동
7	G	인하대학교	연구원	박사과정 (인문융합치료)	상담심리 석사, 정신건강증진상담사 2급	상담센터에서 상담사로 활동

② 통 · 번역사

순번	성명	현 소속	직급	최종학력	주요 경력
1	A	인하대학교	연구원	박사과정	중국인, 다문화교육 및 외국어로서의 한국어교육, 일본어 전공
2	B	인하대학교	연구원	석사과정	중국 ㅇㅇ대학교 졸업, 다문화교육전공
3	C	인하대학교	연구원	석사과정	중국인, 베이징 ㅇㅇ대학교 졸업, 다문화교육전공

③ 자문 · 슈퍼바이저

순번	성명	현 소속	직급	최종학력	주요 경력
1	왕금미	에듀인미술치료교육연구소	소장	박사	한국통합미술치료학회 명예회장 에듀인미술치료교육연구소장 인하대학교 대학원 겸임교수 서울시립구로청소년센터 미술치료사 (사)이주민사회통합지원센터 교육복지심리정서지원팀장 미술심리상담수련감독전문가(KIATA)

2.
이주배경 청소년을 위한 심리정서상담사업의 구성과 실제

1) 상담 프로그램 개요

① 집단상담 프로그램(2회기)

- 목표: 집단내담자의 심리상태를 조기에 파악함
- 1회기 50분

회기	주제	내용
1	학교적응, 자존감 척도	학교적응 및 자존감 척도를 설문지로 검사
2	그림검사(K-HTP)	자신의 집, 나무, 가족 그리기

② 치료 프로그램(6회기)

- 목표: 개인 · 집단내담자의 미술 · 이야기 활동을 통해 스트레스를 해소함
- 1회기 100분

회기	주제	미술치료	이야기치료	융합치료 효과 · 요인
1	나의 이미지	이름, 자화상 그리기	자신의 이름과 모습에 대해 이야기하기	자신의 그림자 이야기 찾기
2	필름 그림	과거, 현재, 미래의 자신 그리기	과거, 현재, 미래의 자신에 대해 이야기하기	독특한 결과 찾기
3	두 얼굴	행복한 얼굴과 불행한 얼굴 그리기	행복한 감정이 나오는 상황과 불행한 감정이 나오는 상황에 대해 이야기하기	독특한 결과 찾기
4	손가락	좋아하는 것, 싫어하는 것 그리기	자신의 장점과 단점에 대해 이야기하기	대안 이야기 찾기
5	선물	받고 싶은 선물, 주고 싶은 선물 그리기	선물을 주고 싶고 받고 싶은 사람과 선물의 내용 이야기하기	대안 이야기 찾기
6	집, 나무, 사람	자신의 집, 나무, 가족 그리기	자신의 가족, 고향 집, 한국 집 등에 대해 이야기하기	투사된 자신의 정서 외재화

2) 상담사 교수안

① 집단상담 프로그램(2회기)

<table>
<tr><th colspan="3">1회기 교수학습 지도안</th></tr>
<tr><td>주제</td><td colspan="2">심리검사(척도지 포함)</td></tr>
<tr><td>활동 목표</td><td colspan="2">1. 내담자의 전반적인 심리상태를 진단할 수 있다.
2. 자아인식을 도울 수 있다.</td></tr>
<tr><td>준비 사항</td><td colspan="2">• 아동 · 청소년용 심리척도 검사지(다국어-중국어, 영어로 번역): 자존감 척도, 학교생활적응 설문지
• 미술 작품 및 정보사용 동의서</td></tr>
<tr><td>기대 효과</td><td colspan="2">• 척도지를 통해 자아를 탐색하고 자아를 인식하게 한다.</td></tr>
<tr><td>활동 과정(시간)</td><td>활동내용</td><td>도움말</td></tr>
<tr><td rowspan="2">도입
(10분)</td><td>• 집단원과의 친목(라포) 형성
- 간식 나눔
- 전체 프로그램 안내 및 진행자 소개
• 전체 회차별 프로그램 소개
- 1회기 프로그램 소개
- 아동 · 청소년용 심리검사지 및 미술 작품 및 정보사용 동의서 작성요령 설명</td><td>- 집단원과 자기소개 및 간식을 나누면서 편안한 환경을 조성하여 라포를 형성할 수 있다.
- 여러 심리검사지와 동의서에 대해 설명하여 집단원의 이해를 돕는다.</td></tr>
<tr><td>• 심리검사, 미술 작품 및 정보사용 동의서 작성
- 집단원이 활동에 적극적으로 참여할 수 있도록 상담사의 도움과 격려
- 개별적으로 심리검사지를 배포하고 작성함
- 문항에 대한 질문에 대해 설명함</td><td>- 집단원은 상담사 및 통역사의 도움을 받아 심리검사와 동의서를 작성한다.</td></tr>
<tr><td>활동 ①
심리검사 및
동의서 작성
(30분)</td><td>• 아동 · 청소년용 심리검사지(자존감 척도, 학교생활적응 설문지)
- 상담사는 내담자에게 아동 · 청소년용 심리검사지 속 문항에 대해 이해했는지 확인</td><td>- 집단원은 궁극적으로 한국 사회 적응에서 경험하는 자신의 전반적인 심리를 탐색할 수 있다.</td></tr>
<tr><td>정리
(10분)</td><td>• 상담사는 오늘 활동 주제와 내용을 다시 한번 설명하고, 내담자는 소감을 나눔
• 다음 차시의 내용을 간략하게 소개
• 활동 후 집단원과 책상 정리 및 쓰레기 줍기</td><td>- 주변 환경을 정리하면서 이번 차시 활동을 마무리한다.</td></tr>
</table>

활동 시 참고 사항	• 내담자의 한국어 능력에 따라 3~5명을 한 조로 한다. • 첫 회기로서 자유롭고 편안한 집단 분위기를 조성하는 데 초점을 둔다. • 안정적인 치료 환경을 조성하기 위해 자유롭고 편안한 집단 분위기를 조성하는 데 초점을 둔다. • 한국어가 미숙한 참여자를 위해 편안하게 참여할 수 있도록 유도하고, 집단원 및 상담사가 통역을 제공한다. • 학생들의 자발적인 참여가 지속될 수 있도록 격려와 지지를 아끼지 않으며, 유익하고 재미있는 활동이 되는 데 초점을 둔다. • 문항에 대한 집단원의 이해도를 높이기 위해 그들의 모국어에 따라 심리검사지를 번역하여 제공한다. • 집단원이 설문지 속 단어의 의미에 대해 이해하기 어려울 때, 상담사는 단어와 문장에 대해 설명하여 집단원의 이해를 돕는다. • 상담사는 활동 전 심리검사지와 미술 작품 및 정보사용 동의서에 대해 전반적으로 이해하여 집단원이 검사지와 동의서를 충분히 이해하여 활동에 참여할 수 있도록 돕는다.

2회기 교수학습 지도안		
주제	동적 집 · 나무 · 사람(K-HTP)	
활동 목표	1. 심리검사를 통해 자아를 인식할 수 있다. 2. 자신의 전반적인 심리를 탐색하고 표현할 수 있게 한다.	
준비 사항	• 동적 집 · 나무 · 사람 검사(K-HTP) 활동을 위한 4B연필, 지우개, A4용지 등의 도구 • 활동 후 집단원에게 본 회기의 경험이 어떤 의미가 있었는지에 대한 소감문 양식	
기대 효과	• 가족과의 역동성을 알아보고 정서, 무의식을 드러내게 한다.	
활동 과정(시간)	활동내용	도움말
도입 (20분)	• 집단원과의 친목 형성 - 간식 나눔 • 2회기 프로그램 소개 - K-HTP 검사에 대한 주제, 매체, 그림 예시 등을 설명 ① "A4용지를 가로 혹은 세로로 자유롭게 사용할 수 있습니다." ② "먼저 집을 그리세요." ③ "다음으로 나무를 그리세요." ④ "마지막으로 사람 또는 가족을 그리세요."	- 집단원과 간식을 나누며 편안한 환경을 조성하여 라포를 형성할 수 있다. - K-HTP의 중요성과 실시 방법을 설명하여 집단원의 이해를 돕는다.
활동 ① 미술치료 (40분)	• 집단원이 자신의 집, 나무, 사람(가족) 그리기 - 집단원이 활동에 적극적으로 참여할 수 있도록 상담사의 도움과 격려	- 집단원은 상담사의 도움을 통해 K-HTP 활동에 참여하게 된다.

활동 ② 이야기치료 (30분)	• 자기 작품의 상징과 의미 설명 – 상담사와의 대화 속에서 집단원 본인의 K-HTP 그림 속 집, 나무, 가족에 대한 설명 * 대화의 내용: K-HTP 그림에 대한 전체적인 분위기/ 가족: 개개인이 무엇을 하고 있는지/ 나무: 나이, 기분상태, 제목(이름)/ 집: 위치, 누구와 살고 있는지, 나는 어디에서 무엇을 하고 있는지, 집의 나이 – 집단원들과 상담사에게 설명 • 활동 후 개별 집단원의 소감문 작성 – 집단원은 작품에 대한 구체적 이야기와 작품 완성 후 소감 작성	– 집단원은 K-HTP 그림 속 집, 나무, 가족에 대해 설명함으로써 그림 속 물체에 대한 의미를 탐색할 수 있다. – 집단원은 궁극적으로 한국 사회 적응에서 경험하는 자신의 전반적인 심리를 탐색할 수 있다. – 상담사는 소감문을 통해 활동에 대한 집단원의 생각을 탐색할 수 있다.
정리 (10분)	• 상담사는 오늘 활동 주제와 내용을 다시 한번 설명하고, 내담자는 소감을 나눔 • 다음 차시의 내용을 간략하게 소개 • 집단원과 책상 정리 및 쓰레기 줍기	– 주변 환경 정리를 하면서 이번 차시 활동을 마무리한다.
활동 시 참고 사항	• 내담자의 한국어 능력에 따라 3~5명을 한 조로 한다. • 안정적인 치료 환경을 조성하기 위해 자유롭고 편안한 집단 분위기를 조성하는 데 초점을 둔다. • 한국어가 미숙한 참여자를 위해 편안하게 참여할 수 있도록 유도하고, 집단원 및 상담사가 통역을 제공한다. • 집, 나무, 가족(K-HTP)을 그리기에 부담스러워하는 집단원을 위해 그림 예시를 보여주며 격려한다. • 집, 나무, 사람(가족) 순서대로 주어진 한 장의 A4용지에 4B 연필을 이용하여 그리도록 권한다 (용지의 방향은 자유로움).	

② 치료 프로그램(6회기)

1회기 교수학습 지도안	
주제	나의 이미지
활동 목표	1. 내담자의 정체성을 객관화할 기회를 제공한다. 2. 내담자의 심리적 · 정서적 · 신체적 상태를 구체적으로 표현할 수 있다.
준비 사항	• 〈나의 이미지〉 활동을 위한 4B연필, 사인펜, 색연필, 지우개, 도화지 등의 도구 • 활동 후 집단원에게 본 회기의 경험이 어떤 의미가 있었는지에 대한 소감문 양식
기대 효과	호기심, 상상력, 창의성, 정체성을 함양할 수 있다.

활동 과정(시간)	활동내용	도움말
도입 (20분)	• 집단원과 상호 간에 인사 나누기 - 간식 나눔 • 1회기 프로그램 소개 - 〈나의 이미지〉 활동에 대한 주제, 매체, 그림 예시 등을 설명 ① "현재 자신이 선호하는 문양, 심벌마크, 형태를 자유롭게 표현해도 좋습니다." ② "예를 들어 나무 같은 존재라고 생각하면 나무를 그려도 좋습니다. 해 같은 환한 존재라고 생각하면 해를 그려도 좋습니다."	- 집단원과 간식을 나누며 편안한 환경을 조성하여 라포를 형성할 수 있다. - 〈나의 이미지〉의 중요성과 실시 방법을 설명하여 집단원의 이해를 돕는다.
활동 ① 미술치료 (40분)	• 집단원의 〈나의 이미지〉 그리기 - 집단원이 활동에 적극적으로 참여할 수 있도록 상담사의 도움과 격려 - 상담사는 집단원에게 어렸을 때와 행복했을 때의 나의 이미지에 대해 상상하게 함으로써 활동에 참여할 수 있도록 돕는다.	- 집단원은 상담사의 도움으로 〈나의 이미지〉 활동에 참여하게 된다.
활동 ② 이야기치료 (30분)	• 자기 작품의 상징과 의미 설명 - 상담사와의 대화 속에서 집단원 본인의 그림 속 물체와 상징에 대한 설명 * 대화의 내용: 물체를 표현한 이유 - 집단원들과 상담사에게 설명 • 활동 후 개별 집단원의 소감문 작성 - 집단원은 작품에 대한 구체적 이야기와 작품 완성 후 소감 작성	- 집단원은 그림 속 물체와 상징에 대해 설명함으로써 의미를 탐색할 수 있다. - 집단원은 궁극적으로 한국 사회 적응에서 경험하는 자신의 전반적인 심리를 탐색할 수 있다. - 상담사는 소감문을 통해 활동에 대한 집단원의 생각을 탐색할 수 있다.
정리 (10분)	• 상담사는 오늘 활동 주제와 내용을 다시 한번 설명하고, 내담자는 소감을 나눔 • 다음 차시의 내용을 간략하게 소개 • 활동 후 집단원과 책상 정리 및 쓰레기 줍기	- 주변 환경 정리를 하면서 이번 차시 활동을 마무리한다.
활동 시 참고 사항	• 내담자의 한국어 능력에 따라 3~5명을 한 조로 한다. • 안정적인 치료 환경을 조성하기 위해 자유롭고 편안한 집단 분위기를 조성하는 데 초점을 둔다. • 한국어가 미숙한 참여자를 위해 편안하게 참여할 수 있도록 유도하고, 집단원 및 상담사가 통역을 제공한다. • 집단원의 모국 문화에 따라 상담 · 심리치료 및 치료사에 대한 관점의 차이가 있을 수 있음을 고려해야 한다.	

	• 집단원이 자신의 이미지를 표현하기 어려울 때는 자신의 이름을 한국어, 모국어 등으로 표현하도록 권한다. • 주어진 한 장의 A4용지에 채색 도구를 이용하여 그리도록 권한다(용지의 방향은 자유로움).

2회기 교수학습 지도안		
주제	필름 그림	
활동 목표	1. 내담자의 과거, 현재, 미래의 상황을 표현하게 한다.	
준비 사항	• 〈필름 그림〉 활동을 위한 4B연필, 사인펜, 색연필, A4용지, 지우개, 8절 색상 도화지, 풀, 가위, 색골판지 조각, 반짝이풀 등의 도구 • 활동 후 집단원에게 본 회기의 경험이 어떤 의미가 있었는지에 대한 소감문 양식	
기대 효과	• 과거, 현재, 미래의 표현을 통해 자아인식을 돕는다.	
활동 과정(시간)	활동내용	도움말
도입 (20분)	• 집단원과의 친목 형성 - 간식 나눔 • 2회기 프로그램 소개 - 〈필름 그림〉 활동에 대한 주제, 매체, 그림 예시 등을 설명 - 제시된 필름워크지 3장에 과거, 현재, 미래에 대해 떠오르는 그림을 그린다. ① 과거: "어렸을 때 기억나는 나의 모습을 떠올려보세요." ② "현재 나의 모습을 떠올려보세요." ③ "미래의 나의 모습을 가상으로 떠올려보세요." - 〈필름 그림〉 활동에 대한 이해를 돕기 위해 상담사의 작품을 보여주며 설명(왼쪽부터 과거, 현재, 미래의 모습 표현) - 집단원은 1~2분간 눈을 감고 과거부터 현재와 미래에 이르기까지 자신의 삶 돌아보기	- 집단원과 간식을 나누며 편안한 환경을 조성하여 라포를 형성할 수 있다. - 〈필름 그림〉의 중요성과 실시 방법을 설명하여 집단원의 이해를 돕는다.
활동 ① 미술치료 (40분)	• 집단원의 〈필름 그림〉 그리기 - 집단원이 활동에 적극적으로 참여할 수 있도록 상담사의 도움과 격려 - 상담사는 집단원에게 어렸을 때 떠오르는 장면, 현재 생활에서 나의 모습, 미래에 소망하는 꿈에 대해 상상하게 함으로써 활동에 참여할 수 있도록 돕는다.	- 집단원은 상담사의 도움을 통해 〈필름 그림〉 활동에 참여하게 된다.

활동 ② 이야기치료 (30분)	• 자기 작품의 상징과 의미 설명 - 상담사와의 대화 속에서 집단원 본인의 그림 속 물체와 상징에 대한 설명 * 대화의 내용: 과거, 현재, 미래를 표현한 물체나 상징에 대한 대화 - 집단원들과 상담사에게 설명 • 활동 후 개별 집단원의 소감문 작성 - 집단원은 작품에 대한 구체적 이야기와 작품 완성 후 소감 작성	- 집단원은 그림 속 물체와 상징에 대해 설명함으로써 의미를 탐색할 수 있다. - 집단원은 궁극적으로 한국 사회 적응에서 경험하는 자신의 전반적인 심리를 탐색할 수 있다. - 상담사는 소감문을 통해 활동에 대한 집단원의 생각을 탐색할 수 있다.
정리 (10분)	• 상담사는 오늘 활동 주제와 내용을 다시 한번 설명하고, 내담자는 소감을 나눔 • 다음 차시의 내용을 간략하게 소개 • 활동 후 집단원과 책상 정리 및 쓰레기 줍기	- 주변 환경 정리를 하면서 이번 차시 활동을 마무리한다.
활동 시 참고 사항	• 내담자의 한국어 능력에 따라 3~5명을 한 조로 한다. • 안정적인 치료 환경을 조성하기 위해 자유롭고 편안한 집단 분위기를 조성하는 데 초점을 둔다. • 한국어가 미숙한 참여자를 위해 편안하게 참여할 수 있도록 유도하고, 집단원 및 상담사가 통역을 제공한다. • 집단원의 모국 문화에 따라 상담 · 심리치료 및 치료사에 대한 관점의 차이가 있을 수 있음을 고려해야 한다. • 자신의 인생에 긍정적인 영향을 주었던 독특한 사건, 앞으로 일어나길 바라는 사건을 탐색한다. • 집단원의 미술 혹은 한국어의 수준에 따라 각 치료의 시간이 차이가 있을 수 있으며, 개별적으로 시간을 충분히 부여한다. • 상담사는 저학년 혹은 활동에 소극적인 집단원이 작품을 완성할 수 있도록 필름 그림을 만들기 위한 색상지를 미리 잘라놓아 준비해놓는다. • 주어진 한 장의 8절 용지에 채색 도구와 색상 도화지, A4용지를 이용하여 필름 그림을 표현하도록 권한다(용지의 방향은 자유로움).	

3회기 교수학습 지도안	
주제	두 얼굴
활동 목표	1. 자신의 양면적 감정을 이해하고 표현할 수 있다. 2. 그러한 양면적 감정이 유발되는 상황을 탐색할 수 있다.
준비 사항	• 〈두 얼굴〉 활동을 위한 4B연필, 사인펜, 색연필, A4용지, 지우개, 8절 색상 도화지, 풀, 가위 등의 도구 • 활동 후 집단원을 위한 소감문 양식
기대 효과	• 긍정 감정과 부정 감정 표현을 통해 내면의 갈등 요소를 탐색하게 한다.

활동 과정(시간)	활동내용	도움말
도입 (20분)	• 집단원과의 친목 형성 - 간식 나눔 • 3회기 프로그램 소개 - 〈두 얼굴〉 활동에 대한 주제, 매체, 그림 예시 등을 설명 ① "화난 얼굴을 그려보세요." ② "기분 좋은, 행복한 얼굴을 그려보세요." ③ "어떨 때 화가 나는지 써보세요." ④ "어떨 때 기분이 좋은지 써보세요." - 활동에 대한 집단원의 이해를 돕기 위해 좌측에는 웃는 얼굴, 우측에는 화난 얼굴을 그리도록 설명함 - 집단원은 1~2분간 눈을 감고 과거부터 현재와 미래에 이르기까지 자신의 삶 돌아보기	- 집단원과 간식을 나누며 편안한 환경을 조성하여 라포를 형성할 수 있다. - 〈두 얼굴〉의 중요성과 실시 방법을 설명하여 집단원의 이해를 돕는다.
활동 ① 미술치료 (40분)	• 집단원의 〈두 얼굴〉 그리기 - 집단원이 활동에 적극적으로 참여할 수 있도록 상담사의 도움과 격려 - 상담사는 집단원에게 행복한 감정의 얼굴과 불행한 감정의 얼굴을 각각 그리도록 돕고, 행복하거나 불행한 감정에 대한 이유를 말풍선 안에 쓰도록 돕는다.	- 집단원은 상담사의 도움을 통해 〈두 얼굴〉 활동에 참여하게 된다.
활동 ② 이야기치료 (30분)	• 자기 작품의 상징과 의미 설명 - 상담사와의 대화 속에서 집단원 본인의 그림 속 물체와 상징에 대한 설명 * 대화의 내용: 어떠한 상황에서 행복하거나 불행한 감정을 느꼈는지, 그리고 이유가 무엇인지에 대해 대화 나누기 - 집단원들과 상담사에게 설명 • 활동 후 개별 집단원의 소감문 작성 - 집단원은 작품에 대한 구체적 이야기와 작품 완성 후 소감 작성	- 집단원은 그림 속 물체와 상징에 대해 설명함으로써 의미를 탐색할 수 있다. - 집단원은 궁극적으로 한국 사회 적응에서 경험하는 자신의 전반적인 심리를 탐색할 수 있다. - 상담사는 소감문을 통해 활동에 대한 집단원의 생각을 탐색할 수 있다.
정리 (10분)	• 상담사는 오늘 활동 주제와 내용을 다시 한번 설명하고, 내담자는 소감을 나눔 • 다음 차시의 내용을 간략하게 소개 • 활동 후 집단원과 책상 정리 및 쓰레기 줍기	- 주변 환경 정리를 하면서 이번 차시 활동을 마무리한다.
활동 시 참고 사항	• 내담자의 한국어 능력에 따라 3~5명을 한 조로 한다. • 안정적인 치료 환경을 조성하기 위해 자유롭고 편안한 집단 분위기를 조성하는 데 초점을 둔다. • 한국어가 미숙한 참여자를 위해 편안하게 참여할 수 있도록 유도하고, 집단원 및 상담사가 통역을 제공한다.	

	• 집단원의 모국 문화에 따라 상담 · 심리치료 및 치료사에 대한 관점의 차이가 있을 수 있음을 고려해야 한다. • 양면적인 감정과 관련된 인간관계, 특정한 사건, 일상시간 활용내용을 탐색하는 데 초점을 둔다. • 발표를 통해 집단원 사이의 이해를 증진하고, 다른 사람의 이야기를 통해 자신에 대한 이해를 증진한다. • 집단원의 미술 혹은 한국어의 수준에 따라 각 치료 시간에 차이가 있을 수 있으며, 개별적으로 시간을 충분히 부여한다. • 주어진 한 장의 8절 용지에 채색 도구와 색상 도화지, A4용지 등을 이용하여 두 얼굴을 표현하도록 권한다(용지의 방향은 자유로움). • 집단원을 활동에 용이하게 참여하게 하기 위해 상담사는 8절지를 미리 반으로 접어놓는다.

4회기 교수학습 지도안		
주제	손가락	
활동 목표	1. 자신의 강점과 약점을 이해하고 표현할 수 있다. 2. 약점이 강점으로 변화할 수 있는 잠재성을 경험함으로 자존감을 향상시킨다.	
준비 사항	• 〈손가락〉 활동을 위한 4B연필, 사인펜, 색연필, A4용지, 지우개 등의 도구 • 활동 후 집단원을 위한 소감문 양식	
기대 효과	• 신체(손)를 활용한 자아 탐색으로, 자신의 장점과 강점을 스스로 드러내어 장점을 강화하게 한다.	
활동 과정 (시간)	활동내용	도움말
도입 (20분)	• 집단원과의 친목 형성 – 간식 나눔 • 4회기 프로그램 소개 – 〈손가락〉 활동에 대한 주제, 매체, 그림 예시 등을 설명 ① "도화지 위에 왼쪽 손바닥을 대고 손가락을 그리세요." ② "도화지 위에 오른쪽 손바닥을 대고 손가락을 그리세요." ③ "자기의 손가락을 예쁘게 꾸미세요. 예를 들어 네일아트, 헤나, 반지, 시계 등의 모양, 컬러를 사용하여 꾸미세요." – 활동에 대한 집단원의 이해를 돕기 위해 좌측에는 본인의 왼손, 우측에는 오른손을 그리도록 설명함 – 집단원은 1~2분간 눈을 감고 과거부터 현재와 미래에 이르기까지 자신의 삶 돌아보기	– 집단원과 간식을 나누며 편안한 환경을 조성하여 라포를 형성할 수 있다. – 〈손가락〉의 중요성과 실시 방법을 설명하여 집단원의 이해를 돕는다.
활동 ① 미술치료 (40분)	• 집단원의 〈손가락〉 그리기 – 집단원이 활동에 적극적으로 참여할 수 있도록 상담사의 도움과 격려 – 상담사는 집단원에게 본인의 왼손과 오른손을 용지에 대고 그리도록 돕고, 본인의 단점과 장점에 대해 적도록 도움	– 집단원은 상담사의 도움을 통해 〈손가락〉 활동에 참여하게 된다.

활동 ② 이야기치료 (30분)	• 자기 작품의 상징과 의미 설명 – 상담사와의 대화 속에서 집단원 본인의 그림 속 물체와 상징에 대한 설명 * 대화의 내용: 집단원 본인이 생각하는 단점과 장점에 대해 이야기하고, 그렇게 생각하는 이유에 대해 대화를 나눔 – 집단원들과 상담사에게 설명 • 활동 후 개별 집단원의 소감문 작성 – 집단원은 작품에 대한 구체적 이야기와 작품 완성 후 소감 작성	– 집단원은 그림 속 물체와 상징에 대해 설명함으로써 의미를 탐색할 수 있다. – 집단원은 궁극적으로 한국 사회 적응에서 경험하는 자신의 전반적인 심리를 탐색할 수 있다. – 상담사는 소감문을 통해 활동에 대한 집단원의 생각을 탐색할 수 있다.
정리 (10분)	• 상담사는 오늘 활동 주제와 내용을 다시 한번 설명하고, 내담자는 소감을 나눔 • 다음 차시의 내용을 간략하게 소개 • 활동 후 집단원과 책상 정리 및 쓰레기 줍기	– 주변 환경 정리를 하면서 이번 차시 활동을 마무리한다.
활동 시 참고 사항	• 내담자의 한국어 능력에 따라 3~5명을 한 조로 한다. • 안정적인 치료 환경을 조성하기 위해 자유롭고 편안한 집단 분위기를 조성하는 데 초점을 둔다. • 한국어가 미숙한 참여자를 위해 편안하게 참여할 수 있도록 유도하고, 집단원 및 상담사가 통역을 제공한다. • 집단원의 모국 문화에 따라 상담 · 심리치료 및 치료사에 대한 관점의 차이가 있을 수 있음을 고려해야 한다. • 발표를 통해 집단원 사이의 이해를 증진하고, 다른 사람의 이야기를 통해 자신에 대한 이해를 증진한다. • 중도입국 청소년이 가진 잠재력과 가능성을 끌어내고 스스로 인식하고 자부심을 가지도록 하는 데 초점을 둔다. • 학생들이 자신의 이야기를 다시 쓰고(re-authoring), 치료사는 그들의 이야기를 다시 이야기함(re-telling)으로써 학생들의 정체성 형성에 도움을 준다. • 집단원의 미술 혹은 한국어의 수준에 따라 각 치료시간에 차이가 있을 수 있으며, 개별적으로 시간을 충분히 부여한다. • 주어진 한 장의 8절 용지에 채색 도구와 색상 도화지, A4용지 등을 이용하여 손가락을 표현하도록 권한다(용지의 방향은 자유로움). • 집단원이 활동에 대해 부담을 느끼지 않도록 하기 위해 왼손과 오른손 각각의 단점과 장점을 5개씩 적도록 권한다. • 활동에 대해 내담자의 흥미를 이끌기 위해 네일아트, 반지, 타투 등 손을 시각적으로 꾸밀 수 있는 인쇄물을 준비한다.	

<table>
<tr><th colspan="3">5회기 교수학습 지도안</th></tr>
<tr><td>주제</td><td colspan="2">선물</td></tr>
<tr><td>활동 목표</td><td colspan="2">1. 가족관계를 포함한 인간관계에서 형성된 감정을 순화한다.
2. 자신의 삶에서 중요한 회원을 재구성할 수 있다.</td></tr>
<tr><td>준비 사항</td><td colspan="2">• 〈선물〉 활동을 위한 4B연필, 지우개, 사인펜, 색연필, 8절 도화지, A4용지, 잡지 이미지 외 인쇄물, 가위, 풀 등의 도구
• 활동 후 집단원을 위한 소감문 양식</td></tr>
<tr><td>기대 효과</td><td colspan="2">• 호기심, 흥미, 협동성, 상상력, 사회성을 향상할 수 있게 한다.</td></tr>
<tr><td>활동 과정(시간)</td><td>활동내용</td><td>도움말</td></tr>
<tr><td>도입
(20분)</td><td>• 집단원과의 친목 형성
- 간식 나눔
• 5회기 프로그램 소개
- 〈선물〉 활동에 대한 주제, 매체, 그림 예시 등을 설명
① "도화지 좌측에는 받고 싶은 선물을 그려보세요."
② "도화지 우측에는 주고 싶은 선물을 그려보세요."
③ "누구로부터, 왜 그 선물을 받고 싶은지 이야기를 나누어보세요."
④ "누구에게, 왜 그 선물을 주고 싶은지 이야기를 나누어보세요."
- 활동에 대한 집단원의 이해를 돕기 위해 좌측 상단에 '○○에게 받고 싶은 선물', 우측 상단에 '○○에게 주고 싶은 선물'을 그리도록 설명함
- 집단원에게 '선물'의 의미를 생각해볼 시간 조성</td><td>- 집단원과 간식을 나누며 편안한 환경을 조성하여 라포를 형성할 수 있다.
- 〈선물〉의 중요성과 실시 방법을 설명하여 집단원의 이해를 돕는다.</td></tr>
<tr><td>활동 ①
미술치료
(40분)</td><td>• 집단원의 〈선물〉 그리기
- 집단원이 활동에 적극적으로 참여할 수 있도록 상담사의 도움과 격려
- 상담사는 집단원에게 반으로 접힌 종이 좌측에는 '○○에게 받고 싶은 선물', 우측에는 '○○에게 주고 싶은 선물'을 표현하도록 도움</td><td>- 집단원은 상담사의 도움을 통해 〈선물〉 활동에 참여하게 된다.</td></tr>
</table>

<table>
<tr><td>활동 ②
이야기치료
(30분)</td><td>• 자기 작품의 상징과 의미 설명
- 상담사와의 대화 속에서 집단원 본인의 그림 속 물체와 상징에 대한 설명
* 대화의 내용: 집단원 본인이 표현한 선물의 의미와 표현한 이유에 대한 대화, 타인과의 관계에 대한 대화
- 집단원들과 상담사에게 설명
• 활동 후 개별 집단원의 소감문 작성
- 집단원은 작품에 대한 구체적 이야기와 작품 완성 후 소감 작성</td><td>- 집단원은 그림 속 물체와 상징에 대해 설명함으로써 의미를 탐색할 수 있다.
- 집단원은 궁극적으로 한국 사회 적응에서 경험하는 자신의 전반적인 심리를 탐색할 수 있다.
- 상담사는 소감문을 통해 활동에 대한 집단원의 생각을 탐색할 수 있다.</td></tr>
<tr><td>정리
(10분)</td><td>• 상담사는 오늘 활동 주제와 내용을 다시 한번 설명하고, 내담자는 소감을 나눔
• 다음 차시의 내용을 간략하게 소개
• 활동 후 집단원과 책상 정리 및 쓰레기 줍기</td><td>- 주변 환경 정리를 하면서 이번 차시 활동을 마무리한다.</td></tr>
<tr><td>활동 시
참고 사항</td><td colspan="2">• 내담자의 한국어 능력에 따라 3~5명을 한 조로 한다.
• 안정적인 치료 환경을 조성하기 위해 자유롭고 편안한 집단 분위기를 조성하는 데 초점을 둔다.
• 한국어가 미숙한 참여자를 위해 편안하게 참여할 수 있도록 유도하고, 집단원 및 상담사가 통역을 제공한다.
• 발표를 통해 집단원 사이의 이해를 증진하고, 다른 사람의 이야기를 통해 자신에 대한 이해를 증진한다.
• 학생들의 자발적인 참여가 지속될 수 있도록 격려와 지지를 아끼지 않으며, 유익하고 재미있는 활동이 되는 데 초점을 둔다.
• 프로그램에 참가하면서 자신의 마음을 탐색하고 표현한 소감을 나누며 서로를 격려하고 지지한다.
• 활동을 시작하기 전에 상담사는 집단원이 '선물'에 대한 의미를 생각해볼 시간을 조성한다.
• 상담사는 집단원의 시각적 표현을 돕기 위해 '선물'을 표현할 수 있는 인쇄물을 준비한다. 상담사는 활동을 시작하기 전에 집단원이 5개 정도의 '선물'을 생각할 수 있게 돕는다.
• 상담사는 주어진 한 장의 8절 용지를 반으로 접었다가 편 용지를 준비하여 집단원이 채색 도구와 잡지 이미지 외 인쇄물 등을 이용하여 선물을 표현하도록 권한다(용지의 방향은 자유로움).
• 만약 상담사는 집단원이 타인에게 주고 싶은 선물이 없는 경우 본인에게 주고 싶은 선물로 표현할 수 있게 하여 선물에 대한 욕구를 탐색할 수 있다.</td></tr>
</table>

<table>
<tr><th colspan="2">6-①회기 교수학습 지도안</th></tr>
<tr><td>주제</td><td>동적 집 · 나무 · 사람(K-HTP)</td></tr>
<tr><td>활동 목표</td><td>1. 활동을 통해 자신의 전반적인 심리를 탐색하고 표현할 수 있다.
2. 자신의 가족, 고향 집, 한국 집, 이주과정 등과 관련한 심리적인 어려움을 다시 확인하고 표현할 수 있다.</td></tr>
</table>

준비 사항	• 집 · 나무 · 사람 검사(K-HTP) 활동을 위한 4B연필, 지우개, A4용지 등의 도구 • 활동 후 집단원을 위한 소감문 양식	
기대 효과	• 사전검사(2회기)의 진단내용과 본 사후검사(6-①회기) 진단내용을 비교해보면서 변화된 내용을 탐색할 수 있다.	
활동 과정(시간)	활동내용	도움말
도입 (10분)	• 집단원과의 친목 형성 - 간식 나눔 • 8회기 프로그램 소개 -K-HTP 검사에 대한 주제, 매체, 그림 예시 등을 설명 ① “A4용지를 가로 혹은 세로로 자유롭게 사용할 수 있습니다.” ② “먼저 집을 그리세요.” ③ “다음으로 나무를 그리세요.” ④ “마지막으로 사람 또는 가족을 그리세요.”	- 집단원과 간식을 나누며 편안한 환경을 조성하여 라포를 형성할 수 있다. - K-HTP의 중요성과 실시 방법을 설명하여 집단원의 이해를 돕는다.
활동 ① 미술치료 (15분)	• 집단원 자신의 집, 나무, 사람(가족) 그리기 - 집단원이 활동에 적극적으로 참여할 수 있도록 상담사의 도움과 격려	- 집단원은 상담사의 도움을 통해 K-HTP 활동에 참여하게 된다.
활동 ② 이야기치료 (15분)	• 자기 작품의 상징과 의미 설명 - 상담사와의 대화 속에서 집단원 본인의 K-HTP 그림 속 집, 나무, 가족에 대한 설명 * 대화의 내용: ① K-HTP 그림에 대한 전체적인 분위기/ 가족: 개개인이 무엇을 하고 있는지/ 나무: 나이, 기분 상태, 제목(이름)/ 집: 위치, 누구와 살고 있는지, 나는 어디에서 무엇을 하고 있는지, 집의 나이/ ② 2회기 때의 K-HTP 그림과 비교했을 때 집단원에게 어떠한 변화가 있었는지에 대한 대화 - 집단원들과 상담사에게 설명 • 활동 후 개별 집단원의 소감문 작성 - 집단원은 작품에 대한 구체적 이야기와 작품 완성 후 소감 작성	- 집단원은 K-HTP 그림 속 집, 나무, 가족에 대해 설명함으로써 그림 속 물체에 대한 의미를 탐색할 수 있다. - 집단원은 궁극적으로 한국 사회 적응에서 경험하는 자신의 전반적인 심리를 탐색할 수 있다. - 상담사는 소감문을 통해 활동에 대한 집단원의 생각을 탐색할 수 있다.
정리 (10분)	• 상담사는 오늘 활동 주제와 내용을 다시 한번 설명하고, 내담자는 소감을 나눔 • 다음 차시의 내용을 간략하게 소개 • 집단원과 책상 정리 및 쓰레기 줍기	- 주변 환경 정리를 하면서 이번 차시 활동을 마무리한다.
활동 시 참고 사항	• 내담자의 한국어 능력에 따라 3~5명을 한 조로 한다. • 안정적인 치료 환경을 조성하기 위해 자유롭고 편안한 집단 분위기를 조성하는 데 초점을 둔다. • 한국어가 미숙한 참여자를 위해 편안하게 참여할 수 있도록 유도하고, 집단원 및 상담사가 통역을 제공한다.	

	• 집, 나무, 가족(K-HTP)을 그리기에 부담스러워하는 집단원을 위해 그림 예시를 보여주며 격려한다. • 집, 나무, 사람(가족) 순서대로 주어진 한 장의 A4용지에 4B연필을 이용하여 그리도록 권한다(용지의 방향은 자유로움).

6-②회기 교수학습 지도안		
주제	심리검사(척도지 포함)	
활동 목표	1. 사전(1회기) 척도지 결과와 사후(6-②회기) 내용을 비교한다.	
준비 사항	• 아동 · 청소년용 심리검사지(다국어-중국어, 영어로 번역): 자존감 척도, 학교생활적응 설문지	
기대 효과	• 사전척도지 내용과 사후척도지 내용의 결과에 나타난 변화를 탐색할 수 있다.	
활동 과정(시간)	활동내용	도움말
도입 (10분)	• 집단원과 인사 나눔 - 간식 나눔 • 6-②회기 프로그램 소개 - 아동 · 청소년용 심리검사지 및 미술 작품 및 정보사용 동의서 작성요령 설명	- 집단원과 간식을 나누며 편안한 환경을 조성한다. - 여러 심리검사지와 동의서에 대해 설명하여 집단원의 이해를 돕는다.
	• 심리검사, 미술 작품 및 정보 사용 동의서 작성 - 집단원이 활동에 적극적으로 참여할 수 있도록 상담사의 도움과 격려 - 개별적으로 심리검사지를 배포하고 작성함 - 문항과 관련한 질문에 대해 설명함	- 집단원은 상담사 및 통역사의 도움을 통해 심리검사와 동의서를 작성한다.
활동 ① 심리검사 및 동의서 작성 (30분)	• 아동 · 청소년용 심리검사지(자존감 척도, 학교생활적응 설문지) - 상담사는 내담자에게 아동 · 청소년용 심리검사지 속 문항에 대해 이해했는지 확인	- 집단원은 궁극적으로 한국 사회 적응에서 경험하는 자신의 전반적인 심리를 탐색할 수 있다.
정리 (10분)	• 프로그램 종결에 대한 의미 나눔 • 상담사는 오늘 활동 주제와 내용을 다시 한번 설명하고, 내담자는 소감을 나눔 • 활동 후 집단원과 책상 정리 및 쓰레기 줍기	- 주변 환경 정리를 하면서 이번 차시 활동을 마무리한다. - 프로그램을 종결함으로써 경험하는 집단원들의 생각을 공유한다.
활동 시 참고 사항	• 내담자의 한국어 능력에 따라 3~5명을 한 조로 한다. • 안정적인 치료 환경을 조성하기 위해 자유롭고 편안한 집단 분위기를 조성하는 데 초점을 둔다. • 한국어가 미숙한 참여자를 위해 편안하게 참여할 수 있도록 유도하고, 집단원 및 상담사가 통역을 제공한다.	

	• 학생들의 자발적인 참여가 지속될 수 있도록 격려와 지지를 아끼지 않으며, 유익하고 재미있는 활동이 되는 데 초점을 둔다. • 상담사는 활동 전 심리검사지와 미술 작품 및 정보사용 동의서에 대한 전반적인 이해를 하여 집단원이 검사지와 동의서에 대해 충분히 이해하여 활동에 참여할 수 있도록 돕는다.

3) 상담사 · 통역사 업무 매뉴얼

① 상담사

<table>
<tr><th colspan="2">구분</th><th>상담사 1</th><th>상담사 2</th></tr>
<tr><td colspan="2">상담 이전</td><td colspan="2">1. 내담자 학생의 상태, 변화에 대한 사전 숙지
2. 준비물: 미술 키트, 학교생활적응 질문지, 추가 질문지(한국어 및 번역본), 연구설명문 및 참여동의서 양식, 참여 학생 프로필, 소감문 양식, 상담일지 양식, 녹음기</td></tr>
<tr><td rowspan="3">상
담
장
소</td><td>학교
도착</td><td colspan="2">1. 학교에 미리 도착하여 담당교사와 인사
2. 학생 상담 출석 여부 확인
3. 교실 상태 확인
4. 미술치료 키트 및 교실 세팅</td></tr>
<tr><td>도입</td><td>1. 간식을 나누면서 학생과 라포 형성
2. 상담사/통역사 소개</td><td>1. 간식을 나누면서 학생과 라포 형성
2. 필요 시 녹음 혹은 녹화 실시</td></tr>
<tr><td>미술
및
이야기
활동</td><td>1. 전체 프로그램 간단히 안내(각 회기 프로그램 안내)
- 연구설명문/참여동의서 양식에 서명 받기(학부모 서명 받기)
- 1회기와 8회기에 학교생활적응 질문지, 추가설문지 제공/작성 안내
2. 미술활동 예시 보여주기</td><td>미술활동을 하면서 학생과 대화하며, 이야기 자료 수집(관찰노트에 메모)</td></tr>
</table>

		이야기 자료 수집(관찰노트에 메모)	소감문 작성 안내 및 도움 - 학생이 적기 어려우면 상담사가 한글로 적어둠
		학생의 개별 발표 시 안내 및 질문	개별 발표 시에 학생의 이야기를 메모함
	정리	1. 자료 수합 및 정리 - 미술활동지 뒷면에 이름, 일시 확인 2. 학생들과 함께 책상 정리 및 쓰레기 줍기	1. 자료 수합 및 정리 - 소감문에 이름, 일시 확인 2. 학생들과 함께 책상 정리 및 쓰레기 줍기
상담 이후		1. 상담사 간의 회기 내용에 대한 대화, 자료 종합/정리(학교 수업시간 전후 활용) 2. 녹음파일 저장/파일명 부여(일시, 회기 등) 3. PM에게 미술활동, 소감문 스캔파일 송부 4. 상담일지 작성: 2일 내(늦어도 그 주간 내)	

② 통역사

구분		통역사
상담 이전		1. 간식 준비 - 상담사 · 통역사의 간식을 포함하여 구매 2. 통역사는 개별 학생 보호자와 연락하여 사전에 출석 가능 여부 확인
상담장소	학교 도착	1. 간식 배분 - 간식 테이블에 세팅 2. 미술치료 키트 및 교실 세팅 시에 지원
	도입	1. 간식을 나누면서 학생과 라포 형성 2. 통역 지원
	미술 및 이야기 활동	1. 상담사와 학생 간의 대화에서 필요 시 통역 지원 2. 사진 촬영(전체활동 및 개별활동)
		소감문 작성 시 학생이 한글로 작성하기 어려워서 중국어 혹은 다른 언어로 작성하면 한글로 번역하여 소감문 양식에 써주기
		통역 지원
	정리	학생들과 함께 책상 정리 및 쓰레기 줍기
상담 이후		필요 시 번역 지원

4) 상담사 연수 프로그램 개요(30차시)

교시 / 일자	1교시	2교시	3교시	점심	4교시	5교시	6교시
	09:00~ 09:50	10:00~ 10:50	11:00~ 11:50	12:00~ 12:50	13:00~ 13:50	14:00~ 14:50	15:00~ 15:50
제1일	한국의 다문화정책과 다문화 시민교육			점심	다문화 학생 유형별 심리와 상담사례		
제2일	인문융합치료 이론 1				인문융합치료 이론 2		
제3일	다문화학생 모의상담 실습 (1~4회기)				다문화학생 모의상담 실습 (5~8회기)		
제4일	상담사 슈퍼비전 1차 (초등)				상담사 슈퍼비전 1차 (중등)		
제5일	상담사 슈퍼비전 2차 (초등)				상담사 슈퍼비전 2차 (중등)		

3.
이주배경 청소년을 위한 심리정서상담사업의 수행 결과

1) 프로그램 참여 학생 정보

참여자	이주 관련 특성							행동 · 심리적 특성
	나이 (생년월)	성별	국적	가족 구성	체류 기간	학교 학년	한국어 능력	
A	9 (2010.12)	여	이집트	부모, 오빠 (C)	2년 이상	A초 2학년	듣기 상급, 말하기, 쓰기 중급	난민. 돈에 관한 이야기를 종종 함. 대인관계에서 외로움 경험
B	8 (2011.12)	남	필리핀	부모, 쌍둥이 동생	1년 이상	A초 1학년	듣기, 말하기, 쓰기 중급	집중을 잘 못하며 신체적 움직임이 큼. 외모를 중시함
C	13 (2006.11)	남	이집트	부모, 여동생 (A)	2년	A초 5학년	듣기, 말하기 중급	종교박해로 가족 피살 경험. 난민. 같은 반 학생보다 두 살 많음. 한국어가 서툴며 자신감이 없음
D	7 (2012.4)	여	중국	모	1년 이상	A초 1학년	한국어 상급	감정 기복이 심함. 감정을 읽거나 상호 소통의 어려움. 일방적인 자기표현

E	10 (2009.2)	여	몽골	부모	1년 이상	A초 5학년	듣기, 말하기 상급	한국어에 능통. 그림그리기를 매우 잘하고 의사표현을 잘함
F	11 (2008.9)	남	중국	부모, 동생	2년	A초 4학년	말하기 상급, 듣기, 쓰기 중급	성격 활달. 학습이해력 우수. 한국어에 능숙하며 운동을 매우 좋아함
G	7 (2012.8)	남	중국	부모 (모: 한족), 조부모 (재중 동포)	1년 이상	B초 1학년	한국어 하급 (통역 필요)	한국어 소통이 거의 되지 않음. 자해적 행동. 폭력적인 게임. 상담활동 경험
H	11 (2008.12)	여	중국	부모, 오빠	1년 이상	C초 4학년	중급 (필요 시 통역 필요)	엄마와 오빠는 중국에 살고 아빠와 둘이서 한국에 거주함. 학업에 어려움을 느낌
I	12 (2007.6)	여	중국	부모, 오빠	1년 이하	C초 6학년	중급 (통역 필요)	소극적 성격. 미술 실력이 수준급임
J	15 (2004.12)	여	중국	모	1년 이상	D중 1학년	듣기 상급, 말하기, 쓰기 중급	아버지는 이혼했고 새어머니와 살면서 충돌. 가출 경험. 친구들과 소통이 안 됨
K	16 (2003.10)	여	중국	부	1년 이상	D중 3학년	중급	재작년에 어머니가 돌아가셨고 화장실에서 담배 피우다가 걸림. 질병으로 조퇴 · 결석 잦음
L	14 (2005.10)	여	한국	부모, 이복 언니, 형부, 조카 2	15년	D중 2학년	상급	중국인 아버지와 어머니, 언니가 모두 일하러 지방에 가고 현재 형부와 거주. 경제적 어려움. 심리적 위축
M	15 (2004.12)	남	중국	부	1년	D중 2학년	중급	중국인으로서 자부심. '짱개'라고 놀림을 받고 싸워서 학폭위가 열림. 수업에 비협조. 폭력적 행동
N	16 (2003.9)	여	중국	모	1년	D중 3학년	중급	'짱개'라고 놀림을 받고 싸워서 학폭위가 열림. 계부와 엄마와 갈등. 교우 문제 등 스트레스

2) 사례자별 상담 종결 보고(4명)

① 사례자 C

미술 · 이야기 활동: 1, 2회기					
주제		K-HTP, 심리검사			
주호소		운동하기를 좋아하며, 특히 달리기를 좋아함. 발음이 부정확해서 알아듣기 어렵고 지루해하는 표정을 많이 보임. 재미없다는 말을 자주 함. 그림그리기를 어려워하며, 특히 쓰기를 어려워함			
작품 내용	작품 제목	무제(제목을 정하는 것을 어려워함)			
	공간구성	집	나무	사람	역동
		중앙 (나무와 사람 사이)	왼쪽 하단	오른쪽 하단	오른쪽 하단(사람 위주)
	작품 설명	자신은 친구를 찾으러 움직이고 싶지 않다고 했고, 이집트에 있는 집이라고 함	한국에 있는 나무로 학교에 있고 나이는 20세(내담자는 14세다). 나무는 초등학교에 혼자 있고 나무 곁에 찾아오는 사람이 없음	집에는 친구 한 명이 있으며 게임을 하고 있음. 자신은 집 밖에 그냥 서 있으며 심심해하고 있었음. 내담자는 이집트 사람이라고 함	내담자는 친구를 필요로 한다고 함. 그림 속 내담자가 심심해하여 친구를 찾으러 집으로 가서 “게임을 같이 하면 어떨까?” 하며 권하는 대화를 함. 한국에 온 후 경주에서 1년 6개월 정도 지냈고, 경주에 친구가 많음
	기분, 느낌	재미없음			
이야기	문제적 이야기	이집트에 대해 생각하기 싫어함	주변에 지지할 사람이 없고, 혼자 지내고 있음	다니는 학교에 친구가 많이 없어 심심해함	친구에게 다가갈 자신이 없음. 이주를 겪으며 소극적인 태도를 가짐. 또래 관계에서 어려움을 느낌
	대안적 이야기	이집트에 대한 트라우마를 해소할 수 있도록 주변의 심리적 지지 필요	다양한 사람을 만날 환경으로 갈 수 있도록 지지	담임교사의 지지 필요	한국에서의 새로운 삶에 대한 적극적인 태도를 갖도록 권유. 가족 안팎의 적극적 지지 필요

	새로운 정체성	이집트에 대한 트라우마 극복	타인과 적극적 상호작용을 하며 성장	친구들과 적극적 소통	또래 관계에서 친밀감 형성

	초기	중기	후기
행동 관찰	5분 동안 그리지 않음. 그림을 그리고 싶지 않다고 호소함	나무를 작게 그리다가 다시 지우고 조금 크게 그림. 사람을 그리다가 지우고 다시 그림	나무, 집, 사람 순으로 그림

상담자 소견	한국말에 대한 의사소통이 어렵고, 표현하기를 어려워함. 대화 속에서 자신도 현재 외롭기에 친구들을 그리워하고 있음. 전학을 와서 또래 관계 형성의 어려움이 있음. 또래보다 두 살이 많아서 성장발육도 빠르고, 사춘기가 진행되고 있어 자신의 이야기를 하는 것을 불편해하고 있으며, 집단원과 나이 차이가 많이 나서 지루해하는 모습을 보임	작품사진 
차기 계획	새로운 친구를 사귀기 위해 태도를 전환하기 위한 활동 제안	
인하대학교 다문화융합연구소		

미술 · 이야기 활동: 3회기		
주제		나의 이미지
주호소		경주에서 친구들과의 추억을 상기하며 그리워함
작품 내용	작품 제목	선생님이 지어주신 이름
	공간구성	8절지 중앙에는 본인의 한국 이름과 이집트 이름을 적음. 오른쪽에는 좋아하는 것을 적고, 하단에는 달리는 모습의 이미지를 붙임
	작품 설명	경주에 있을 때 친구가 11명 있었고, 선생님께서 한국 이름을 지어주심. 이집트 이름은 스티븐이며, 운동하는 자기 모습이 좋다고 함. 경주에 있을 때 눈이 와서 친구들하고 자기 키보다 훨씬 크게 눈사람을 만듦. 한국에 온 지 2년 6개월 되었고, 서울에는 친한 친구가 2명 있음. 경주에 있는 친구들 이야기를 하며 한국의 계절 중에서 겨울이 눈이 와서 좋다고 함. 경주에 있을 때 친구들과 눈사람을 만들고 놀았던 이야기를 함. 경주에 있을 때 선생님이 지어주신 이름이 마음에 듦
	기분, 느낌	몰라요
이야기	문제적 이야기	감정표현에 어려움을 느끼고 잘 표현하지 않음
	대안적 이야기	한국어로 원활한 의사소통이 될 수 있도록 주변의 지지 필요

	새로운 정체성	타인의 도움으로 심리적 어려움을 극복할 수 있음	
행동 관찰	초기	중기	후기
	한국 이름이 좋다고 함	이집트어로 자신의 이름을 크게 씀	잡지에서 운동하는 모습을 붙이고 반짝이로 테두리를 꾸밈
상담자 소견	한국 선생님이 지어주신 이름에 대한 애착이 있으며, 경주에 대한 좋은 기억이 있음. 아직 적극적으로 그림이나 감정 표현을 하고 있지는 않지만, 조금씩 대화 양이 많아지고 있음	작품사진	
차기 계획	자신의 감정표현을 자유롭고 적극적으로 할 수 있도록 격려		
인하대학교 다문화융합연구소			

미술 · 이야기 활동: 4회기		
주제		필름 그림
주호소		미술 같은 정적인 활동에 대해 흥미가 없어서 프로그램에 흥미를 보이지 않음. 자신의 핸드폰에 들어 있는 좋아하는 음악을 틀어놓고 즐거워함. 좋아하는 노래나 아이돌 가수에 대해 물어보며, 핸드폰에 대해서도 관심을 많이 가짐
작품 내용	작품 제목	일기(내담자가 제목을 정할 수 있도록 도와줌)
	공간구성	8절지 왼쪽 상단에는 과거에 눈사람을 만든 모습, 중앙 하단에는 3년 후 아이돌이 되는 모습, 오른쪽 상단에는 침대에서 음악을 들으며 쉬고 있는 모습 표현
	작품 설명	경주에 있을 때 눈사람을 만들었던 것이 기억에 남음. 집에서는 엄마 목소리가 커서 음악소리가 잘 안 들림. 3년 후 방탄소년단 같은 아이돌이 되고 싶음. 집이 시끄럽기 때문에 침대에서 이어폰을 꽂고 편안하게 음악을 들을 수 없음. 음악을 듣고 싶은데 집(이모집?)에서는 크게 듣지 못함. 그래서 열여덟 살쯤에는 편안하게 음악을 듣고 싶음
	기분, 느낌	괜찮아요, 흐뭇해요, 뿌듯해요
이야기	문제적 이야기	아이돌 꿈을 꿀 수 있는 자신만의 환경이 갖추어져 있지 않음
	대안적 이야기	자신의 공간을 가질 수 있도록 주변의 지원 필요
	새로운 정체성	개인의 공간을 가져 사고를 발전시킬 수 있는 시간을 가짐

<table>
<tr><td></td><td>초기</td><td colspan="2">중기</td><td>후기</td></tr>
<tr><td>행동 관찰</td><td>종이 자르기 등 미술활동 하는 것을 귀찮아함. 좋아하는 음악을 크게 틀어놓음. 그림 그리는 것이 어렵다고 하면서도 웃으면서 이야기함</td><td colspan="2">음악을 들으며 적극적으로 활동에 참여함. 하지만 본인 그림에 자신감이 없음. 그림 그리는 게 어렵다고 하면서도 작게 그림을 그림</td><td>활동이 끝난 후 작품에 대해 만족스러워함. 그림을 완성하고 나서 가림</td></tr>
<tr><td rowspan="2">상담자 소견</td><td colspan="2" rowspan="2">이전 회기와 비교했을 때 프로그램 참여에 적극적이고, 상담사와 소통을 원활히 함. 작품을 통해 내담자가 자신만의 공간과 시간을 가져 본인의 장래를 발전시키기 바람</td><td colspan="2">작품사진</td></tr>
<tr><td colspan="2" rowspan="2">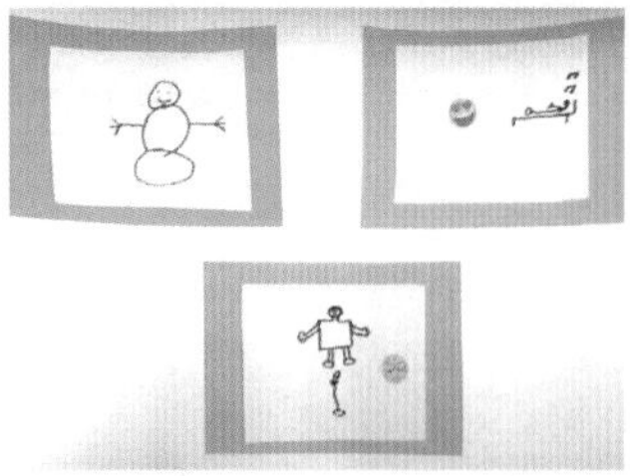</td></tr>
<tr><td>차기 계획</td><td colspan="2">사고를 발전시키고 진로를 계획할 수 있는 환경을 조성할 수 있도록 가족과의 상담 필요</td></tr>
<tr><td colspan="5">인하대학교 다문화융합연구소</td></tr>
</table>

미술 · 이야기 활동: 5회기		
주제		두 얼굴
주호소		이전의 회기들과 비교했을 때, 활동에 대해 적극적으로 참여함. 그림에 대해 자신감도 생김. 한국어를 쓸 때 어려움을 겪어서 선생님에게 써달라고 부탁하며 자신의 의사표현을 정확히 함
작품 내용	작품 제목	없어(내담자 표현)
	공간구성	8절지를 반으로 접어 왼쪽 면에는 좋았던 것, 오른쪽 면에는 나빴던 것을 표현
	작품 설명	운동 쉴 때, 용돈 받을 때, 한국어 쓸 때, 방탄소년단 노래 들을 때, 친구랑 놀 때 좋다고 함. 여동생 A가 놀릴 때, 엄마한테 혼날 때, 방탄소년단 노래 못 들을 때, 선생님께 야단맞았을 때 기분 나빴다고 함
	기분, 느낌	보통
이야기	문제적 이야기	그림그리기 시도를 어려워하고 있음
	대안적 이야기	선생님이 그림 형태를 알려주고 따라 그릴 수 있도록 함
	새로운 정체성	그림을 그릴 때 적극적으로 임하게 됨

<table>
<tr><td></td><td>초기</td><td>중기</td><td>후기</td></tr>
<tr><td>행동 관찰</td><td>활동에 참여하기 어려워하여 내담자가 좋아하는 음악을 듣게 하며 격려함. 미소를 지으며 핸드폰을 만지작거림</td><td>상담사의 도움으로 얼굴을 그림. 어떻게 그림을 그릴지 고민하며 너무 어렵다고 함</td><td>동생과 대화하여 작품을 완성해감. 자신이 좋아하는 음악을 들으며 그림을 완성함</td></tr>
<tr><td rowspan="2">상담자 소견</td><td rowspan="2" colspan="2">자신이 좋아하는 음악을 들으면서 기분도 좋아지고 표현도 잘하고 있음. 회기가 거듭될수록 스스로 하려는 의지도 있고 마음도 표현함. 남은 회기들에서 내담자가 자신감을 향상시켰으면 하는 바람이 있음</td><td>작품사진</td></tr>
<tr><td rowspan="2"></td></tr>
<tr><td>차기 계획</td><td colspan="2">자신의 역량에 대한 자신감을 가질 수 있도록 난화 같은 자유롭고 쉽게 접할 수 있는 활동 제안</td></tr>
<tr><td colspan="4">인하대학교 다문화융합연구소</td></tr>
</table>

<table>
<tr><td colspan="3">미술 · 이야기 활동: 6회기</td></tr>
<tr><td colspan="2">주제</td><td>손가락 그림</td></tr>
<tr><td colspan="2">주호소</td><td>방탄소년단 노래를 들으며 즐거워하고, 수업에 대한 참여도가 향상되어 감정을 다양하게 표현함. 지금 지내고 있는 쉼터에 대한 아쉬움도 이야기함</td></tr>
<tr><td rowspan="4">작품 내용</td><td>작품 제목</td><td>없어(내담자 표현) → 상담사의 권유로 오른손으로 지음(왼손보다 오른손이 좋다고 함)</td></tr>
<tr><td>공간구성</td><td>8절지의 좌측에는 왼손, 우측에는 오른손을 표현</td></tr>
<tr><td>작품 설명</td><td>본인의 두 손을 대고 연필로 왼손과 오른손을 그림. 왼손에는 버리고 싶은 것, 오른손에는 좋아하는 것을 적으며 표현함. 좋아하는 것은 방탄소년단, 노래, 축구, 컴퓨터(컴퓨터를 새로 사서 게임 하고 싶고 유튜브를 보고 싶어 함), 중국어 배우고 싶음(중국인 여자친구가 생겨서 배우고 싶다고 함). 버리고 싶은 것은 수학(어렵다고 함), 부끄러움(여자친구에게 당당하게 표현하고 싶음), 음악을 듣기에 시끄러운 방. 비밀을 안 지키는 사람이 싫다고 함. 음악을 크게 틀고 싶은데 자유롭게 듣고 있지 못해서 아쉽고, 동생과 같이 방을 써서 불편하다고 함. 중국인 여자친구가 생겼고, 여자친구 때문에 중국어를 배우고 싶음. 몸에 털이 많아서 팔 걷는 것이 싫음</td></tr>
<tr><td>기분, 느낌</td><td>보통</td></tr>
<tr><td rowspan="3">이야기</td><td>문제적 이야기</td><td>자신을 표현하기 어려워함</td></tr>
<tr><td>대안적 이야기</td><td>다양한 감정을 표현할 수 있도록 자유로운 분위기를 만들어줌</td></tr>
<tr><td>새로운 정체성</td><td>자신의 표현을 자유롭고 적극적으로 할 수 있게 됨</td></tr>
</table>

<table>
<tr><td rowspan="2">행동
관찰</td><td>초기</td><td colspan="2">중기</td><td>후기</td></tr>
<tr><td>음악을 틀고 싶어 함</td><td colspan="2">손이 크다고 말하며 선생님과 손 크기를 비교함</td><td>오른손은 안 그리고 싶다고 했지만 끝까지 완성함</td></tr>
<tr><td rowspan="2">상담자
소견</td><td colspan="2" rowspan="2">저번 회기에 이어 자신이 좋아하는 음악을 틀어놓자 표정이 한결 부드러워졌으며, 감정 표현도 다양하게 나옴. 동생에 대한 귀찮음을 계속 이야기하며, 지금 기거하고 있는 쉼터에 대해서도 불편하다고 말함. 사춘기가 시작된 아동의 발달 특성에 맞는 물리적 환경이 요구됨</td><td colspan="2">작품사진</td></tr>
<tr><td colspan="2" rowspan="2">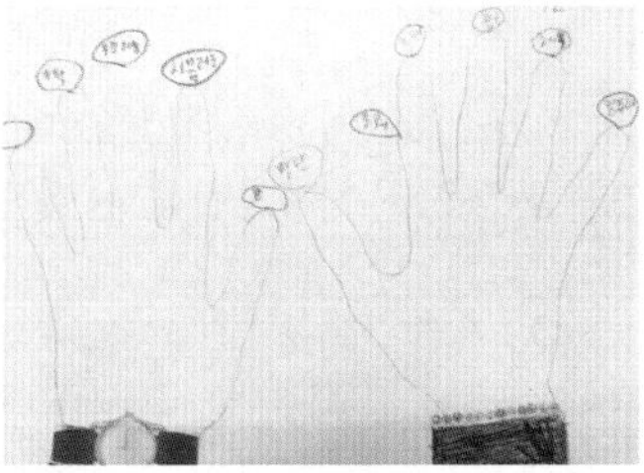</td></tr>
<tr><td>차기
계획</td><td colspan="2">자신의 감정, 생각을 자유롭게 표현할 수 있도록 격려와 환경 조성. 활동을 통해 자존감 향상도 필요</td></tr>
<tr><td colspan="5">인하대학교 다문화융합연구소</td></tr>
</table>

미술 · 이야기 활동: 7회기		
주제		선물
주호소		감정 기복이 표정에 나타나며, 누구에게 무엇을 주고 싶지 않다는 강한 자기표현을 함
작품 내용	작품 제목	없어요
	공간구성	도화지를 반으로 접었다가 펴서 왼쪽은 내가 ㅇㅇ이에게 주고 싶은 선물, 오른쪽은 ㅇㅇ이로부터 받고 싶은 선물을 표현할 수 있도록 함
	작품 설명	콜라주 잡지를 활용하여 작품을 만듦. 자신은 누구에게도 선물을 주고 싶지 않고 받고 싶은 선물은 노트북임. 아빠가 사주셨는데 너무 느려서 아이들과 게임을 할 수 없음. 지금 하는 게임은 오버워치, 베크를 하고 있고 PC방을 다니고 있음. 닌텐도 게임기도 갖고 싶으며, 아이폰 11도 갖고 싶고, 방탄소년단 사진도 한 장밖에 없어서 갖고 싶음. 누구에게 선물을 주고 싶은 마음은 없음
	기분, 느낌	몰라요
이야기	문제적 이야기	타인에 대해 배려하는 마음을 키워야 함
	대안적 이야기	주고 기쁨을 느낄 수 있는 환경적 제공
	새로운 정체성	주고 기쁨을 느낄 수 있는 환경적 제공

	초기	중기	후기
행동 관찰	못 한다며 잡지도 보지 않고 있음	주고 싶은 것은 아무것도 없고, 받고 싶은 것은 글씨를 어떻게 쓰는 것이냐고 물음	게임에 대해 생각하면서 표정도 좋아지고, 자신이 좋아하는 음악에 집중하느라 작품을 완성하기 싫어함

		작품사진
상담자 소견	나눔과 배려를 배워나가며 하나씩 실천할 수 있는 물리적 환경을 제공하며, 칭찬과 지지를 할 수 있도록 함	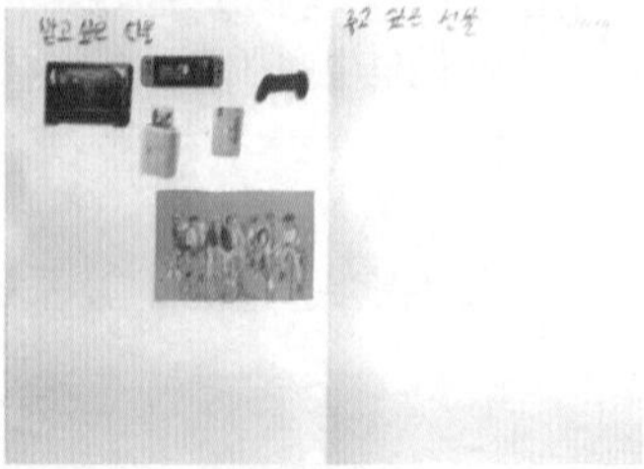
차기 계획	주변 이웃들에게 마음을 표현할 수 있는 활동 제안	
인하대학교 다문화융합연구소		

미술 · 이야기 활동: 8회기					
주제		K-HTP, 심리검사			
주호소		그림그리기를 힘들어하며 타인과 상호작용에 소극적인 태도를 보임			
작품 내용	작품 제목	무제(몰라요)			
	공간구성	집	나무	사람	역동
		좌측 하단에 위치	오른쪽 중간에 위치	중간 좌측 하단	전체
	작품 설명	예시로 그린 그림을 보고 그리면서 "집은 없어요. 몰라요"를 반복함	"어떻게 그려요?", "몰라요", "너무 어려워요"	"그냥 사람이 가만히 있어요"	다른 사물, 환경과 상호작용하지 않고 경직되어 있음
	기분, 느낌	몰라요			
이야기	문제적 이야기	집에 대한 감정 표현을 하지 않음	"나무는 없다", "모른다" 등 어떻게 해야 하는지 반복 질문	사람은 아무것도 하지 않고 가만히 있고, 주변에 아무도 없음	주변과 상호작용이 원활히 되지 않음

<table>
<tr><td></td><td>대안적 이야기</td><td>집에 대한
정체성의 어려움
이해</td><td>나무가 건강하게
자랄 수 있도록
튼튼하게 그려보기</td><td>나이 차이가 나기
때문에 또래와 놀기
어려움. 같은 또래
환경을 만들어줌</td><td>학교, 가족의 지지
필요</td></tr>
<tr><td></td><td>새로운 정체성</td><td>시설에서 살고
있어 집에 대한
애착이 어려울 수
있는 환경적 영향
이해</td><td>주변 사람들의
도움으로 건강한
나무 표현</td><td>시설이나 센터에서
또래들을 만나고
있으며, 같은 또래와
이야기할 때는
표정이 밝음</td><td>자신의 감정을
표현하며, 자신만의
삶을 이끎</td></tr>
<tr><td rowspan="2">행동
관찰</td><td colspan="2">초기</td><td colspan="2">중기</td><td>후기</td></tr>
<tr><td colspan="2">"몰라요, 없어요, 안 해요"만 반복</td><td colspan="2">"어떻게 그려요?", "몰라요" 하며
그림그리기 싫다고 표현</td><td>예시된 그림을 따라 그림</td></tr>
<tr><td>상담자
소견</td><td colspan="3">그림그리는 것을 매우 어려워했으며, 질문을 해도 모른다는 말로 일관했지만 표정은 밝음. 청소년기의 전형적 특징으로 물어보면 대답하지 않고 짜증내며 모른다는 말로 일축해버려서 상담 진행이 어려움</td><td colspan="2" rowspan="2">작품사진
</td></tr>
<tr><td>차기
계획</td><td colspan="3">타인과 만날 기회를 늘리도록 가족, 교사의 지지 필요(상담 필요)</td></tr>
<tr><td colspan="6">인하대학교 다문화융합연구소</td></tr>
</table>

② 사례자 I

<table>
<tr><td colspan="3">미술 · 이야기 활동: 1, 2회기</td></tr>
<tr><td colspan="2">주제</td><td>K-HTP, 심리검사</td></tr>
<tr><td colspan="2">주호소</td><td>반에 단짝 친구가 없어서 심심해요</td></tr>
<tr><td rowspan="2">작품
내용</td><td>작품 제목</td><td>장 보러 갔다</td></tr>
<tr><td>공간구성</td><td>집을 좌측에서 우측까지 담으로 그림. 나무는 담벼락 안쪽, 사람은 하단 중앙</td></tr>
</table>

<table>
<tr><td rowspan="2"></td><td>작품 설명</td><td colspan="3">중국 전통가옥으로 좌측에 대문을 그리고 오른쪽에 긴 벽면을 그림. 자신이 살고 있는 집은 아니지만, I가 가족과 살고 싶은 집. 담 너머로 집 안에는 나무가 여러 그루 있음. 아빠와 I, 그리고 엄마와 강아지가 함께 장을 보고 오는 중. I는 강아지를 좋아하지만, 엄마가 강아지 알레르기가 있어서 키울 수 없는 상황. 이 집에서 나중에 I네 가족이 재미있게 살고 있을 것 같다고 설명함</td></tr>
<tr><td>기분, 느낌</td><td colspan="3">“아주 고운 이런 집에서 가족과 살고 싶다는 생각이 들었고, 그림을 그리면서 기분이 좋고 재미있는 시간이었어요.”</td></tr>
<tr><td rowspan="3">이야기</td><td>문제적 이야기</td><td colspan="3">내성적인 성향의 I는 한국어로 기본적인 의사소통은 가능하지만 정확하게 이해하는 것은 어려워 보이며, 자신에 대해 적극적으로 표현하거나 어울리는 것을 부담스러워함</td></tr>
<tr><td>대안적 이야기</td><td colspan="3">학교 특성화 프로그램인 중국어 이해 수업시간에 중국어 실력을 뽐낼 기회가 온다면 어떨지에 대해 이야기를 나눔</td></tr>
<tr><td>새로운 정체성</td><td colspan="3">선생님이 기회를 준다면 중국어를 적극적으로 표현할 의향이 있으며, 그러면 친구들도 자신에게 더 관심을 가질 것 같다고 함</td></tr>
<tr><td rowspan="2">행동
관찰</td><td colspan="2">초기</td><td>중기</td><td>후기</td></tr>
<tr><td colspan="2">차분하고 조용해서 말수가 적지만, 질문에 대해서는 대답을 곧잘하고 4학년 동생과도 금방 친해짐</td><td>그림을 무척 잘 그리며, 집중도 잘하고, 빠른 시간에 완성도가 높은 그림을 그림</td><td>본인이 좋아하는 연예인 이야기를 하면서 미소를 많이 지어 보였고, 처음보다는 긴장이 덜해 보임</td></tr>
<tr><td>상담자
소견</td><td colspan="2">조용하고 차분한 성격의 I는 그림도 무척 잘 그리며, 자신에게 주어진 일에 대해서는 완수하는 모습을 보임. 자신의 강점을 적극적으로 보여줄 수 있는 기회를 주면 좋겠음</td><td colspan="2">작품사진
</td></tr>
<tr><td>차기
계획</td><td colspan="2">마음을 열 수 있도록 라포 형성에 힘쓰기</td><td colspan="2"></td></tr>
<tr><td colspan="5">인하대학교 다문화융합연구소</td></tr>
</table>

<table>
<tr><td colspan="3">미술 · 이야기 활동: 3회기</td></tr>
<tr><td colspan="2">주제</td><td>나의 이미지</td></tr>
<tr><td colspan="2">주호소</td><td>친구들에게 다가가는 것이 어려워요</td></tr>
<tr><td rowspan="2">작품
내용</td><td>작품 제목</td><td>왕이보(중국 연예인)</td></tr>
<tr><td>공간구성</td><td>세로로 중앙에 그림</td></tr>
</table>

<table>
<tr><td></td><td>작품 설명</td><td colspan="3">I는 하교 후에 집에서 주로 하는 일이 그림을 그리는 것이고, 가장 잘하는 것도 그림그리기라고 함. 그림은 왕이보라는 중국 연예인으로 I가 두 번째로 좋아하는 연예인이고, 자신이 좋아하는 연예인을 그렸다고 함. I는 중국에서 5년 정도 미술학원에 다녔고, 장래 꿈은 디자이너가 되는 것이라며 자신의 스케치북을 꺼내서 보여줌. 한 장 한 장마다 매우 섬세하고 정성을 들여 그린 그림들이 가득했고 스스로도 뿌듯해함</td></tr>
<tr><td></td><td>기분, 느낌</td><td colspan="3">아주 멋있다. (그린 그림을) 가지고 가고 싶다</td></tr>
<tr><td rowspan="3">이야기</td><td>문제적 이야기</td><td colspan="3">I의 취미이자 특기는 그림그리기로, 실력이 상당한 수준급으로 보임. 그런 실력을 아낌없이 친구나 타인들에게 보여주면 대인관계에서도 좋은 영향을 미칠 것 같은데, 자신을 보여주는 모습에 적극적이지 않아 아쉬움</td></tr>
<tr><td>대안적 이야기</td><td colspan="3">I의 실력은 누가 보더라도 한 번쯤은 “와~ 잘 그렸다!”라고 칭찬할 수 있는 실력으로, 연예인만이 아닌 반 친구들을 그림으로 그려주면 언어가 아닌 미술로 친구들에게 다가갈 기회가 될 것 같음</td></tr>
<tr><td>새로운 정체성</td><td colspan="3">언어만이 아닌 미술이라는 매체를 통해서도 친구들과 친해질 수 있다는 것을 알게 됨</td></tr>
<tr><td rowspan="2">행동 관찰</td><td colspan="2">초기</td><td>중기</td><td>후기</td></tr>
<tr><td colspan="2">지난주보다 한결 편안한 얼굴로 선생님들에게 인사도 하며 4학년 H와는 중국 연예인과 드라마 이야기로 화기애애한 시간을 보냄</td><td>그림을 그릴 때만큼은 집중력이 크게 발산되어 옆자리 아이들이 장난을 치거나 말을 많이 해도 흔들림 없이 자신의 그림에 충실함</td><td>그림을 그린 후 색칠을 하자고 했지만, 자신은 색칠하는 것을 좋아하지 않는다고 본인의 의사를 말함</td></tr>
<tr><td>상담자 소견</td><td colspan="2">그림을 잘 그리는 것 이상으로 수준급의 실력을 지닌 I의 꿈은 디자이너로, 기회가 된다면 진로에 관해서도 이야기를 나눌 시간을 가져 6학년 I의 진로탐색에 도움이 되었으면 좋겠음</td><td colspan="2">작품사진
</td></tr>
<tr><td>차기 계획</td><td colspan="2">그림에 대해 칭찬해주며 더 많은 대화를 할 수 있도록 돕기</td><td colspan="2"></td></tr>
<tr><td colspan="5">인하대학교 다문화융합연구소</td></tr>
</table>

<table>
<tr><td colspan="3">미술 · 이야기 활동: 4회기</td></tr>
<tr><td colspan="2">주제</td><td>필름 그림</td></tr>
<tr><td colspan="2">주호소</td><td>빨리 커서 샤오잔과 결혼하고 싶어요</td></tr>
<tr><td rowspan="2">작품 내용</td><td>작품 제목</td><td>샤오잔 부인</td></tr>
<tr><td>공간구성</td><td>세로로 과거는 상단 좌측, 현재는 우측 중앙, 미래는 좌측 하단</td></tr>
</table>

<table>
<tr><td rowspan="2"></td><td>작품 설명</td><td colspan="3">그림 순서는 좌측 상단부터 과거, 현재, 미래를 시계 방향 순으로 그려나감. 제일 먼저 과거 그림은 I가 중국에 살 때 재미있게 본 스파이더맨이 생각나서 그림. 그림에는 "야, 바지가 흘러내렸어"라는 코믹한 부분을 표현했으며, 실제로 바지가 흘러내린 스파이더맨을 그림. 현재를 나타내는 그림에는 글로 표현했는데, 위에는 왕이보(중국 연예인)의 "역시 나여서"와 아랫줄에는 샤오잔(중국 연예인)의 "돈 많은 오빠"라는 어구로 두 연예인의 사인에 들어가는 내용을 적음. 미래 그림에는 '소부인'이라고 썼는데, 샤오잔(중국 연예인)의 아내가 되고 싶은 I의 바람을 나타냄</td></tr>
<tr><td>기분, 느낌</td><td colspan="3">좋아요. 샤오잔을 빨리 만나고 싶어요</td></tr>
<tr><td rowspan="3">이야기</td><td>문제적 이야기</td><td colspan="3">I는 또래와 비슷하게 한창 중국 연예인에 푹 빠져 지내는 모습을 보임. 한국에 온 지 5개월 차라 아직은 중국이 더 익숙하기에 연예인도 중국 연예인을 더 좋아함. 중국에 있는 친구들이 그리울 때는 화상채팅 등으로 연락을 취하고 있음</td></tr>
<tr><td>대안적 이야기</td><td colspan="3">아직 한국에 친한 친구가 없는 I에게 친구들과 친해지는 방법으로는 또래 친구들과 공통된 관심사인 한국 연예인 이야기로 대화에 동참하면 좋을 것 같다고 말해줌</td></tr>
<tr><td>새로운 정체성</td><td colspan="3">나라별 문화의 다름에 대해 이해하고, 자신이 살아가는 환경에 적응하기 위해서는 그 문화를 더 깊이 있게 이해해야 함을 깨달을 수 있음</td></tr>
<tr><td rowspan="2">행동 관찰</td><td colspan="2">초기</td><td>중기</td><td>후기</td></tr>
<tr><td colspan="2">오늘은 4학년 동생과 같이 30분 일찍 와서 지난주 지낸 이야기를 나눔. 한국어 실력이 부족해 공부 중인데 힘들다고 토로함</td><td>그림을 그리면서 혼자 미소를 많이 지음. 좋아하는 연예인 이야기를 쓰자니 설레기도 하고 부끄러운지 마냥 좋아하는 소녀의 모습을 보임</td><td>자신의 미래 그림을 설명할 때는 그림으로 얼굴을 가리는 등 심하게 쑥스러워함. 샤오잔(중국 연예인)의 아내가 되고 싶은 자기 꿈이 창피하다고 함</td></tr>
<tr><td>상담자 소견</td><td colspan="3">말수가 그리 많지 않은 I가 이번 주부터는 힘들거나 어려운 부분을 스스로 조금씩 표현하기 시작함</td><td>작품사진
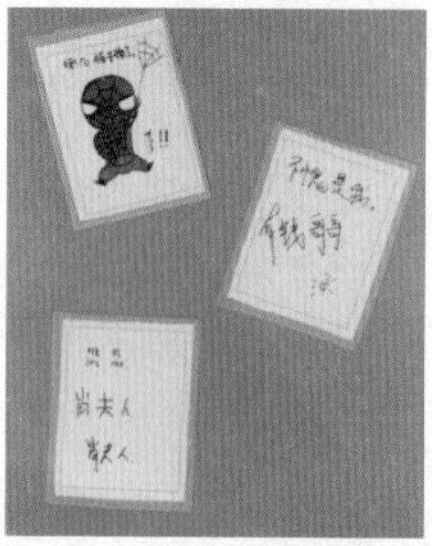</td></tr>
<tr><td>차기 계획</td><td colspan="3">수용해주고 지지해주며 자존감을 가질 수 있도록 돕기</td><td></td></tr>
<tr><td colspan="5">인하대학교 다문화융합연구소</td></tr>
</table>

<table>
<tr><th colspan="4">미술 · 이야기 활동: 5회기</th></tr>
<tr><td colspan="2">주제</td><td colspan="2">두 얼굴</td></tr>
<tr><td colspan="2">주호소</td><td colspan="2">그림에 대해 평가받는 것이 제일 싫어요</td></tr>
<tr><td rowspan="4">작품
내용</td><td>작품 제목</td><td colspan="2">얼굴</td></tr>
<tr><td>공간구성</td><td colspan="2">좌측에 웃는 얼굴, 우측에 화난 얼굴</td></tr>
<tr><td>작품 설명</td><td colspan="2">I가 웃음 짓고 행복할 때는 친구랑 같이 놀 때나 쇼핑하면서 옷을 살 때이고, 샤오잔(중국 연예인)은 생각하는 것만으로도 행복해지며, 샤브샤브를 먹을 때도 행복하다고 함. 웃을 때는 고양이 웃음 같다고 해서 고양이처럼 그렸다고 함. 가운데 뾰족한 것은 머리모양이라고 함
I가 화날 때는 타인들이 샤오잔에 대해 함부로 욕할 때이며, 자기 그림을 망치거나 그림에 대해 함부로 얘기할 때라고 함. 그럴 때면 칼로 책상을 긋기도 한다고 함. 특히 엄마, 아빠가 그림에 대해 단점을 지적할 때가 가장 싫다고 함(예: 눈이 너무 작아, 색이 너무 밝아 보여 등). 그래서 지금은 그림을 잘 보여주지 않음</td></tr>
<tr><td>기분, 느낌</td><td colspan="2">기분이 좋다</td></tr>
<tr><td rowspan="3">이야기</td><td>문제적 이야기</td><td colspan="2">I는 다른 사람들보다 부모님이 그림에 대해 평가하는 것이 싫다고 하며, 그림에 대해 함부로 얘기할 때는 화가 나서 칼로 책상을 긋는 행동을 보임</td></tr>
<tr><td>대안적 이야기</td><td colspan="2">화가 난다고 칼로 책상을 긋는 행동에 대해 다시 생각해보기로 함. 또한 I를 가장 사랑하는 부모님이 왜 조언하시는지도 생각해보게 함. 부모님은 I가 더 잘되라고 말씀하시는 것 같으며, 칼로 긋는 행동은 좋아 보이지 않는다고 말해줌</td></tr>
<tr><td>새로운 정체성</td><td colspan="2">I는 자신의 그림이 작품을 떠나 하나의 예술이라는 생각을 하고 있어 평가받는 것에 거부감을 갖지만, 평가로 인해 I의 실력이 성장할 수도 있음을 알았으면 함</td></tr>
<tr><td rowspan="2">행동
관찰</td><td>초기</td><td>중기</td><td>후기</td></tr>
<tr><td>선생님들보다 먼저 와서 교실 앞에서 기다림. 미술수업을 계속했으면 좋겠다고 함. 다음 주는 2회 있을 예정이라고 하니 너무 좋다며 기뻐하는 모습을 보임</td><td>I는 그리고자 하는 것이 생각나면 막힘없이 술술 그려나가는 능력이 탁월해 보임. 본인도 자신의 그림에 만족하는 모습을 보임</td><td>상담 초기에는 그림에 대해 설명할 때 단답형이나 짧은 문장으로 얘기했으나 최근에는 다양한 이야기와 자기 생각을 함께 표현함</td></tr>
</table>

<table>
<tr><td rowspan="2">상담자 소견</td><td rowspan="2">또래 6학년보다 성숙해 보이는 I이지만, 이야기를 주고받다 보면 영락없는 사춘기 소녀이기에 건강한 사춘기를 보내고 있는 것이 좋아 보임</td><td>작품사진</td></tr>
<tr><td rowspan="2"></td></tr>
<tr><td>차기 계획</td><td>주호소 문제에 대해 경청과 관심 기울이기</td></tr>
<tr><td colspan="3">인하대학교 다문화융합연구소</td></tr>
</table>

<table>
<tr><th colspan="3">미술 · 이야기 활동: 6회기</th></tr>
<tr><td colspan="2">주제</td><td>손가락 그림</td></tr>
<tr><td colspan="2">주호소</td><td>저는 용기가 없어요</td></tr>
<tr><td rowspan="4">작품 내용</td><td>작품 제목</td><td>손</td></tr>
<tr><td>공간구성</td><td>좌측에 단점, 우측에 장점</td></tr>
<tr><td>작품 설명</td><td>I의 장점 ① 춤을 잘 춤(기분이 좋고 사람이 없을 때) ② 노래를 잘 부름(중국에서 친구들이 목소리가 좋지 않다고 지적해서 주로 혼자 있을 때 부름) ③ 그림을 잘 그림(I에게 그림은 생명과도 같음) ④ 키가 큼(친구들을 괴롭히거나 혼내줄 수 있음) ⑤ 혼자만의 즐거움(남들이 웃지 않는데 주로 혼자서 크게 웃을 때가 있음)
I의 단점 ① 외로움(한국에서의 외로움, 특히 언니가 비행기 타고 가는 순간 기분이 좋지 않음) ② 귀신을 무서워함 ③ 발이 큼(신발 사기가 어려움) ④ 뱃살이 많음(지퍼 올리기가 힘듦) ⑤ 시끄러운 사람을 싫어함</td></tr>
<tr><td>기분, 느낌</td><td>즐겁습니다</td></tr>
<tr><td rowspan="3">이야기</td><td>문제적 이야기</td><td>장점과 단점을 설명한 후 무엇을 느꼈냐는 질문에 자신에게 용기가 가장 필요한 것 같다고 말함. 자신은 나쁜 사람들(강도 등)한테는 두려움이 많아 용기가 있어야 할 것 같다고 함</td></tr>
<tr><td>대안적 이야기</td><td>강도 같은 사람들에게는 I뿐만 아니라 선생님들도 선뜻 용기를 내지 못하는 것이 일반적이라고 설명하고, I가 한국에 와서 적응하며 살아가는 것 또한 큰 용기를 낸 것이라고 말해줌</td></tr>
<tr><td>새로운 정체성</td><td>언어장벽으로 쉽게 친구들에게 접근하지 못하는 자신의 모습에 대해서도 용기가 필요하다는 것을 생각할 기회가 되었으면 좋겠음. I의 한국어 실력으로는 친구들과의 대화가 충분히 가능함</td></tr>
</table>

	초기	중기	후기
행동 관찰	회기를 거듭할수록 말도 많이 하고 밝은 미소를 많이 보여주며 자신의 이야기를 많이 꺼내놓는 등 변화가 두드러짐. 늦게까지 미술활동을 하면 좋겠다는 이야기를 여러 번 함	자신의 손을 정밀하게 그려나감. G의 단점에 대해서는 “너무 말이 많다”라고 지적하고, 자신의 단점에는 “시끄러운 사람이 싫다” 라고 씀	먼저 그림 설명을 끝낸 4학년 H가 I에게 와서 계속 불편하게 하자, 화를 내지는 않았지만 조금 귀찮아하는 표정을 지음
상담자 소견	I가 다른 친구들에 비해 고학년이기도 하지만, 다른 친구들의 이야기를 경청하며 이야기도 나누는 모습이 좋아 보임		작품사진 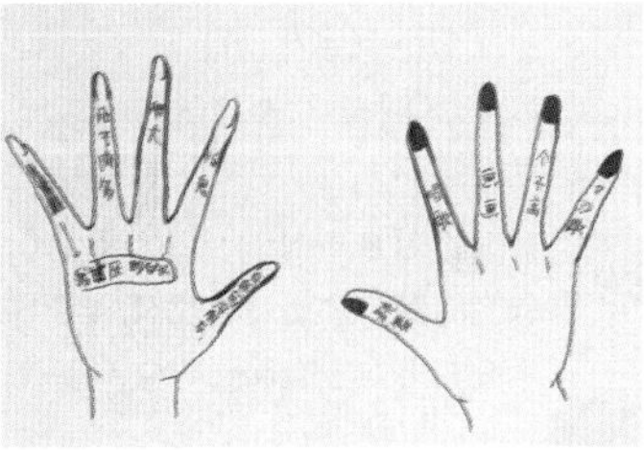
차기 계획	의사 표현 시 자신의 감정을 더 표현할 수 있도록 유도하기		
인하대학교 다문화융합연구소			

미술 · 이야기 활동: 7회기		
주제		선물
주호소		아빠의 잔소리와 간섭이 너무 심해요
작품 내용	작품 제목	주고 싶은 선물
	공간구성	좌측에는 받고 싶은 선물, 우측에는 주고 싶은 선물
	작품 설명	I가 받고 싶은 선물은 상담사 선생님께 중국 가는 비행기 티켓과 인형, 아이패드, 마커펜이라고 함. 비행기 티켓은 중국에 가서 살고 싶어서이고, 홍학 인형은 긴 다리가 아름다워서 갖고 싶으며, 아이패드는 핸드폰보다 더 넓은 화면으로 보고 싶어서 갖고 싶고, 마커펜으로는 그림을 예쁘게 색칠하고 싶어서 갖고 싶다고 함. 아빠한테는 화첩과 중국 과자를 선물 받고 싶고, 언니한테는 샤오잔이 그려져 있는 노트를 받고 싶다고 함 I는 중국에서 친했던 친구에게 캐릭터가 그려져 있는 예쁜 옷을 선물하고 싶다고 함. 이유는 캐릭터가 그려져 있는 옷을 많이 좋아하기 때문이라고 말함
	기분, 느낌	좋다. 아주 좋습니다. 하늘을 나는 것 같이 좋아요
이야기	문제적 이야기	아빠가 중국에서 살 때보다 한국에서 더 엄격하고 잔소리가 심해서 답답하다는 표현을 함. I는 화가 나도 아빠 앞에서는 말하지 않고 혼자 있는 공간에서 물건을 던져 화를 푼다고 함. 말하면 말대꾸한다고 혼날 것 같아 더 이상 말하지 않는다고 함

<table>
<tr><td></td><td>대안적 이야기</td><td colspan="3">화가 난다고 해서 물건을 던지는 행동은 스스로도 좋아 보이지 않는다고 함. 부모님께서 말을 들어주지 않을 것 같다고 하는 것은 I의 개인적인 생각뿐이라는 걸 인식시킴</td></tr>
<tr><td></td><td>새로운 정체성</td><td colspan="3">다음부터는 화가 나면 왜 화가 났는지 부모님께 차분하게 말씀드려보기로 함. 그렇게 해보지 않아 잘 모르겠지만, 차분하게 이야기하는 것에 도전해보겠다고 함</td></tr>
<tr><td rowspan="2">행동 관찰</td><td colspan="2">초기</td><td>중기</td><td>후기</td></tr>
<tr><td colspan="2">핸드폰으로 중국 연예인 사진을 계속 찾아봄. 쉬는 시간이나 자신의 일이 끝나면 거의 핸드폰을 보고 있는 경우가 많음</td><td>좋아하는 중국 음악을 들으며 자신이 그리고자 하는 그림을 잘 그려나감. 남는 시간에 상담사를 그려 선물로 줌</td><td>그림을 못 그렸다고 말하는 H 때문에 마음이 상해서인지 한동안 그림 설명을 하지 않고 속상해함. H가 다가와 안아주고 말을 거니 다시 웃음을 되찾고 설명함</td></tr>
<tr><td>상담자 소견</td><td colspan="2">상담 초기에 비해 자신의 주호소 이야기를 이끌어내며 마음을 열고자 하는 변화가 느껴짐. 부모님도 사춘기 I와 대화를 나눌 수 있도록 부모교육을 받으면 좋겠다는 생각이 듦</td><td colspan="2" rowspan="2">작품사진
</td></tr>
<tr><td>차기 계획</td><td colspan="2">부모님과 대화하는 방법에 대해 이야기 나누기</td></tr>
<tr><td colspan="5">인하대학교 다문화융합연구소</td></tr>
</table>

<table>
<tr><td colspan="3">미술 · 이야기 활동: 8회기</td></tr>
<tr><td colspan="2">주제</td><td>K-HTP, 심리검사</td></tr>
<tr><td colspan="2">주호소</td><td>저는 다 컸는데 아빠가 아이 취급해요</td></tr>
<tr><td rowspan="4">작품 내용</td><td>작품 제목</td><td>꿈속에 나타난 집</td></tr>
<tr><td>공간구성</td><td>집은 중앙, 나무는 집 좌측, 사람은 집 앞 하단에 그림</td></tr>
<tr><td>작품 설명</td><td>꿈속에 나타난 집으로 나무 뒤쪽의 직사각형은 휴게실이고 로봇이 밥을 하고 있어서 연기가 난다고 함. 맨 앞에 둥근 지붕의 집과 오른쪽 집은 정문과 후문이 있는 집으로 물관이 연결되어 있어서 목욕물이 빠져나가는 거라고 설명함. 나무는 그냥 심은 지 얼마 안 된 것임. 밖에 있는 사람은 I 엄마로 채소가 부족해서 시장에 가는 거라고 함. 가족은 I, 엄마, 아빠, 언니, 이모, 외할아버지, 외할머니 모두 함께 살고 있음. I네 집인데 살 곳이 없어서 같이 살게 된 거라고 함. 집은 예쁘지만 살고 싶은 집은 아니고 꿈에서 보던 집이며 나중에 이 집은 없어짐. 꿈이기에 꿈에서 깨어나면 없어지는 거라고 함</td></tr>
<tr><td>기분, 느낌</td><td>기분이 좋다</td></tr>
</table>

<table>
<tr><td rowspan="3">이야기</td><td>문제적 이야기</td><td colspan="3">I는 자신이 어른처럼 다 성장했는데 아빠는 왜 자기를 어린아이처럼 대하는 것인지 이해가 가지 않는다고 함</td></tr>
<tr><td>대안적 이야기</td><td colspan="3">앞으로는 I가 부모님과의 문제에서 피하지만 말고 대화를 통한 이야기로 풀어나가면 부모님도 I를 더 성숙하게 볼 수 있는 계기가 될 것이라고 이야기 나눔</td></tr>
<tr><td>새로운 정체성</td><td colspan="3">사춘기 시절에 극단적인 생각보다는 사고하는 습관을 지니고 대화를 시도하는 기회가 되었으면 함</td></tr>
<tr><td rowspan="2">행동 관찰</td><td colspan="2">초기</td><td>중기</td><td>후기</td></tr>
<tr><td colspan="2">H와 함께 만나서 일찍 도착한 후 오늘은 늦게 끝냈으면 좋겠다고 함. 다음 학기에도 할 것이냐고 묻고는 또 했으면 좋겠다고 아쉬움을 여러 번 표현함</td><td>그림 설명을 하면서 4학년 H랑 같이 살고 싶다는 이야기를 함. 표현에 적극적이지 않던 I이지만, H가 I에게 좋다고 표현한 이후로는 본인도 적극적으로 표현함</td><td>마지막 인사를 하면서도 내년에도 또 했으면 좋겠다는 이야기를 함. 서툰 표현이지만 마음을 열고 있다는 것이 느껴짐. 힘든 일이 있을 때 연락하라고 토닥여줌</td></tr>
<tr><td rowspan="2">상담자 소견</td><td colspan="3" rowspan="2">감정표현에 낯설어했던 I는 회기를 거듭할수록 마음을 열고 자신의 감정이나 힘든 일들을 표현하는 것에 가장 큰 변화를 보임</td><td>작품사진</td></tr>
<tr><td rowspan="2"></td></tr>
<tr><td>차기 계획</td><td colspan="3">8회기로 종결함. 차기계획 없음</td></tr>
<tr><td colspan="5">인하대학교 다문화융합연구소</td></tr>
</table>

③ 사례자 L

<table>
<tr><td colspan="6">미술 · 이야기 활동: 1, 2회기</td></tr>
<tr><td colspan="2">주제</td><td colspan="4">K-HTP, 심리검사</td></tr>
<tr><td colspan="2">주호소</td><td colspan="4">친구와 돈이 없다</td></tr>
<tr><td rowspan="3">작품 내용</td><td>작품 제목</td><td colspan="4">나무집</td></tr>
<tr><td rowspan="2">공간구성</td><td>집</td><td>나무</td><td>사람</td><td rowspan="2">역동</td></tr>
<tr><td>중앙 아래, 울타리</td><td>상단에 여러 개, 숲</td><td>우측, 집의 문 옆</td></tr>
</table>

<table>
<tr><td rowspan="2"></td><td>작품 설명</td><td>도시에서 떨어지지 않아서 사고 싶은 물건을 사러 갈 수 있는 거리의 숲 안에 집이 있음</td><td>향기가 나는 숲에 집을 지음. 집을 이곳에 지은 이유는 향기 때문임</td><td>같이 사는 사람은 친구임. 현재 친구는 아니고 미래에 만날 친구임</td><td>숲과 집 사이에는 울타리가 있음. 두 명이 같이 사는데, 한 명은 활발하고 한 명은 소극적이고 내성적임</td></tr>
<tr><td>기분, 느낌</td><td colspan="4">뜻깊은 시간이었고 기분이 좋았다</td></tr>
<tr><td rowspan="3">이야기</td><td>문제적 이야기</td><td colspan="4">마음을 나눌 수 있는 친구가 없음. 학교에 친구는 있지만 마음을 나눌 정도는 아님</td></tr>
<tr><td>대안적 이야기</td><td colspan="4">아직은 없지만 먼저 다가와줄 활발한 친구가 필요함</td></tr>
<tr><td>새로운 정체성</td><td colspan="4">나보다 더 소극적인 친구가 있으면 내가 먼저 다가가서 친구가 되어줄 수 있음</td></tr>
<tr><td rowspan="2">행동 관찰</td><td colspan="2">초기</td><td colspan="2">중기</td><td>후기</td></tr>
<tr><td colspan="2">잘 웃고 묻는 말에 대답을 잘 함. 긍정적으로 반응함</td><td colspan="2">적당한 친절과 예의가 있지만, 거리와 선을 둠</td><td>활동에는 적극적이었지만, 상담 현장을 빨리 벗어나기 원함</td></tr>
<tr><td>상담자 소견</td><td colspan="3">부모님은 지방으로 일하러 가시고 이복언니 집에서 이복언니의 자녀들(초4, 초6)을 돌보면서 살아가고 있음. 그나마 함께 살던 이복언니도 지방으로 일하러 가는 바람에 지금은 혼자서 집안일을 다 하는 상황. L의 부모님은 중국 출신이지만 L는 한국에서 태어나서 한국인이라는 정체성을 갖고 있음. 함께 상담 프로그램에 참여하는 친구들이 중도입국 중국 학생들인 것을 알고는 불편해함. 환경이 매우 어렵지만 극복에 대한 희망을 갖고 있음</td><td colspan="2" rowspan="2">작품사진
</td></tr>
<tr><td>차기 계획</td><td colspan="3">자화상 그리기</td></tr>
<tr><td colspan="6">인하대학교 다문화융합연구소</td></tr>
</table>

<table>
<tr><td colspan="3">미술 · 이야기 활동: 3회기</td></tr>
<tr><td colspan="2">주제</td><td>나의 자화상</td></tr>
<tr><td colspan="2">주호소</td><td>외로움과 돈이 없는 것</td></tr>
<tr><td rowspan="3">작품 내용</td><td>작품 제목</td><td>퍼즐</td></tr>
<tr><td>공간구성</td><td>우측 하단에 퍼즐을 그림</td></tr>
<tr><td>작품 설명</td><td>각 퍼즐 조각이 나의 자아임. 각각 다른 모습이 여러 개가 있어서 만나는 사람이나 장소에 따라 다른 나를 보임. 그런 퍼즐 조각들이 다 모이면 진짜 내가 됨. 빗금 친 퍼즐은 내가 가장 좋아하는 나의 모습임. 사람들을 만나서 즐거워하는 나의 이미지임. 그리고 퍼즐 옆에 있는 것은 스프링처럼 점프할 수 있는 기구임</td></tr>
</table>

<table>
<tr><td></td><td>기분, 느낌</td><td colspan="3">별생각 없지만 기분은 좋다</td></tr>
<tr><td rowspan="3">이야기</td><td>문제적 이야기</td><td colspan="3">진짜 내가 누구인지 모르겠음. 상황마다 다른 내가 나옴</td></tr>
<tr><td>대안적 이야기</td><td colspan="3">내가 가장 좋아하는 내가 있음. 사람을 만날 때 즐거워하는 나의 자아임</td></tr>
<tr><td>새로운 정체성</td><td colspan="3">즐거운 사람들을 만나는 것</td></tr>
<tr><td rowspan="2">행동 관찰</td><td colspan="2">초기</td><td>중기</td><td>후기</td></tr>
<tr><td colspan="2">여전히 잘 웃고 예의 바른 모습임</td><td>중국에서 온 친구들과 어울리려고 노력함</td><td>상담사가 어떤 직업인지를 묻는 등 긍정적인 모습이었음</td></tr>
<tr><td>상담자 소견</td><td colspan="3">힙합을 좋아한다고 해서 힙합을 들으라고 함. 그런데 빠른 힙합이 나올 것이라는 예상과 달리 우울한 힙합들을 들음. “우울한 힙합을 좋아하니?”라는 질문에 블루스 류의 가사가 좋은 힙합을 좋아한다고 대답함. 주로 어려운 상황을 이겨나가려고 하는 고백이 담긴 힙합을 들음. ‘기리보이’라는 가수를 특히 좋아했는데, 정신과 진단 경력이 있다는 말을 함. 자기를 찾아가기 위해 생각을 많이 하고 있으며, 자아나 욕구 같은 심리학적 표현을 많이 알고 있었음. 자기 미래를 걱정하는데, 희망을 놓지 않는 긍정적인 모습으로 보임</td><td>작품사진
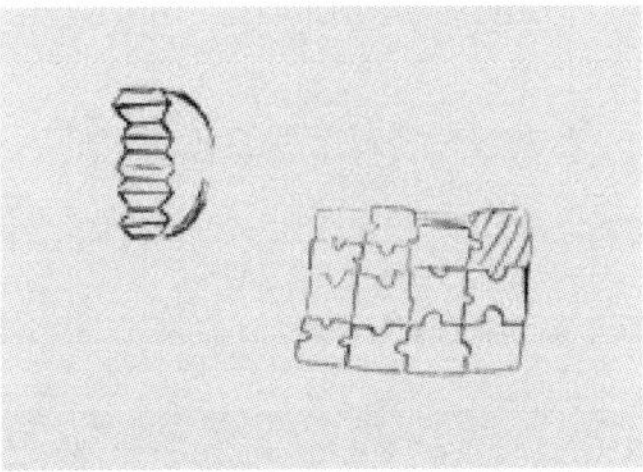</td></tr>
<tr><td>차기 계획</td><td colspan="4">과거, 현재, 미래 그리기</td></tr>
<tr><td colspan="5">인하대학교 다문화융합연구소</td></tr>
</table>

<table>
<tr><th colspan="3">미술 · 이야기 활동: 4회기</th></tr>
<tr><td colspan="2">주제</td><td>필름</td></tr>
<tr><td colspan="2">주호소</td><td>외로움과 돈이 없는 것</td></tr>
<tr><td rowspan="4">작품 내용</td><td>작품 제목</td><td>필름</td></tr>
<tr><td>공간구성</td><td>좌측 위쪽에 과거, 중앙에 현재, 우측 아래에 미래를 그림</td></tr>
<tr><td>작품 설명</td><td>어릴 때는 어른들에게 사랑을 많이 받음. 큰아버지와 함께 삶. 친척들이 나를 사랑해줌. 지금은 내가 마음에 들지만, 좀 더 예뻤으면 좋겠음. 나중에 커서 잘생기고 돈 많은 사람이랑 결혼하고 싶음. 그래서 예쁜 아기를 낳아서 행복하게 살고 싶음</td></tr>
<tr><td>기분, 느낌</td><td>잘 그린 것 같다</td></tr>
</table>

<table>
<tr><td rowspan="3">이야기</td><td>문제적 이야기</td><td colspan="3">어린 시절에는 많은 사랑을 받고 자랐는데, 지금은 그렇지 못한 것 같음</td></tr>
<tr><td>대안적 이야기</td><td colspan="3">스스로 자신을 마음에 들어함. 사람들에게 사랑받을 수 있음</td></tr>
<tr><td>새로운 정체성</td><td colspan="3">사랑받을 수 있고, 돈을 많이 벌고 싶음</td></tr>
<tr><td rowspan="2">행동 관찰</td><td colspan="2">초기</td><td>중기</td><td>후기</td></tr>
<tr><td colspan="2">조신하고 예의 바름</td><td>다른 때보다 더 열심히 이야기함</td><td>끝날 때가 되자 더 부끄러워함</td></tr>
<tr><td rowspan="2">상담자 소견</td><td colspan="3" rowspan="2">돈 이야기를 유난히 많이 함. 이상형의 남자를 이야기할 때도 성격에 대해서는 착한 모습을 이야기하다가도 꼭 돈이 많아야 한다고 덧붙임. 자신이 힘든 이유가 돈 때문이라고 생각하는 것 같음. 현재 동생들을 혼자 돌보고 부모님이 돈을 벌기 위해 지방에 내려가서 잘 못 만나는 상황임. 해결책이 돈만이 아니라 사람일 수 있다는 생각이 필요하다고 여겨짐</td><td>작품사진</td></tr>
<tr><td rowspan="2"></td></tr>
<tr><td>차기 계획</td><td colspan="3">화난 모습과 웃는 모습 그리기</td></tr>
<tr><td colspan="5">인하대학교 다문화융합연구소</td></tr>
</table>

<table>
<tr><th colspan="5">미술 · 이야기 활동: 5회기</th></tr>
<tr><td colspan="2">주제</td><td colspan="3">두 얼굴</td></tr>
<tr><td colspan="2">주호소</td><td colspan="3">외로움과 돈이 없는 것</td></tr>
<tr><td rowspan="4">작품 내용</td><td>작품 제목</td><td colspan="3">맨날</td></tr>
<tr><td>공간구성</td><td colspan="3">좌측에 웃는 얼굴을 그리고, 우측에 화난 얼굴을 그림</td></tr>
<tr><td>작품 설명</td><td colspan="3">나는 맨날 기분 좋고 맨날 짜증 남. 기분이 좋은 것과 짜증 나는 것이 늘 같이 있음. 친구들이 말 시키는 것이 기분 좋으면서도 짜증 남. 학교 오는 것도 기분 좋으면서도 짜증 남. 기분 좋은 일이 있을 때도 짜증이 같이 있고, 짜증 나는 일이 생겨도 기분 좋은 일이 같이 있음</td></tr>
<tr><td>기분, 느낌</td><td colspan="3">매우 기분 좋다</td></tr>
<tr><td rowspan="3">이야기</td><td>문제적 이야기</td><td colspan="3">나는 늘 짜증이 나 있음</td></tr>
<tr><td>대안적 이야기</td><td colspan="3">짜증이 나면서도 기분이 좋을 때가 있음</td></tr>
<tr><td>새로운 정체성</td><td colspan="3">생각의 차이인 것 같음. 짜증이 나다가도 생각을 바꾸면 기분이 좋아짐</td></tr>
<tr><td rowspan="2">행동 관찰</td><td colspan="2">초기</td><td>중기</td><td>후기</td></tr>
<tr><td colspan="2">오자마자 "할 이야기가 있어요"라며 적극적인 태도를 보임</td><td>다른 때와 달리 계속 쉬지 않고 떠들어댐</td><td>계속 이야기를 하고 싶어 함</td></tr>
</table>

<table>
<tr><td rowspan="2">상담자 소견</td><td rowspan="2">처음으로 가정 사정을 이야기함. 아빠와 엄마가 헤어져 사는 것과 그나마 엄마와 아빠도 지방에 일하러 간 것, 배다른 언니가 있어서 배다른 언니 집에서 사는데 언니마저 지방에 일하러 가고 형부와 함께 두 아이 뒷바라지를 하며 살아야 하는 것 등 자기 이야기를 쏟아냄. 그러나 이러한 상황들이 자기를 강하게 한다며 생각을 바꾸면 된다고 함. 힘들고 어려운 상황이지만 스스로 대안적 이야기를 잘 만들어가고 있고, 여러 상황에서 대안 이야기를 강화하는 연습을 함</td><td>작품사진</td></tr>
<tr><td rowspan="2"></td></tr>
<tr><td>차기 계획</td><td>장점과 단점 나누기</td></tr>
<tr><td colspan="3">인하대학교 다문화융합연구소</td></tr>
</table>

<table>
<tr><th colspan="5">미술 · 이야기 활동: 6회기</th></tr>
<tr><td colspan="2">주제</td><td colspan="3">다섯 손가락</td></tr>
<tr><td colspan="2">주호소</td><td colspan="3">외로움과 돈이 없는 것</td></tr>
<tr><td rowspan="3">작품 내용</td><td>작품 제목</td><td colspan="3">손</td></tr>
<tr><td>작품 설명</td><td colspan="3">숨기고 싶은 건 우는 것, 쌍꺼풀 풀로 붙이는 것, 다이어트하는 것, 유머를 구사했지만 나는 빵 터졌는데 다른 사람들은 웃지 않을 때, 그리고 거짓말하는 것. 자랑하고 싶은 건 예쁜 속쌍꺼풀과 귀여운 얼굴형, 친밀감, 귀여운 얼굴, 목소리</td></tr>
<tr><td>기분, 느낌</td><td colspan="3">그냥 그렇다</td></tr>
<tr><td rowspan="3">이야기</td><td>문제적 이야기</td><td colspan="3">살이 계속 찌고 있어서 다이어트 중이고, 교정하는 것도 맘에 안 듦</td></tr>
<tr><td>대안적 이야기</td><td colspan="3">얼굴형도 귀엽고 목소리도 좋다는 말을 많이 들음. 쌍꺼풀은 없지만 속쌍이 예쁨</td></tr>
<tr><td>새로운 정체성</td><td colspan="3">비록 키도 작고 안 보이는 곳에 살이 있지만, 자신도 귀엽고 사랑스러움</td></tr>
<tr><td rowspan="2">행동 관찰</td><td colspan="2">초기</td><td>중기</td><td>후기</td></tr>
<tr><td colspan="2">처음보다 수다가 많아짐</td><td>끊임없이 말함</td><td>말할 게 있는 듯 아쉬워함</td></tr>
</table>

		작품사진
상담자 소견	외모에 대한 집착이 강한 편임. 손목과 허리 부분에 있는 살이 마음에 들지 않아서 다이어트를 하고 있음. 치아를 교정 중인데 교정하고 있는 것을 힘들어함. 남자친구를 사귀기 시작했는데, 친밀하지 않고 나쁜 남자 스타일임. 좋아하는 것 같은데 비난하듯 말하는 게 싫으면서도 매력이 있다고 생각함. 거짓말을 잘하는데 숨기고 싶다고 함. 거짓말 자체가 나쁘다는 생각보다 생존을 위해 거짓말은 필수라고 여기고 있음. '솔직하게 말하기 귀찮아서' 거짓말을 한다고 하는데, 집안 사정 등 말하고 싶지 않은 부분들에 대해 거짓말하는 것이 자기방어로 습관이 된 듯함	
차기 계획	주고 싶은 선물, 받고 싶은 선물	
인하대학교 다문화융합연구소		

미술 · 이야기 활동: 3회기		
주제		선물
주호소		외로움과 돈이 없는 것
작품 내용	작품 제목	주고 싶은 거, 받고 싶은 거
	공간구성	좌측에 주고 싶은 것, 우측에 받고 싶은 것을 그림
	작품 설명	주고 싶은 대상은 엄마임. 엄마에게 나의 다정함과 머리카락을 주고 싶음. 엄마에게 다정하게 못 해준 거 같아서 다정함을 주고 싶고, 예전에 나보고 머리카락을 달라고 한 적이 있어서 주고 싶음. 받고 싶은 것은 돈이 들어 있는 상자임. 돈이 있으면 친구도 사귀고 여러 가지로 쓸 수 있음. 키를 10cm 받고 싶고, 중학교 2학년을 선물로 받고 싶음. 1학년 때는 친구들과 사이가 좋지 않아서 힘들었는데, 2학년 때는 잘 적응함. 3학년 때 다시 새로 친구들을 사귈 생각을 하면 마음이 힘들어짐. 지금 2학년 친구들과 계속 3학년까지 가고 싶음
	기분, 느낌	기분 좋다
이야기	문제적 이야기	아빠가 밉고 엄마가 측은함. 3학년에 올라가서 새로 친구를 사귈 일이 걱정됨
	대안적 이야기	내가 엄마 옆에 있어주고 3학년 때도 2학년 때처럼 잘할 수 있음. 2학년 친구가 어디 가는 것도 아님
	새로운 정체성	사람을 두려워하지 않음. 나를 좋아해주는 친구들이 많이 있음

상담자 소견	아빠 쪽, 엄마 쪽이라는 말을 계속 쓰면서 아빠를 자기와 다른 가족인 것처럼 구분함. 엄마를 측은하게 여기면서도 동시에 미움을 동시에 갖고 있음. 친구들을 새로 사귀는 것을 두려워함. 1학년 때 왕따 경험이 있음. 그래서 2학년을 시작하는 것이 두려웠는데 친구들에게 고개를 끄덕이며 반응을 잘해주니까 지금은 친구가 많아졌다고 함. 그래도 마음을 깊이 나눌 친구는 없다고 함. 부모님이 헤어지는 것을 보고 영원한 관계는 없다고 생각함. 중3에 올라가면 중2 때의 친구들은 다 없어지는 것이라고 생각해서 관계의 지속성에 대해 이야기를 나눔. 앞으로도 관계에서의 지속성이 L의 가정이나 관계에 대한 많은 것을 바꿀 수 있을 것 같음	작품사진 
차기 계획	사후검사	
인하대학교 다문화융합연구소		

미술 · 이야기 활동: 8회기					
주제		K-HTP, 심리검사			
주호소		외로움과 돈이 없는 것			
작품 내용	작품 제목	K-HTP			
	공간구성	집	나무	사람	역동
	작품 설명	엄청 큰 집이 ㄱ자로 되어 있음. 저택처럼 큰 집이고, 방도 여러 개임. 그리고 ㄱ자로 되어 있는 집 앞에는 정원과 그 정원을 가로지르는 길이 있음	집 뒤로는 숲이 우거져 있고 열매들이 있음. 그리고 집에서 숲으로 나가는 문도 있음. 지금은 정원에 나와 있는 시간이 아님	사람은 모두 집 안에 있음	정원에는 울타리가 있고, 울타리는 꼭 필요함. 다른 사람들이 들어오면 안 됨
	기분, 느낌	매우 기분 좋다			

<table>
<tr><td rowspan="3">이야기</td><td>문제적 이야기</td><td colspan="3">첫 K-HTP에서는 가족들에 대한 애정이 없었음. 같이 사는 사람도 상상의 친구였음</td></tr>
<tr><td>대안적 이야기</td><td colspan="3">상담 프로그램을 진행하면서 가족에 대한 이야기를 많이 나눴고, 엄마의 소중함도 이야기함</td></tr>
<tr><td>새로운 정체성</td><td colspan="3">사후검사에서는 사람을 그리지 않은 것이 우려스럽지만, 집 안에 가족들이 있다고 말해줌. 그러나 여전히 아빠가 없는 엄마와의 가족임</td></tr>
<tr><td rowspan="2">행동 관찰</td><td colspan="2">초기</td><td>중기</td><td>후기</td></tr>
<tr><td colspan="2">수다스러운 이야기를 시작함</td><td>마지막 시간이라 멈추지 않고 이야기를 쏟아냄</td><td>아쉬워함</td></tr>
<tr><td rowspan="2">상담자 소견</td><td colspan="3" rowspan="2">사람에 대한 기대는 여전히 표현하지 않음. 혼자서 모든 것을 할 수 있다고 말하면서도 친구들과 친해지고 있는 과정에 대해 자랑하며 떠들어댐. 가장 많이 하는 이야기는 친구들이 자기와 어느 정도 가까워졌는지에 대한 것임. 관계에 대한 목마름이 있으면서도 기대하지 않는다고 말함.
처음에는 스스로에 대한 불만이나 못난 점에 대해 계속 이야기함. 얼굴의 잡티와 작은 키, 교정 상태 등의 불만 요소들이 대화의 주제였음. 그러나 이제는 친구들과의 좋은 관계, 엄마의 좋은 점들에 대한 이야기를 함</td><td>작품사진</td></tr>
<tr><td></td></tr>
<tr><td colspan="5">인하대학교 다문화융합연구소</td></tr>
</table>

④ 사례자 N

<table>
<tr><td colspan="6">미술 · 이야기 활동: 1, 2회기</td></tr>
<tr><td colspan="2">주제</td><td colspan="4">K-HTP, 심리검사</td></tr>
<tr><td colspan="2">주호소</td><td colspan="4">나를 알아줄 친구가 있었으면 좋겠다</td></tr>
<tr><td rowspan="3">작품 내용</td><td>작품 제목</td><td colspan="4">행복한 세상</td></tr>
<tr><td rowspan="2">공간구성</td><td>집</td><td>나무</td><td>사람</td><td rowspan="2">역동</td></tr>
<tr><td>중앙</td><td>왼쪽</td><td>우측 상단, 작게</td></tr>
</table>

	작품 설명	숲 근처에 집을 짓고 집 옆에서 따로 나무를 키움	나무는 사과 같은 과일나무임. 나무에서 그네를 탈 수도 있고, 숲에 있는 개울에서 물고기를 잡을 수도 있음	같이 사는 건 J임. 그리고 한 명을 더 추가한다면 남자친구를 추가하고 싶음	같이 돈 벌고, 나무도 키우고, 숲을 걷고, 동물과 물고기도 키움
	기분, 느낌	행복하고 기분이 너무 좋다. J하고 같이 나무를 키울 것을 생각하니 기쁘다			
이야기	문제적 이야기	남자친구가 중국에 있어서 보고 싶음. 통화는 자주 하고 있음			
	대안적 이야기	여기에서도 나와 이야기할 수 있는 사람들이 있음			
	새로운 정체성	나는 행복을 갖고 싶어 하는 선녀임. 행복은 멀리 있지 않음			
행동 관찰	초기		중기		후기
	머리를 자주 만지고, 직접 마주치기보다 흘깃 쳐다봄		프로그램이 시작되자 적극적으로 참여함		마음을 잘 표현하고 매우 밝음
상담자 소견	반에서 '짱개'라고 놀리는 남학생과 싸워서 학교폭력위원회가 열림. 반에서는 친구가 없고 복통과 두통을 호소하며 조퇴가 잦음. 학교에 잘 다닐 자신이 없다며 호소함. 엄마와 새아빠의 갈등을 자주 목격함. 상담을 적극적으로 희망하며 극복하고자 하는 의지가 있음. 숲 안에 집이 있지 않고 숲 근처에 집이 있으며, 자기의 나무를 따로 가꿈. 주변은 행복하고 자기는 행복하지 않다고 생각하지만, 좌절하지 않고 자기행복을 향해 노력하려는 의지가 강함			작품사진	
차기 계획	자화상 그리기				
인하대학교 다문화융합연구소					

미술 · 이야기 활동: 3회기		
주제		나의 자화상
주호소		나를 알아줄 친구가 있었으면 좋겠다
작품 내용	작품 제목	예쁜 인어 "미인어"
	공간구성	중앙에 물고기들이 있고, 좌측 상단에 인어인 내가 있음. 중앙 상단에 무지개가 있음

<table>
<tr><td></td><td>작품 설명</td><td colspan="3">바닷속에 물고기들과 아름다운 인어가 함께 살아감. 그림 속의 인어는 인어공주임. 그녀는 사람 사는 곳이 어떤지 궁금해서 마법사를 찾아가서 인간이 됨. 그래서 한 남자와 사랑을 하고, 그 사랑이 이루어지자 꽃이 피고 무지개도 나타남. 많은 어려움을 겪지만 매우 좋은 결과를 얻음</td></tr>
<tr><td></td><td>기분, 느낌</td><td colspan="3">사랑은 부드럽고 좋지만, 때로는 장미처럼 가시가 있다는 생각을 함</td></tr>
<tr><td rowspan="3">이야기</td><td>문제적 이야기</td><td colspan="3">사랑을 이루고 싶은데 어려움이 있음</td></tr>
<tr><td>대안적 이야기</td><td colspan="3">어려움을 겪어내면 사랑의 행복이 찾아올 것이라고 믿음</td></tr>
<tr><td>새로운 정체성</td><td colspan="3">지금의 어려움을 겪어낼 것임</td></tr>
<tr><td rowspan="2">행동 관찰</td><td colspan="2">초기</td><td>중기</td><td>후기</td></tr>
<tr><td colspan="2">지난 회기보다 많이 웃고 눈을 많이 맞춤</td><td>적극적으로 참여함</td><td>말이 많아짐</td></tr>
<tr><td>상담자 소견</td><td colspan="3">다른 아이들이 마음을 열고 이야기를 많이 하는 반면, N은 말수 변화가 별로 없음. 행동이나 말, 표정 등이 잘 정돈되어 관계에 대한 대처가 좋은 편이지만, 다른 아이들처럼 진심을 이야기하지는 않음. 조금 더 자신을 꾸미고 싶어 함.
중국에 남자친구가 있어서 많이 그리워함. 그리고 아름다웠던 추억들도 중국에 있어서 중국을 그리워함. 그러나 M처럼 그리움을 드러내지는 않음. 자신도 적응하기 위해 노력하는 것으로 보임</td><td rowspan="2">작품사진

</td></tr>
<tr><td>차기 계획</td><td colspan="3">과거, 현재, 미래 그리기</td></tr>
<tr><td colspan="5">인하대학교 다문화융합연구소</td></tr>
</table>

<table>
<tr><td colspan="3">미술 · 이야기 활동: 4회기</td></tr>
<tr><td colspan="2">주제</td><td>필름</td></tr>
<tr><td colspan="2">주호소</td><td>나를 알아줄 친구가 있었으면 좋겠다</td></tr>
<tr><td rowspan="4">작품 내용</td><td>작품 제목</td><td>과거 현재 미래</td></tr>
<tr><td>공간구성</td><td>과거, 현재, 미래가 좌측 중앙 우측에 있지만, 위치가 정렬되지 않고 자유로움</td></tr>
<tr><td>작품 설명</td><td>과거에 중국에 있을 때는 바이올린과 악기들을 배움. 노래도 아주 좋아함. 지금도 피아노와 플룻을 연주하지만, 무대에 올라가서 뭔가를 해본 적이 없음. 너무 오래된 일임. 미래에는 콘서트를 열어서 노래를 부르고 싶음</td></tr>
<tr><td>기분, 느낌</td><td>기분이 좋고 행복했다</td></tr>
</table>

<table>
<tr><td rowspan="3">이야기</td><td>문제적 이야기</td><td colspan="3">중국에서 했던 음악 발표를 좋아하지만, 지금은 무대에서 할 수 없음</td></tr>
<tr><td>대안적 이야기</td><td colspan="3">한국에서도 할 수 있는 기회가 있음. 곧 학교 축제가 열림</td></tr>
<tr><td>새로운 정체성</td><td colspan="3">상담사가 다음 주에 친구들과 상담사들 앞에서 노래해달라고 요청함</td></tr>
<tr><td rowspan="2">행동 관찰</td><td colspan="2">초기</td><td>중기</td><td>후기</td></tr>
<tr><td colspan="2">많이 익숙해 보임</td><td>자기 이야기를 매우 많이 함</td><td>매우 밝아진 모습이 확연히 보임</td></tr>
<tr><td rowspan="2">상담자 소견</td><td colspan="3" rowspan="2">중국과 한국의 삶이 달라진 것이 확연히 나타남. 최근 몇 년간의 일들이 너무 갑작스럽고 변화가 커서 힘들다는 표현을 함. 단순히 중국에서 한국으로의 문화적응 문제가 아니라 가정사에서도 큰 변화가 있었고, 문화적응과 가정환경 변화 적응이 모두 힘들어 보임. 중국에는 남자친구, 음악에 대한 추억 등 좋은 기억들만 남아 있고 한국은 그러한 좋은 기억을 잃은 곳으로 여김. 한국에서의 좋은 추억이 필요해 보임</td><td>작품사진</td></tr>
<tr><td rowspan="2">
</td></tr>
<tr><td>차기 계획</td><td colspan="3">화난 모습과 웃는 모습 그리기</td></tr>
<tr><td colspan="5">인하대학교 다문화융합연구소</td></tr>
</table>

<table>
<tr><td colspan="5">미술 · 이야기 활동: 5회기</td></tr>
<tr><td colspan="2">주제</td><td colspan="3">두 얼굴</td></tr>
<tr><td colspan="2">주호소</td><td colspan="3">나를 알아줄 친구가 있었으면 좋겠다</td></tr>
<tr><td rowspan="4">작품 내용</td><td>작품 제목</td><td colspan="3">화날 때, 기분 좋을 때</td></tr>
<tr><td>공간구성</td><td colspan="3">좌측에 화날 때, 우측에 행복할 때가 있다</td></tr>
<tr><td>작품 설명</td><td colspan="3">친구가 약속을 잘 안 지키고 시간을 안 지킬 때 화가 남. 그리고 거짓말할 때도 화가 남. 특히 학교에 있을 때 화가 남. 친구가 별로 없음. 기분 좋을 때는 집에서 강아지하고 놀 때임. 그리고 엄마하고 영화를 볼 때, 간식 먹을 때도 기분이 좋음</td></tr>
<tr><td>기분, 느낌</td><td colspan="3">매우 기분이 좋다</td></tr>
<tr><td rowspan="3">이야기</td><td>문제적 이야기</td><td colspan="3">J가 시간을 지키지 않아서 싸움. 이야기를 안 하고 있는 상태임</td></tr>
<tr><td>대안적 이야기</td><td colspan="3">관계를 풀고 싶은 생각이 있지만, 아직 어떤 대안을 찾을지 모르겠음</td></tr>
<tr><td>새로운 정체성</td><td colspan="3">J와 좋아진 관계</td></tr>
<tr><td rowspan="2">행동 관찰</td><td colspan="2">초기</td><td>중기</td><td>후기</td></tr>
<tr><td colspan="2">많이 침울해 보임</td><td>J와 싸운 이야기를 함</td><td>J의 빈자리를 아쉬워함</td></tr>
</table>

상담자 소견	상담 프로그램을 통해 J와 많이 친해졌음. J를 집으로 초대했는데, J가 약속을 지키지 않음. 그래서 J와 싸운 상황임. 약속을 지키지 않은 것에 대해 사과하면 받아줄 의사가 있는데, J는 잘못을 인정하거나 사과할 생각이 없음. 많이 외로운 상황에서 J와 함께 프로그램에 참여하게 되어 친구가 생겼다고 생각한 것 같음. 하지만 J는 N이 J를 생각하는 만큼 N을 생각하지 않는 것 같음. J는 N이 자기를 왜 집으로 초대하는지 모르겠다고 함. N의 외로움이 약간의 집착으로 J에게 비치지 않았나 생각함	작품사진 
차기 계획	장점과 단점 나누기	
인하대학교 다문화융합연구소		

미술 · 이야기 활동: 6회기			
주제		다섯 손가락	
주호소		나를 알아줄 친구가 있었으면 좋겠다	
작품 내용	작품 제목	나의 손	
	공간구성	좌측에 숨기고 싶은 것, 우측에 자랑하고 싶은 것 그림	
	작품 설명	내가 우는 모습을 숨기고 싶음. 그리고 옛날 일들과 힘든 일들을 숨기고 싶음. 슬픈 영화를 보면 욺. 자랑하고 싶은 건 간식을 잘 만드는 것, 노래를 잘 부르는 것, 그리고 예쁜 얼굴임. 산책을 하는 것도 하고 싶은 것 중의 하나임	
	기분, 느낌	기분이 좋다	
이야기	문제적 이야기	외로워서 자주 울고 힘듦	
	대안적 이야기	간식을 만드는 등의 일을 할 수 있음	
	새로운 정체성	친구들과 함께 간식을 만드는 일 등을 할 수 있음	
행동 관찰	초기	중기	후기
	외롭고 힘들어 보임	조곤조곤 자기 이야기를 함	예전처럼 밝게 돌아가지 않음

<table>
<tr><td rowspan="2">상담자 소견</td><td rowspan="2">J와의 관계가 해결되지 못한 상황을 어려워함. 거기다가 길에서 남자아이들에게 맞은 이야기를 함. 한 번도 아니고 세 차례나 남자아이들에게 맞아서 힘들어함. 담임선생님께 이야기했지만 학교에서 조치할 수 있는 것이 없다는 답변이 돌아왔다고 함. 이 이야기를 할 데가 없어서 더 외로움을 느낌. 외로움에 대한 호소가 매우 많음. 남자아이들에게 맞은 이야기에 대해서는 사실 여부를 확인할 방법이 없고 평소 거짓말을 종종 해서 신뢰를 얻지 못하고 있는 것 같음. 우선 상담자는 N의 말을 믿어주고 공감해주고 있음. 폭력 문제에 대해서는 좀 더 긴밀히 이야기를 들으며 협력해야 할 것 같음. 상황이 확인되면 경찰 협조 등도 필요하다고 생각됨</td><td>작품사진</td></tr>
<tr><td rowspan="2">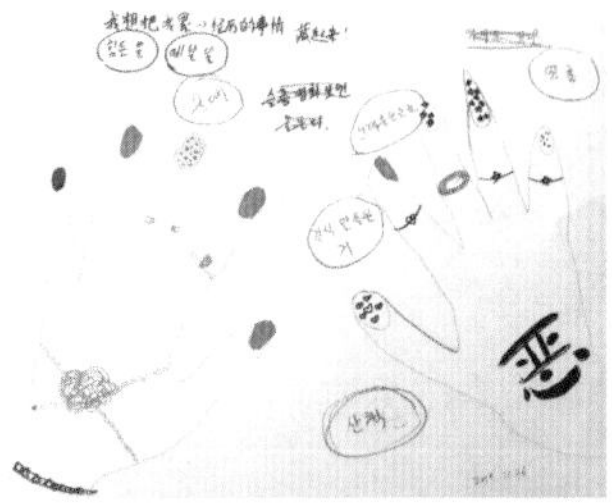</td></tr>
<tr><td>차기 계획</td><td>주고 싶은 선물, 받고 싶은 선물</td></tr>
<tr><td colspan="3">인하대학교 다문화융합연구소</td></tr>
</table>

<table>
<tr><th colspan="5">미술 · 이야기 활동: 7회기</th></tr>
<tr><td colspan="2">주제</td><td colspan="3">선물</td></tr>
<tr><td colspan="2">주호소</td><td colspan="3">나를 알아줄 친구가 있었으면 좋겠다</td></tr>
<tr><td rowspan="4">작품 내용</td><td>작품 제목</td><td colspan="3">주고 싶은-받고 싶은</td></tr>
<tr><td>공간구성</td><td colspan="3">왼쪽에 주고 싶은 것, 오른쪽에 받고 싶은 것</td></tr>
<tr><td>작품 설명</td><td colspan="3">주고 싶은 대상은 엄마임. 엄마에게 건강과 젊음을 주고 싶음. 엄마가 자꾸 늙어가는 것 같아서 마음이 아픔. 그리고 나의 착함을 주고 싶음. 내 안에 착함이 있는데, 자꾸 엄마에게는 나의 착함을 잘 줄 수가 없음. 받고 싶은 것은 시간과 행복, 그리고 건강임. 몸이 자꾸 아픔. 특히 의지할 수 있는 사람과 진정한 친구를 선물로 받고 싶음</td></tr>
<tr><td>기분, 느낌</td><td colspan="3">매우 기분이 좋다</td></tr>
<tr><td rowspan="3">이야기</td><td>문제적 이야기</td><td colspan="3">진정한 친구가 없음. 의지할 사람도 없음</td></tr>
<tr><td>대안적 이야기</td><td colspan="3">내가 누군가의 친구가 되어주어야겠음. 내가 의지할 수 있는 사람이 되어야겠음</td></tr>
<tr><td>새로운 정체성</td><td colspan="3">내가 먼저 다가가는 사람이 될 것임</td></tr>
<tr><td rowspan="2">행동 관찰</td><td colspan="2">초기</td><td>중기</td><td>후기</td></tr>
<tr><td colspan="2">J와 화해해서 기뻐 보임</td><td>상담을 즐기는 것 같음</td><td>진지하게 임함</td></tr>
</table>

<table>
<tr><td rowspan="2">상담자
소견</td><td rowspan="2">지난주에 J와 싸웠는데 N이 먼저 J에게 편지를 씀. 편지에 “내가 미안해. 많이 배려하지 못했어”라고 씀. N의 편지를 받은 J가 상담실로 달려와서 N에게 “나도 미안해”라는 답장을 줌. N과 J는 언제 그랬냐는 듯이 다시 아주 친한 친구처럼 수다를 떨기 시작함. J와 싸운 지난 일주일이 매우 힘들었다고 호소함. 마음이 여리고 관계에 매우 민감함. J가 워낙에 이타적인 성격이라서 N뿐 아니라 다른 사람들에게도 잘해주면 어려워함. 관계에 약간의 집착도 있어 보임</td><td>작품사진</td></tr>
<tr><td rowspan="2">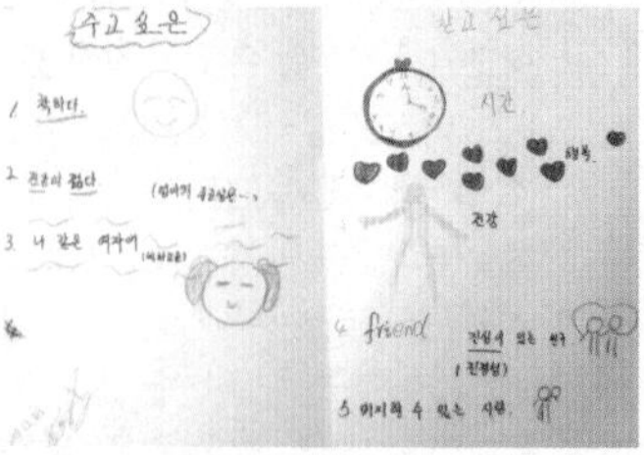
</td></tr>
<tr><td>차기
계획</td><td>사후검사</td></tr>
<tr><td colspan="3">인하대학교 다문화융합연구소</td></tr>
</table>

<table>
<tr><td colspan="6">미술 · 이야기 활동: 8회기</td></tr>
<tr><td colspan="2">주제</td><td colspan="4">K-HTP, 심리검사</td></tr>
<tr><td colspan="2">주호소</td><td colspan="4">나를 알아줄 친구가 있었으면 좋겠다</td></tr>
<tr><td rowspan="4">작품
내용</td><td>작품 제목</td><td colspan="4">카페집</td></tr>
<tr><td>공간구성</td><td>집</td><td>나무</td><td>사람</td><td>역동</td></tr>
<tr><td>작품 설명</td><td>오른쪽에 집이 있음. 집은 카페로도 사용됨</td><td>왼쪽 상단에 장미 나무들이 있음. 나무들 사이에는 그네를 달아서 그네를 탈 수도 있음</td><td>J랑 같이 살고 있음. J와 카페를 함께 하고 싶음</td><td>집과 나무들 사이로 물이 흐르는데, 장미 잎들이 떨어져서 물 위로 흘러내림. 흩날리는 장미 잎 사이에서 노래하며 춤을 춤</td></tr>
<tr><td>기분, 느낌</td><td colspan="4">매우 기분이 좋다</td></tr>
<tr><td rowspan="3">이야기</td><td>문제적 이야기</td><td colspan="4">첫 K-HTP에서는 다른 사람들과 떨어져서 살고 있었음</td></tr>
<tr><td>대안적 이야기</td><td colspan="4">사람들을 좋아하며 관계를 중요하게 여김</td></tr>
<tr><td>새로운 정체성</td><td colspan="4">사후검사에서는 사람들 속에서 카페를 하는 모습을 그림</td></tr>
<tr><td rowspan="2">행동
관찰</td><td colspan="2">초기</td><td colspan="2">중기</td><td>후기</td></tr>
<tr><td colspan="2">J와 수다를 떪</td><td colspan="2">진지하게 그림을 그림</td><td>매우 아쉬워함</td></tr>
</table>

		작품사진
상담자 소견	사람을 싫어해서 도시에서 떠나고 싶다고 했던 처음과 달리 이제는 사람을 좋아하며 사람들 사이에 있고 싶어 한다는 것을 알게 됨. 그래서 집을 카페 안에 두고 사람들이 많이 찾아오는 카페를 그림. 다만 사람과의 관계에서 아직도 다양한 관계보다 자기를 아껴주는 한두 사람과만 깊은 관계를 맺고 싶다고 함. 이것이 J에게는 약간 집착적인 느낌을 줌. 처음에 비해 사람에 대한 마음이 매우 많이 열림. J와 싸우고 먼저 다가가는 마음도 매우 긍정적임. 좀 더 다양한 관계가 필요하다고 생각됨	
인하대학교 다문화융합연구소		

3) 사전 · 사후 검사 분석

① 사례자 C

학교적응 설문지			척도*	
범주	순번	문항	사전	사후
수업	1	나는 나의 생각이나 의견을 자주 발표한다.	3	3
	2	나는 학습내용을 잘 이해한다.	3	4
	3	나는 숙제를 잘해온다.	3	3
	4	나는 선생님의 질문에 대답을 잘한다.	3	3
	5	나는 수업시간에 토론을 잘한다.	3	3
친구	6	나는 학교 친구들과 사이좋게 지낸다.	3	4
	7	친구가 교과서나 준비물을 가져오지 않으면 함께 쓴다.	3	4
	8	나는 모둠활동을 할 때 협조를 잘한다.	3	3
	9	나는 친구가 이야기할 때 상대방의 말을 잘 들을 수 있다.	3	3
	10	나는 친구들과의 갈등이 있을 경우, 대화로 문제를 해결할 수 있다.	3	3

교사	11	나는 선생님들과 편하게 대화한다.	3	3
	12	나는 선생님을 만나면 반갑게 인사한다.	3	3
	13	나는 선생님의 지시와 요구에 잘 행동할 수 있다.	3	3
	14	나는 필요할 때 선생님께 도움을 요청한다.	3	3
	15	나는 선생님에게서 배울 점이 많다고 생각한다.	3	3
생활	16	나는 학교규칙을 잘 지킨다.	3	3
	17	나는 주번활동을 열심히 한다.	3	3
	18	나는 학교 행사(소풍, 축제 등)에 적극적으로 참여한다.	3	3
	19	나는 학교시설(화장실, 수도 등)을 함부로 사용하지 않는다.	3	3
	20	나는 학교에서 쓰레기를 함부로 버리지 않는다.	3	4
분석	친구관계에서 약간의 긍정적인 변화가 있음			

*5점 척도: 전혀 그렇지 않다(1), 그렇지 않다(2), 보통이다(3), 대체로 그렇다(4), 매우 그렇다(5)

자존감 척도		척도**	
순번	문항	사전	사후
1	나는 내가 적어도 다른 사람들만큼은 가치 있는 사람이라고 느낀다.	4	4
2	나는 좋은 자질을 많이 가지고 있는 것 같다.	4	4
3	대체로 나는 내가 실패자라고 생각하는 경향이 있다.	4	5
4	나는 대부분의 다른 사람만큼 일을 잘할 수 있다.	4	7
5	나는 자랑할 만한 것이 별로 없다.	4	4
6	나는 자신에 대해 만족하고 있다.	4	4
7	대체로 자신에 대해 만족하고 있다.	4	4
8	나 자신을 좀 더 존중할 수 있었으면 좋겠다.	4	4
9	나는 때때로 내가 정말 쓸모없는 사람이라고 느낀다.	4	4
10	때때로 나에게 좋은 점이라곤 전혀 없다는 생각이 든다.	4	4
분석	일에 대한 자신감(4번 문항)에 긍정적인 변화가 있음		

**7점 척도: 전혀 아니다(1), 아니다(2), 약간 아니다(3), 중간이다(4), 약간 그렇다(5), 그렇다(6), 매우 그렇다(7)

② 사례자 I

학교적응 설문지			척도*	
범주	순번	문항	사전	사후
수업	1	나는 나의 생각이나 의견을 자주 발표한다.	1	5
	2	나는 학습내용을 잘 이해한다.	4	3
	3	나는 숙제를 잘해온다.	5	5
	4	나는 선생님의 질문에 대답을 잘한다.	3	5
	5	나는 수업시간에 토론을 잘한다.	1	3
친구	6	나는 학교 친구들과 사이좋게 지낸다.	2	4
	7	친구가 교과서나 준비물을 가져오지 않으면 함께 쓴다.	1	5
	8	나는 모둠활동을 할 때 협조를 잘한다.	1	5
	9	나는 친구가 이야기할 때 상대방의 말을 잘 들을 수 있다.	2	5
	10	나는 친구들과의 갈등이 있을 경우, 대화로 문제를 해결할 수 있다.	2	5
교사	11	나는 선생님들과 편하게 대화한다.	4	5
	12	나는 선생님을 만나면 반갑게 인사한다.	3	4
	13	나는 선생님의 지시와 요구에 잘 행동할 수 있다.	3	5
	14	나는 필요할 때 선생님께 도움을 요청한다.	5	4
	15	나는 선생님에게서 배울 점이 많다고 생각한다.	4	4
생활	16	나는 학교규칙을 잘 지킨다.	2	5
	17	나는 주번활동을 열심히 한다.	5	3
	18	나는 학교 행사(소풍, 축제 등)에 적극적으로 참여한다.	3	1
	19	나는 학교시설(화장실, 수도 등)을 함부로 사용하지 않는다.	2	1
	20	나는 학교에서 쓰레기를 함부로 버리지 않는다.	1	1
분석	수업, 친구, 교사 범주에서 다소간에 긍정적으로 변화됨. 생활 범주에서 다소간에 부정적으로 변화됨			

*5점 척도: 전혀 그렇지 않다(1), 그렇지 않다(2), 보통이다(3), 대체로 그렇다(4), 매우 그렇다(5)

자존감 척도		척도**	
순번	문항	사전	사후
1	나는 내가 적어도 다른 사람들만큼은 가치 있는 사람이라고 느낀다.	5	6
2	나는 좋은 자질을 많이 가지고 있는 것 같다.	7	5
3	대체로 나는 내가 실패자라고 생각하는 경향이 있다.	1	1
4	나는 대부분의 다른 사람만큼 일을 잘할 수 있다.	5	6
5	나는 자랑할 만한 것이 별로 없다.	4	1
6	나는 자신에 대해 만족하고 있다.	1	3
7	대체로 자신에 대해 만족하고 있다.	1	2
8	나 자신을 좀 더 존중할 수 있었으면 좋겠다.	7	6
9	나는 때때로 내가 정말 쓸모없는 사람이라고 느낀다.	4	1
10	때때로 나에게 좋은 점이라곤 전혀 없다는 생각이 든다.	4	4
분석	전반적으로 다소간에 긍정적인 방향으로 변화됨(2번 문항 제외)		

**7점 척도: 전혀 아니다(1), 아니다(2), 약간 아니다(3), 중간이다(4), 약간 그렇다(5), 그렇다(6), 매우 그렇다(7)

③ 사례자 L

학교적응 설문지			척도*	
범주	순번	문항	사전	사후
수업	1	나는 나의 생각이나 의견을 자주 발표한다.	5	5
	2	나는 학습내용을 잘 이해한다.	3	3
	3	나는 숙제를 잘해온다.	3	3
	4	나는 선생님의 질문에 대답을 잘한다.	5	5
	5	나는 수업시간에 토론을 잘한다.	4	4
친구	6	나는 학교 친구들과 사이좋게 지낸다.	4	4
	7	친구가 교과서나 준비물을 가져오지 않으면 함께 쓴다.	4	4
	8	나는 모둠활동을 할 때 협조를 잘한다.	4	5

	9	나는 친구가 이야기할 때 상대방의 말을 잘 들을 수 있다.	5	5
	10	나는 친구들과의 갈등이 있을 경우, 대화로 문제를 해결할 수 있다.	5	5
교사	11	나는 선생님들과 편하게 대화한다.	5	5
	12	나는 선생님을 만나면 반갑게 인사한다.	5	5
	13	나는 선생님의 지시와 요구에 잘 행동할 수 있다.	5	5
	14	나는 필요할 때 선생님께 도움을 요청한다.	5	5
	15	나는 선생님에게서 배울 점이 많다고 생각한다.	5	5
생활	16	나는 학교규칙을 잘 지킨다.	5	5
	17	나는 주번활동을 열심히 한다.	5	5
	18	나는 학교 행사(소풍, 축제 등)에 적극적으로 참여한다.	5	5
	19	나는 학교시설(화장실, 수도 등)을 함부로 사용하지 않는다.	5	5
	20	나는 학교에서 쓰레기를 함부로 버리지 않는다.	3	4
분석	기본적으로 학교생활에 긍정적인 자세를 가지고 있으며, 일부 문항(8, 20번)에서 약간의 긍정적인 변화가 있음			

*5점 척도: 전혀 그렇지 않다(1), 그렇지 않다(2), 보통이다(3), 대체로 그렇다(4), 매우 그렇다(5)

자존감 척도		척도**	
순번	문항	사전	사후
1	나는 내가 적어도 다른 사람들만큼은 가치 있는 사람이라고 느낀다.	6	7
2	나는 좋은 자질을 많이 가지고 있는 것 같다.	6	7
3	대체로 나는 내가 실패자라고 생각하는 경향이 있다.	2	1
4	나는 대부분의 다른 사람만큼 일을 잘할 수 있다.	6	5
5	나는 자랑할 만한 것이 별로 없다.	2	2
6	나는 나 자신에 대해 만족하고 있다.	7	6
7	대체로 나 자신에 대해 만족하고 있다.	7	7
8	나 자신을 좀 더 존중할 수 있었으면 좋겠다.	6	2
9	나는 때때로 내가 정말 쓸모없는 사람이라고 느낀다.	2	2
10	때때로 나에게 좋은 점이라곤 전혀 없다는 생각이 든다.	2	1

분석	문항마다 긍정적 · 부정적 변화들이 함께 있음

**7점 척도: 전혀 아니다(1), 아니다(2), 약간 아니다(3), 중간이다(4), 약간 그렇다(5), 그렇다(6), 매우 그렇다(7)

④ 사례자 N

학교적응 설문지			척도*	
범주	순번	문항	사전	사후
수업	1	나는 나의 생각이나 의견을 자주 발표한다.	3	4
	2	나는 학습내용을 잘 이해한다.	4	4
	3	나는 숙제를 잘해온다.	4	4
	4	나는 선생님의 질문에 대답을 잘한다.	4	4
	5	나는 수업시간에 토론을 잘한다.	3	3
친구	6	나는 학교 친구들과 사이좋게 지낸다.	4	4
	7	친구가 교과서나 준비물을 가져오지 않으면 함께 쓴다.	4	4
	8	나는 모둠활동을 할 때 협조를 잘한다.	4	4
	9	나는 친구가 이야기할 때 상대방의 말을 잘 들을 수 있다.	5	5
	10	나는 친구들과의 갈등이 있을 경우, 대화로 문제를 해결할 수 있다.	5	5
교사	11	나는 선생님들과 편하게 대화한다.	4	4
	12	나는 선생님을 만나면 반갑게 인사한다.	5	5
	13	나는 선생님의 지시와 요구에 잘 행동할 수 있다.	5	5
	14	나는 필요할 때 선생님께 도움을 요청한다.	5	5
	15	나는 선생님에게서 배울 점이 많다고 생각한다.	4	4
생활	16	나는 학교규칙을 잘 지킨다.	3	3
	17	나는 주번활동을 열심히 한다.	3	4
	18	나는 학교 행사(소풍, 축제 등)에 적극적으로 참여한다.	4	4
	19	나는 학교시설(화장실, 수도 등)을 함부로 사용하지 않는다.	3	-
	20	나는 학교에서 쓰레기를 함부로 버리지 않는다.	5	5

분석	일부 문항(1, 17번)에서 약간의 긍정적인 변화가 있음

*5점 척도: 전혀 그렇지 않다(1), 그렇지 않다(2), 보통이다(3), 대체로 그렇다(4), 매우 그렇다(5)

자존감 척도		척도**	
순번	문항	사전	사후
1	나는 내가 적어도 다른 사람들만큼은 가치 있는 사람이라고 느낀다.	5	7
2	나는 좋은 자질을 많이 가지고 있는 것 같다.	5	7
3	대체로 나는 내가 실패자라고 생각하는 경향이 있다.	6	6
4	나는 대부분의 다른 사람만큼 일을 잘할 수 있다.	7	6
5	나는 자랑할 만한 것이 별로 없다.	4	4
6	나는 나 자신에 대해 만족하고 있다.	6	1
7	대체로 나 자신에 대해 만족하고 있다.	4	5
8	나 자신을 좀 더 존중할 수 있었으면 좋겠다.	7	7
9	나는 때때로 내가 정말 쓸모없는 사람이라고 느낀다.	6	6
10	때때로 나에게 좋은 점이라곤 전혀 없다는 생각이 든다.	7	7
분석	자기가치(1번 문항), 자기자질(2번 문항)에서 약간의 긍정적인 변화가 있음. 일에 대한 자신감(4번 문항), 자기만족(6번 문항)에서 부정적인 변화가 있음		

**7점 척도: 전혀 아니다(1), 아니다(2), 약간 아니다(3), 중간이다(4), 약간 그렇다(5), 그렇다(6), 매우 그렇다(7)

4.
이주배경 청소년을 위한 심리정서상담사업의 성과분석

1) 사업성과: 참여 학생의 상담수행 결과

(1) 미술 · 이야기 활동 결과

상담 프로그램에 참석한 14명 중에서 총 8회기의 미술 · 이야기 활동에 모두 참석한 참여자는 9명이며, 대표 사례자 4명을 분석한 결과는 다음과 같다.

① 초등학생 사례 1

• 배경

사례자 I는 G초등학교 6학년에 재학 중인 12세의 여아다. 전학을 온 지 6개월이 되지 않았다. I는 한국어로 기본적인 의사소통은 가능하지만, 국어 교과서 내용을 읽고 내용을 파악하는 것을 어려워하고, 소극적인 성격이어서 친구들과 어울려 이야기를 나누기보다는 혼자 그림그리는 것을 좋아한다. I는 그림그리기를 잘하고 집중하는 활동이다. 전기단계에서 사례자 I의 미술작품과 이야기 내용은 다음의 표와 같다.

단계	전기		
회기	1~2회기	3회기	4회기
주제	집, 나무, 사람	나의 이미지	과거-현재-미래
제목	장보러 갔다	왕이보	샤오잔 부인
미술작품			
이야기의 주요 내용	중국 전통가옥으로 자신이 살고 있는 집은 아니지만 가족과 살고 싶은 집이다. 담 너머로 집 안에는 나무들이 여러 그루 있다. 부모님과 본인, 그리고 강아지가 함께 장을 보고 오는 모습을 묘사했다. 이 집에서 나중에는 가족이 재미있게 살고 있을 것 같다.	I는 하교 후에 집에서 주로 하는 일이 그림을 그리는 것이고, 가장 잘하는 것도 그림그리기다. 그림은 '왕이보'라는 중국 연예인으로 자신이 두 번째로 좋아하는 연예인이고, 자신이 좋아하는 연예인을 그리고 싶어서 그렸다. I는 중국에서 5년 정도 미술학원에 다녔고, 장래 꿈은 디자이너가 되는 것이다.	과거는 I가 중국에 살 때 재미있게 봤던 스파이더맨이다. 바지가 흘러내린 스파이더맨을 그렸다. 현재는 왕이보(중국 연예인)와 샤오잔(중국 연예인)의 사인에 들어가는 내용을 적었다. 미래는 '소부인'이라고 썼는데, 샤오잔(중국 연예인)의 아내가 되고 싶은 I의 바람을 나타냈다.

• 전기단계의 변화

연구참여자 I는 그림그리기를 좋아하고, 차분하고 조용한 성격이어서 주로 미술로 자신의 내면을 표현했다. 위의 표에서 보는 바와 같이 프로그램 전기단계에서 자신의 가족과 자신이 좋아하는 중국 연예인에 대한 이야기를 했다. 하지만 특별히 정서적 문제와 고민을 표현하지 않았다. 후기단계에서 사례자 I의 미술작품과 이야기 내용은 다음의 표와 같다.

단계	후기			
회기	5회기	6회기	7회기	8회기
주제	두 얼굴	손가락	선물	집, 나무, 사람
제목	얼굴	손	주고 싶은 선물	꿈속에 나타난 집
미술작품		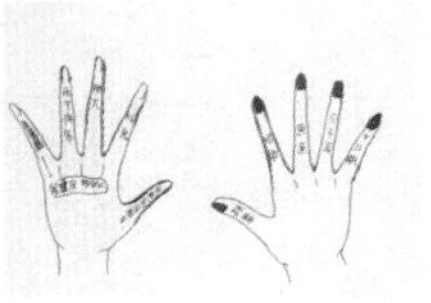		
이야기의 주요 내용	I는 자기 그림을 망치거나 그림에 대해 함부로 얘기할 때 화가 난다. 다른 사람들보다 부모님이 그림에 대해 평가하는 것이 싫다고 말하며, 그림에 대해 함부로 얘기할 때는 화가 나서 칼로 책상을 긋는 행동을 보였다.	I는 장점과 단점을 설명한 후 (무엇을 느꼈냐는 상담사의 질문에) 자신에게 용기가 가장 필요한 것 같다고 말했다. 자신은 나쁜 사람들한테는 두려움이 많아 용기가 있어야 할 것 같다고 했다.	I가 받고 싶은 선물 중의 하나는 중국 가는 비행기티켓이다. I는 중국에 가서 살고 싶다. 그리고 중국 과자, 샤오잔이 그려져 있는 노트를 받고 싶다고 했다. I가 선물을 주고 싶은 사람은 중국에서 친했던 친구다.	꿈속에 나타난 집에서 I, 부모님, 언니, 이모, 외조부모님이 모두 함께 살고 있다. I는 자신이 어른처럼 다 성장했는데 아버지가 왜 자기를 어린아이처럼 대하는 것인지 이해가 가지 않는다.

- 후기단계의 변화

사례자 I는 프로그램 후기단계에서 수업시간보다 먼저 와서 참여할 정도로 적극적이었다. 위의 표에서 보는 바와 같이 I는 부모와 모국인 중국에 대한 이야기를 시작했다. 사춘기에 접어든 자신과 아버지의 갈등, 화가 났을 때 자신의 과격한 행동, 모국에 대한 그리움 등을 본격적으로 드러냈다. 상담 전기에는 그림에 대해 설명할 때 단답형이나 짧은 문장으로 얘기했으나 후기에는 다양한 이야기와 자기 생각을 함께 표현했다. 회기를 거듭할수록 말도 많이 하고 밝은 미소를 많이 보여주며 자신의 이야기를 많이 꺼내놓으면서 마음을 열고자 하는 변화가 두드러졌다. 상담사에게 늦게까지 미술활동을 하면 좋겠다는 이야기를 여러 번 했다.

② 초등학생 사례 2

• 사례자 배경

사례자 C는 C초등학교 5학년에 재학 중인 14세의 남아다. C는 모국인 이집트에서 종교박해로 한국으로 온 난민으로, 구호단체의 도움으로 부모와 여동생과 함께 생활하고 있다. 2년 전에 경주로 입국하여 1년 6개월 동안 경주 W초등학교에 다니다가 전학 온 지 6개월이 되었다. 종교박해로 가까운 가족이 피살되어 아픈 기억을 가지고 있다. C는 같은 반 또래 학생들보다 두 살이 많고, 신체적으로도 발육이 빨라서 이들과 상대하지 않는다. 의사소통 및 문화차이로 종종 아이들과 충돌이 있으며, 자신의 마음을 헤아리지 못한다고 느껴서 힘들어한다. C는 한국어가 서툴며 자신감이 없다. C는 여동생과 함께 본 프로그램에 참여했다. 전기단계에서 사례자 C의 미술작품과 이야기 내용은 다음의 표와 같다.

단계	전기		
회기	1~2회기	3회기	4회기
주제	집, 나무, 사람	나의 이미지	과거-현재-미래
제목	-	선생님이 지어주신 이름	일기
미술작품			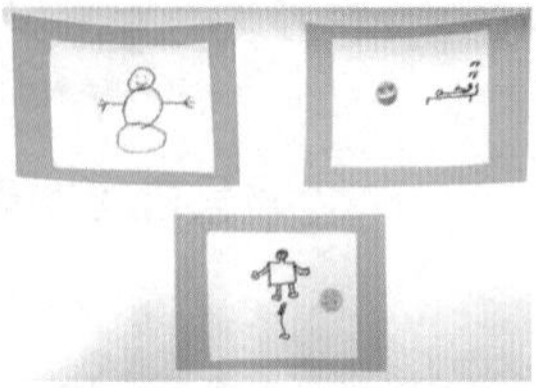
이야기의 주요 내용	경주에서는 친구가 많았는데, 이 학교에 전학을 와서는 친구가 없어 외롭고 심심하다. 그림그리기와 이야기하기, 쓰기가 어렵다. 운동하기를 좋아하는데, 여기에 있어서 지루하다. 사춘기인 자신 이야기를 하는 것이 불편하다.	한국어, 이집트어, 영어로 자신의 이름을 썼다. 경주에 있을 때 친구가 11명이 있었고, 선생님께서 한국 이름을 지어주셨다. 운동하는 자기의 모습이 좋다. 한국에 산 지 2년 6개월 되었고, 서울에는 친한 친구가 2명 있다. 경주에서 좋은 추억이 있다(겨울에 눈사람 만들고 놀기, 선생님이 지어주신 이름).	과거에 경주에 있을 때 눈사람을 만들었던 것이 기억에 남아 있다. 현재 집에서는 엄마 목소리가 커서 음악 소리가 잘 안 들린다. 앞으로 3년 후 방탄소년단과 같은 아이돌이 되고 싶다.

• 전기단계의 변화

위의 표에서 보는 바와 같이 사례자 C는 프로그램 전기단계에서 미술활동 같은 정적인 활동보다 달리기 같은 체육활동이 좋다고 말하면서 프로그램에 수동적으로 참여했다. 하지만 한국의 처음 정착지였던 경주에서 친구들과 선생님에 대한 좋은 추억을 가지고 있으며, 종종 이때 이야기를 하면서 대화 양이 많아졌다. 구호단체에서 마련한 집에서 생활하기 때문에 집에 가도 자신만의 공간이 없음을 아쉬워하고 사춘기에 접어들어 독립적인 내면을 드러냈다. 후기단계에서 사례자 C의 미술작품과 이야기 내용은 다음의 표와 같다.

단계	후기			
회기	5회기	6회기	7회기	8회기
주제	두 얼굴	손가락	선물	집, 나무, 사람
제목	-	오른손	-	-
미술작품			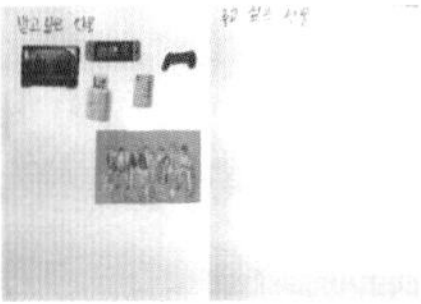	
이야기의 주요 내용	운동 쉴 때, 용돈 받을 때, 한국어 쓸 때, 방탄소년단 노래를 들을 때, 친구랑 놀 때 기분이 좋다. 여동생이 놀릴 때, 엄마한테 혼날 때, 방탄소년단 노래 못 들을 때, 선생님께 야단맞았을 때 기분 나쁘다.	좋아하는 것은 방탄소년단, 노래, 축구, 컴퓨터, 중국어(중국인 여자친구)다. 버리고 싶은 것은 수학, 부끄러움, 음악을 듣기에 시끄러운 방, 비밀을 안 지키는 사람이다.	받고 싶은 선물은 노트북, 닌텐도 게임기, 아이폰, 방탄소년단 사진이다. 하지만 누구에게 선물을 주고 싶은 마음은 없다.	상담사가 예시로 그린 그림을 보고 그리면서 "집은 없어요. 몰라요" 라고 반복해서 말했다.

• **후기단계의 변화**

위의 표에서 보는 바와 같이 사례자 C는 프로그램 후기단계에서 이전의 회기들과 비교했을 때 활동에 적극적으로 참여했다. 그림에 대해 자신감도 생기고 있으며, 한국어를 쓸 때 어려움이 있어서 상담사에게 써달라고 부탁하며 자신의 의사표현을 정확히 했다. 자신이 좋아하는 음악을 들으면서 활동하도록 하자 참여도가 높아졌고, 감정표현 단어도 다양하게 나왔다. 하지만 상담사의 질문에 여전히 부정적으로 대답하고, 모른다는 태도가 혼재되어 있었다.

③ 중학생 사례 1

• 사례자 배경

사례자 L은 S중학교 2학년에 재학 중인 14세의 여아다. L의 부모님은 중국인이지만, L은 한국에서 태어났다. 아버지는 이혼하고 재혼했기 때문에 계모와 함께 살고 있다. 친모와는 아주 가끔 연락한다. 중국어를 하지는 못하며, 한국인으로서의 정체성을 가졌다. 상담 당시에 부모님과 이복언니가 일하러 지방으로 내려가서 형부와 이복언니의 두 자녀와 함께 거주하고 있다. 그래서 L은 집안 살림까지 해야 하는 상황이다. 어려서부터 가족과 함께 살지 못하고 남의 집에 더부살이를 하며 주거 환경이 여러 차례 바뀌었기 때문에 가정환경이 안정적이지 못했다. L은 경제적으로 어렵고 심리적으로 지지를 받지 못한다. 전기단계에서 사례자 L의 미술작품과 이야기 내용은 다음의 표와 같다.

단계	전기		
회기	1~2회기	3회기	4회기
주제	집, 나무, 사람	나의 이미지	과거-현재-미래
제목	나무집	퍼즐	필름
미술작품		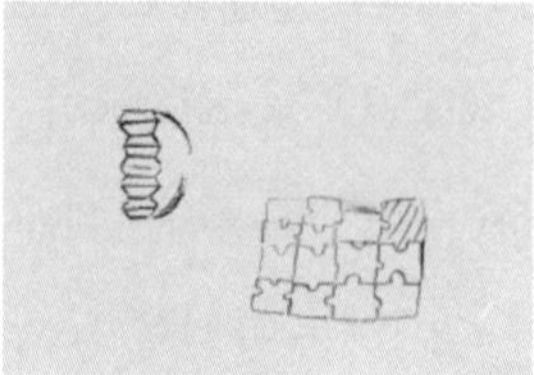	
이야기의 주요 내용	마음을 나눌 수 있는 친구가 없다. 학교에 친구는 있지만, 마음을 나눌 정도는 아니다. 아직은 없지만 먼저 다가와줄 활발한 친구가 필요하다. 나보다 더 소극적인 친구가 있으면 내가 먼저 다가가서 친구가 되어줄 수 있다.	진짜 내가 누구인지 모르겠다. 상황마다 다른 내가 나온다. 내가 가장 좋아하는 내가 있다. 사람을 만날 때 즐거워하는 나의 자아다. 즐거운 사람들을 만나고 싶다.	어린 시절에는 많은 사랑을 받고 자랐는데 지금은 그렇지 못한 것 같다. 스스로 자신을 마음에 들어 한다. 사람들로부터도 사랑받을 수 있다. 사랑받을 수 있고 돈이 많은 사람이 되고 싶다.

• 전기단계의 변화

사례자 L은 본인이 다문화 학생이 아니라고 생각하여 처음에는 중도입국 학생들과 함께 프로그램에 참여하는 것과 자기를 드러내기를 꺼렸다. 하지만 위의 표에서 보는 바와 같이 L은 프로그램 전기단계에서 자신이 처한 환경을 극복하고자 하는 의지와 자기를 찾아가려는 희망을 미술과 이야기로 표현했다. 후기단계에서 사례자 L의 미술작품과 이야기 내용은 다음의 표와 같다.

단계	후기			
회기	5회기	6회기	7회기	8회기
주제	두 얼굴	손가락	선물	집, 나무, 사람
제목	맨날	손	주고 싶은 거, 받고 싶은 거	집, 나무, 사람
미술작품				
이야기의 주요 내용	나는 맨날 기분 좋고 맨날 짜증 난다. 기분이 좋은 것과 짜증 나는 것이 늘 같이 있다. 친구들이 말 시키는 것이 기분 좋으면서도 짜증 난다. 학교 오는 것도 기분 좋으면서도 짜증 난다. 기분 좋은 일이 있을 때도 짜증이 같이 있고, 짜증 나는 일이 생겨도 기분 좋은 일이 같이 있다.	살이 계속 찌고 있어서 다이어트 중이고 교정하는 것도 맘에 안 든다. 얼굴형도 귀엽고 목소리도 좋다는 말을 많이 듣는다. 쌍꺼풀은 없지만 속쌍꺼풀이 예쁘다. 비록 키도 작고 안 보이는 곳에 살이 있지만 자신도 귀엽고 사랑스럽다.	아빠가 밉고 엄마가 측은하다. 3학년에 올라가 새로 친구를 사귈 일이 걱정된다. 내가 엄마 옆에 있어주고 3학년 때도 2학년 때처럼 잘할 수 있다. 2학년 친구가 어디 가는 것도 아니다. 나는 사람을 두려워하지 않는다. 나를 좋아해주는 친구들이 많이 있다.	첫 회기에서는 가족들에 대한 애정이 없었다. 같이 사는 사람도 상상의 친구였다. 가족에 대한 이야기를 많이 나눴고, 엄마의 소중함도 이야기했다. 집 안에 가족이 있다. 그러나 여전히 아빠가 없는 엄마와의 가족이다.

• 후기단계의 변화

위의 표에서 보는 바와 같이 사례자 L은 프로그램 후기단계에서 처음으로 자신의 가정 사정을 이야기했다. 부모의 이혼과 아버지의 재혼, 아버지에 대한 미움, 어머니에 대한 그리움, 이복언니의 형부와 조카에 대한 뒷바라지 등에 대한 복잡하고 고민스러운 가정사를 개방했다. 더불어 친구와의 관계를 이야기했다. 인간관계와 사랑에 대한 목마름을 자신의 문제로 인식하고 관계 회복을 대안으로 이야기했다. 처음에는 자신에 대한 불만과 단점을 표현했다면, 후기에는 인간관계를 맺고 있는 사람들의 장점을 말하면서 새로운 자화상 · 정체성을 그려내는 모습으로 변화되었다.

④ 중학생 사례 3

• 사례자 배경

사례자 N은 S중학교 3학년에 재학 중인 16세의 여학생이다. 중국에서 중학교 1학년을 마치고 한국에 2학년 때 들어왔다. 부모님이 N의 유치원 때 한국에 먼저 오시고, 중국에서 할머니와 살았다. 어머니는 이혼하고 재혼했기 때문에 계부와 함께 살고 있다. 하지만 N은 계부와 갈등이 크다. N은 어머니와도 갈등이 있으며, 경제적인 문제로 아버지와 어머니가 싸우는 모습을 자주 보면서 부모에 대해 원망하고 있으며, 집에 들어가기 싫어서 이모 집에서 잠을 잘 때도 있다. 학교에서 언어 차이, 문화차이, 차별, 선입견 등으로 인한 스트레스가 상당하다. 2학년 때 학급에서 자신을 '짱개'라고 놀리는 남학생과 갈등이 깊어져 학교폭력위원회가 열렸다. 그래서 학교에서 외톨이로 생활하고 있으며, 자주 복통과 두통을 호소한다. 교복이 아니라 사복을 입고 다니며, 종종 조퇴하는 등 학교에 적응하지 못한다. 전기단계에서 연구참여자 N의 미술작품과 이야기 내용은 다음의 표와 같다.

단계	전기		
회기	1~2회기	3회기	4회기
주제	집, 나무, 사람	나의 이미지	과거-현재-미래
제목	행복한 세상	예쁜 인어 '미인어'	과거, 현재, 미래
미술작품		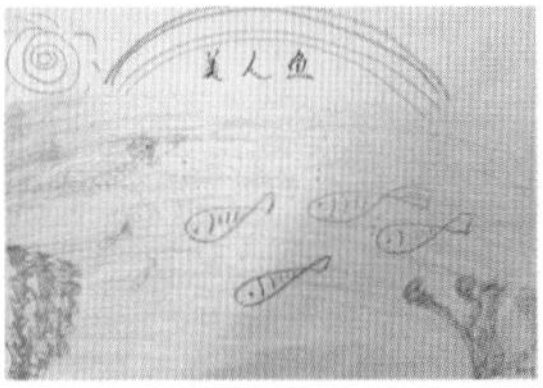	
이야기의 주요 내용	남자친구가 중국에 있어서 보고 싶다. 전화 통화는 자주 하고 있다. 여기에서도 나와 이야기할 수 있는 사람들이 있다. 나는 행복을 갖고 싶어 하는 선녀다. 행복이 멀리 있지 않다.	사랑을 이루고 싶은데 어려움이 있다. 어려움을 겪어내면 사랑의 행복이 찾아올 것이라고 믿는다. 지금의 어려움을 겪어낼 것이다.	과거 중국에 있을 때는 바이올린과 악기들을 배웠다. 노래도 아주 좋아했다. 현재도 피아노와 플룻을 연주한다. 그러나 무대에 올라가서 뭔가를 해본 적이 없다. 너무 오래된 일이다. 미래에는 콘서트를 열어서 노래를 부르고 싶다.

• **전기단계의 변화**

연구참여자 N은 프로그램 전기단계에서 적극적으로 참여했지만, 마음을 열고 진심으로 이야기하지 않았다. 하지만 최근 1~2년 동안 중국에서 한국으로 이주하면서 가정적으로나 개인적으로 큰 변화가 있었고 적응하는 데 힘들었다. 중국에서 남자친구나 음악에 대한 좋은 추억을 가지고 있지만, 한국에서 아직 그런 추억을 가지고 있지 않다는 것을 표현했다. 하지만 상담사와 형성된 좋은 라포 안에서 상담을 적극적으로 희망하며 극복하고자 하는 의지를 보여주었다. 후기단계에서 연구참여자 N의 미술작품과 이야기 내용은 다음의 표와 같다.

단계	후기			
회기	5회기	6회기	7회기	8회기
주제	두 얼굴	손가락	선물	집, 나무, 사람
제목	화날 때, 기분 좋을 때	나의 손	주고 싶은-받고 싶은	-
미술작품		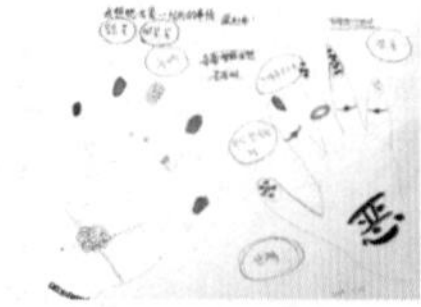	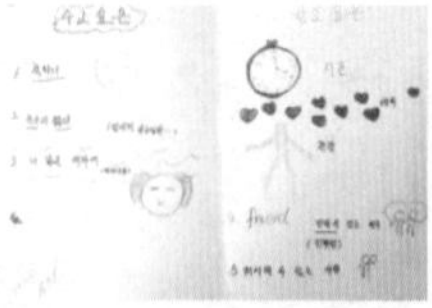	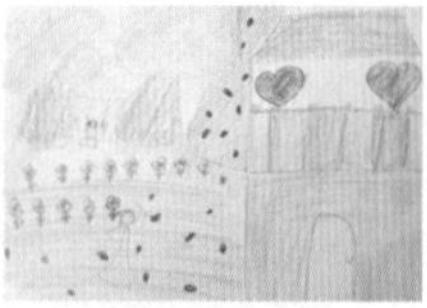
이야기의 주요 내용	친구가 시간을 지키지 않아서 싸웠다. 이야기를 안 하고 있는 상태다. 관계를 풀고 싶은 생각이 있다. 아직 어떤 대안을 찾을지 모르겠다. 친구와 좋아진 관계를 희망한다.	내가 우는 모습을 숨기고 싶다. 그리고 옛날 일들과 힘든 일들을 숨기고 싶다. 슬픈 영화를 보면 운다. 자랑하고 싶은 것은 간식을 잘 만드는 것, 노래를 잘 부르는 것, 그리고 예쁜 얼굴이다.	엄마에게 건강과 젊음을 선물로 주고 싶다. 엄마가 자꾸 늙어가는 것 같아서 마음이 아프다. 내 안에 착함이 있는데, 자꾸 엄마에게는 나의 착함을 잘 줄 수가 없다. 받고 싶은 것은 시간과 행복이다. 그리고 건강이다. 몸이 자꾸 아프다. 특히 의지할 수 있는 사람과 진정한 친구를 선물로 받고 싶다.	집에서 친구와 같이 살고 있다. 친구와 카페를 함께 하고 싶다. 장미 나무들이 있다. 그리고 집과 나무들 사이로 물이 흐르는데, 장미 잎들이 떨어져서 물 위로 흘러내린다. 나무들 사이에는 그네를 달아서 탈 수도 있다. 나는 흩날리는 장미 잎 사이에서 노래하며 춤을 춘다.

- **후기단계의 변화**

위의 표에서 보는 바와 같이 연구참여자 N은 프로그램 후기단계에서 프로그램에 함께 참여한 다른 여학생과 다툼이 있었다. 하지만 후기단계가 진행되면서 그 친구와의 관계를 풀어가는 이야기를 지속적으로 표현했다. 평소에 학교에서 느끼는 외로움, 자기를 아껴주는 사람에 대한 집착 등이 미술과 이야기를 통해 드러났다. N은 친구와의 다툼과 화해의 과정을 스스로 해결하면서 성장했다.

(2) 설문지 분석 결과

14명의 참여자 중에서 학교생활적응 및 자존감 척도 사전 · 사후검사에 참석하지 않은 참여자 B, F, K를 제외한 11명을 분석한 결과는 다음과 같다.

첫째, 참여자들의 학교생활적응 점수가 전반적으로 상승했다. 사후검사에서 점

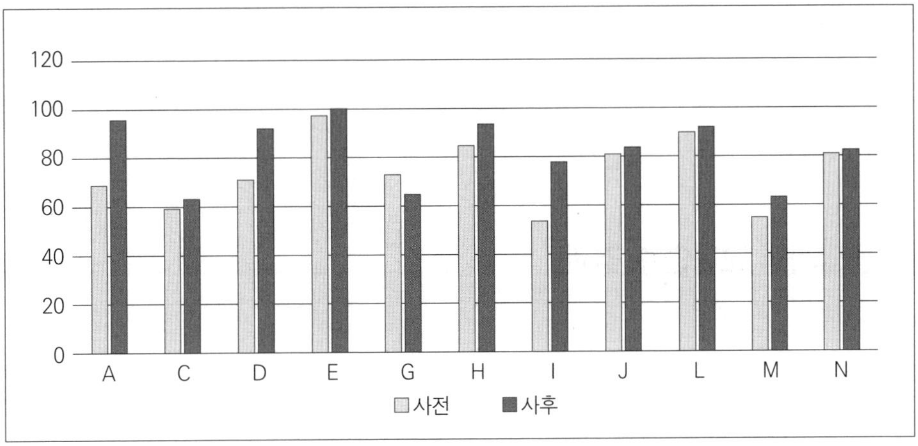

〈학교생활적응〉

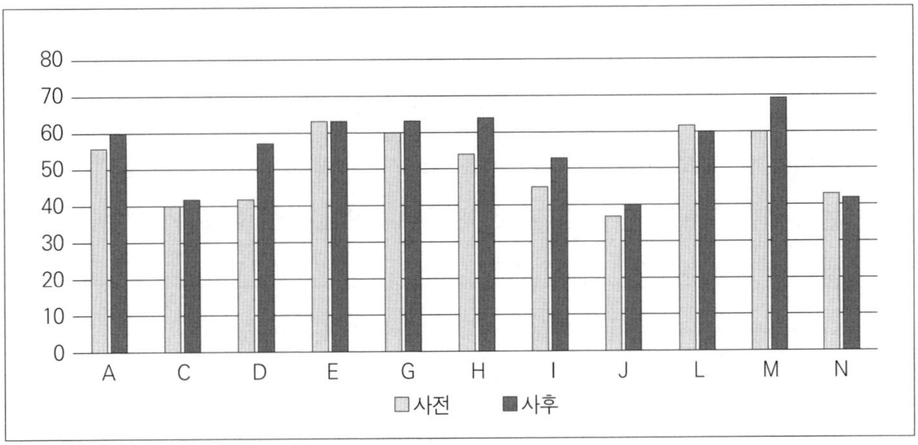

〈자존감 척도〉

수가 감소한 참여자 G를 제외하고 10명의 참여자는 사전검사에 비해 사후검사에서 다소간 상승했다. 이는 참여자들에게 개별적으로 본 프로그램이 학교생활적응에 도움이 되고 있음을 시사한다.

둘째, 참여자들의 자존감 척도 점수가 전반적으로 상승했다. 사후검사에서 점수가 소폭 감소한 참여자 L, M을 제외하고 9명의 참여자는 사전검사에 비해 사후검사에서 다소간 상승했다. 이는 참여자들에게 개별적으로 본 프로그램이 자존감에 도움이 되고 있음을 시사한다.

2) 상담사의 교육연수 결과

(1) 중도입국 및 외국인 학생 내담자에 대한 경험

- 처음에 다문화 상담에 임하는 마음이 두려움에서 책임감으로 바뀜
- 처음에 언어적 소통에 대한 두려움이 있었음. 첫 만남에 언어소통의 문제에 부딪힘. 통역 없이는 프로그램을 진행할 수 없었음. 언어의 벽에서 오는 답답함도 적지 않았음. 통역이 있는데도 소통이 원활하지는 못했음. 통역사의 역할이 매우 중요함. 단순히 통 · 번역 지원 외에도 참여 학생들과 라포를 형성하는 데 통역사가 큰 도움이 됨
- 다양한 연령층 참여자들의 눈높이를 맞추는 어려움이 있었음
- 1~2회기를 통해 참여자들과 라포를 형성한 이후부터 3회기부터 참여자들의 변화가 조금씩 일어남. 집중도가 좋아서 통역은 따로 필요하지 않기도 했음

- 중도입국 청소년, 난민 등 다양한 위치에 있는 내담자들이었고, 상담사의 도움이 절실히 필요한 아이들이었음. 이들이 새로운 정체성을 형성할 수 있도록 장기간의 지속적인 도움이 필요함
- 참여자들이 이 프로그램을 기다리고 오래 했으면 한다는 의견을 주었음
- 어떤 참여자가 미술작품을 완성한 후의 느낌은 그림을 그려서 좋았다는 것과 이야기를 나누어서 재미있다는 표현을 함. 행동상의 가장 큰 변화는 수업시간에 갑자기 화장실을 가는 행위가 점차 줄어들며 나타나지 않았음
- 장점이 많은 아이들이기 때문에 조금만 자신감을 가질 수 있게 한다면 변화가 생길 수 있다는 생각이 들었음
- 상담을 진행하면서 한국인이 가질 수 없는 삶의 무게감과 이방인이라는 생각 속에서 갖게 된 소외감의 무게가 적지 않다는 것을 발견하고 나 자신의 자세가 달라졌음
- 다문화 상담은 또 다른 전문 영역임. 상담에서 다문화 전문가가 필요하다는 생각이 깊어졌음
- 학교 현장에서 상담에 대한 기대와 관심이 컸음
- 상담 참여자들의 모국에 대한 자긍심을 존중하고자 노력했음

(2) 본 프로그램의 현장 반응 및 효과, 개선점

- 참여자들이 본 프로그램을 상담으로 받아들이기보다 미술활동으로 즐기면서 프로그램에 대한 수월한 접근성과 자발적인 참여도가 높았음. 프로그램이 시작되기 전부터 미리 와서 기다리는 학생도 있었으며, 프로그램이 모두 종료된 이후에도 차기 프로그램에 대해 문의하는 학생이 있었음. 평소에 대화

를 많이 하지 못한 중학교 참여자는 회기를 마치고 나가는 상담사를 붙잡고 얘기하는 경우도 있었음

- 미술치료와 이야기치료가 상호보완적으로 작용함. 본 프로그램은 언어소통이 쉽지 않은 중도입국 및 외국인 학생들이 자신의 마음을 표현할 수 있는 활동의 장을 마련하는 것이 목적임. 이런 점에서 미술활동을 통해 다양한 이야기 소재를 제공했으며, 미술활동에서 나타난 가정, 학교생활, 교사 및 동료관계의 이야기를 파악하는 데 용이했음. 말하기가 어려운 참여자들에게 미술을 통해 자기를 표현하는 기회를 제공함
- '미술'이라는 매체가 상담사와 내담자를 연결하는 좋은 연결고리가 됨. 그림을 통해 이야기를 풀어내고 속마음을 보여줌
- 그림이 좋은 매개가 됨. 그림 자체보다 그림을 매개로 이야기를 하고 싶은 마음이 매우 컸음. 특히 그림의 주제가 좋았음. 자기에 대해 잘 알아갈 수 있는 주제로 그림이 선정되어 풀어낼 수 있는 이야기들이 많았음
- 저학년은 이야기보다 미술에 집중하는 경향이 있으며, 고학년은 이야기를 더 많이 하는 경우도 있음
- 개인별 차이를 고려하여 환경을 조성할 필요가 있음. 음악을 좋아하는 참여자에게 음악을 들으면서 하도록 하니 참여도가 좋아지고 자기개방이 잘됨. 따라서 상담사가 개인의 특성을 잘 파악하고 있어야 함
- 아이들은 환경만 조성된다면 많은 가능성이 있는데, 자신이 자라는 환경이 급작스럽게 바뀌거나 그렇지 못한 환경이 문제였음. 본 프로그램이 그것을 대체하거나 채워줄 수 있는 작업이었음
- 참여자들이 한국어를 거의 못 한다는 점과 학년이 많이 차이가 났던 점으로 인해 발표할 때 상호 간에 교류가 적었던 점들이 아쉬웠음
- 좀 더 회기 수가 길었으면 하는 아쉬움이 있음

- 참여자들의 작품을 도구로 삼아 문제적 이야기에서 대안적 이야기로 진행해야 하는 과정에서 조금 더 세밀한 지도가 있었으면 좀 더 효과적인 상담시간이 될 것임

(3) 상담사교육 및 슈퍼비전에 대한 경험

- 상담일지를 쓸 때, 참여자가 그린 그림에서 공간구성능력을 유심히 보고, 참여자가 왜 그것을 그리게 되었는지를 질문하는 것을 배웠음
- 참여자들이 즐겁게 놀이를 하면서 자신의 이야기를 할 수 있도록 해야 함
- 다양한 접근방식으로 눈높이에 맞게 프로그램을 진행해야 함
- 참여자들의 주호소 문제를 재발견할 기회가 되었음. 그래서 남은 회기에 집중해야 할 방향을 발견함. 상담사로서 성장을 경험함
- 각 나라의 정서가 다르다는 점을 배움
- 슈퍼비전을 통해 아이들이 건강하다는 점과 아이들의 조부모 시대로 올라가면서 어린아이들의 가치관이 형성되었다는 점임. 그들의 문화가 지금 우리나라 과거 세대의 어느 시점이라는 점들은 전혀 생각해보지 못한 점이었음
- 무엇보다 그림의 설명해주었을 때 그림을 더 깊게 분석하고 발견할 수 있다는 점에서 놀랐음
- 그림에서 중요하지 않아 보이는 몇몇 낙서들에 대해 물어보지 않고 넘어갔는데, 슈퍼비전 중에 그 낙서들에 대해 질문이 있어서 '아, 이런 것들을 물어볼 필요가 있겠구나'라고 생각함
- '상담을 제대로 한 게 맞나?' 하는 의구심이 사라지고 이대로 하면 되겠다는 확신이 생겼음

(4) 상담사로서 개발해야 할 역량

- 내담자들과 대화하면서 문제만 찾으려는 자신의 모습을 발견함
- 내담자의 환경을 이해하고 가능성과 희망을 줄 수 있는 따뜻한 상담사가 되기를 소망함
- 다문화를 바라보는 시각과 이해의 폭을 넓혀야 함
- 먼저 이론적으로 상담 참여 대상자에 대한 연구와 공부가 필요함. 둘째로는 만나고 체험하는 것임. 그런 과정 속에서 지금과 같은 슈퍼비전을 통한 상담 내용 및 상담사 반응에 대한 검증을 받을 필요성을 느꼈음
- 상담사와 내담자 사이에 경계선 짓기가 어려움. 내담자들의 어려움이 상담사에게 고스란히 전해져서 상담사가 마음이 아픈 채로 오랫동안 앓았음. 상담과 삶의 경계를 짓고 진심을 다하되 상담 이후에는 일상으로 돌아오기를 연습해야 함

(5) 기타 의견 및 개선방안

- 미술 매체가 좀 더 다양화되면 초등학생 눈높이에 맞는 감정표현이 가능할 것임
- 집단이 비슷한 연령층으로 구성될 필요가 있음. 저학년은 개인상담으로 진행할 필요가 있음
- 저학년 참여자의 경우에는 자신에 대한 성찰이 부족하므로 미술활동을 통해 충분한 이야기를 듣기 어려운 부분도 있었음. 또한 참여자들의 활동에 대한 이해도가 개인별로 차이가 있었음. 하지만 집단 프로그램이기 때문에 모든

참여자에게 관심을 가져야 하므로 모든 참여자의 이야기를 충분히 듣기는 어려웠음

- 다문화 학생들의 상담 필요성이 매우 크다고 생각되며 많이 확장되었으면 좋겠음. 서울 이외의 다른 지역에서도 본 프로그램이 진행되기를 기대함. 방과 후 프로그램으로 이렇게 체험할 수 있는 부분이 많아져야 함. 학교 현장에서는 더 많은 학생이 참여하기를 원하고, 그러한 여건이 제공되어야 함
- 한국어 습득에 도움이 되는 기관 연계가 필요함
- 학부모와 상담 연계의 필요성이 있음. 부모교육과 양육상담이 더해지면 참여자들에게 긍정적인 효과가 나타날 것임
- 객관적인 지표로서의 심리검사가 제공될 필요가 있음. 객관적 검사와 주관적 검사가 내담자를 이해하는 자료로 활용될 수 있음
- 일부 참여자의 부모가 참관하는 모습을 보면서 부모 교육의 필요성을 느낌
- 아이들이 돌발행동을 하는 이유가 단순히 폭력성을 가져서가 아니라는 점을 생각한다면 문화의 차이를 배워야 할 필요성이 매우 중요하다고 느끼게 되었음
- 미술과 이야기를 융합한 치료 프로그램이 좀 더 세밀하게 개발되어 적용되기를 기대함

(6) 자문 및 평가 결과

- 다문화 상담교육을 이수한 상담전문가와 통역사가 유기적으로 팀을 구성하는 것이 적절했음. 향후 통역사가 부족한 환경에서 어떻게 통역자원을 공급할 것인지에 대한 대비가 필요함

- 본 프로그램에서 슈퍼바이징을 통한 상담사들의 질적 향상을 도모했음. 향후 에도 상담이 진행되는 과정에서 상담사들에 대한 슈퍼바이징이 필요함
- 단기간에 효과를 얻기보다는 장기적이고 지속적으로 시행할 수 있는 프로그램이 요망됨
- 이주배경 중도입국 및 다문화 청소년의 상담지원 수요를 감당할 상담사 공급이 현실적으로 부족함. 예산 확대를 통해 상담사를 양성하고 상담인원을 확대할 필요가 있음. 역량 있는 다문화 상담사 양성 프로그램을 마련하여 사회문제를 예방함
- 단위학교 차원에서 학교장을 비롯한 일선 교사들의 중도입국 청소년 및 다문화가정 배경 청소년에 대한 이해 교육, 다문화교육이 요구됨
- 일회성에 그치지 않고 지속성을 갖기 위해 정부, 지역 내 학교 교사, 상담교사 등의 상호연계와 경제적 · 심리적 지원이 필요함. 집단상담 프로그램이 체계적이고 안정적으로 정착될 필요가 있음
- 더욱 다양한 치료기법(음악, 예술, 문학 등)을 융합하여 프로그램을 개발하고 적용하여 효과에 대해 검증할 필요가 있음. 더 많은 다문화배경 청소년이 참여할 수 있도록 유도할 수 있음
- 상담이 상담으로만 끝나지 않고 사회의 근본적인 불평등 문제를 해결하는 근원적인 방법에 대한 연구 및 논의를 이끌어내야 함
- 상담 및 심리치료를 넘어서 코칭적 접근이 필요함. 참여 학생들이 현재 직면하고 있는 문제를 해결하는 것을 넘어서 잠재력을 이끌어내고 자신의 존재가치, 창의성, 상상력을 인식하고 발현할 수 있도록 하는 방향이 필요함. 변화의 시작은 자신의 가치에 대한 재발견임
- 상담사의 초점이 내담자의 문제에 대한 what과 how를 넘어서 내담자의 who에 초점을 맞추어야 함. 참여자들을 상담하는 것을 넘어서 미래인재로 보는

관점이 필요함

3) 사업개선 방안

(1) 지속적인 상담 시행 및 임상사례 확보

- 단기 프로그램을 넘어서 장기 프로그램으로 확대 적용할 필요가 있음. 일부 참여자들은 지속적으로 관심을 가지고 관리할 필요가 있었음
- 고위험군에 있는 아동과 청소년에 대한 준비 및 대책이 필요함. 교육청 및 일선 학교의 현황 파악 및 후속대책 마련이 필요함. 연계기관과의 연계가 요망됨
- 임상사례들은 중도입국 및 다문화 배경 청소년을 만나는 일선 교사들과 상담교사들에게 참고가 될 것임

(2) 프로그램의 보완 및 개선

- 설문지 개발 및 보완이 요망됨. 아직 이주배경 중도입국 초등학교 저학년 수준에 적합한 설문지가 없어서 기존의 설문지를 번역하는 수준임. 타당성이 있고 쉽게 읽을 수 있는 설문지 개발이 요원함
- 집단상담 프로그램에서 학년 및 연령 차이를 넘어설 수 있도록 개인 프로그램으로도 확대 적용할 필요가 있음

- 상담 참여 학생 선발 및 행정지원 개선이 요망됨. 다문화상담에 대한 프로그램 홍보 및 인식 부족으로 일선 학교에서 학생을 선발하고 지원하는 데 어려움이 있음. 사전에 체계적으로 다문화 상담 프로그램을 홍보하고 지원하는 체계가 갖추어져야 함

(3) 학교-가정-지역사회의 협조체계 구축

- 본 프로그램을 통해 확보된 참여 학생들의 심리자료를 체계적으로 관리하고 활용할 수 있는 시스템이 필요함. 관련 자료를 통해 참여 학생들이 졸업할 때까지 섬세하게 지도하는 데 도움이 될 것임
- 참여 학생들의 학부모들이 자녀의 심리적 발달사항에 대한 내용을 정기적으로 확인하고 자녀교육에 적극적으로 참여할 수 있도록 학교와 학부모 간의 교류가 필요함
- 이주민 자조모임 같은 지역사회단체 및 상담 유관기관과 연계하여 참여 학생들이 이주민단체와 유관기관의 도움을 받을 수 있도록 해야 함

5.
부록

1) 상담보고서 양식

<table>
<tr><th colspan="9">상담개별일지</th></tr>
<tr><td>프로그램</td><td colspan="4">중도입국 다문화학생 심리 · 정서 상담 프로그램 개발 · 운영</td><td rowspan="3">결
재</td><td>PM</td><td>SP</td><td>소장</td></tr>
<tr><td>일시</td><td colspan="4">2019년 월 일 : ~ : (요일)</td><td rowspan="2">(인)</td><td rowspan="2">(인)</td><td rowspan="2">(인)</td></tr>
<tr><td>장소</td><td colspan="4">초 · 중학교 교실(or 상담실, 그 외 장소)</td></tr>
<tr><td>상담사</td><td colspan="8">(010- -) e · mail: @ .</td></tr>
<tr><td>통역사</td><td colspan="8">(010- -) e · mail: @ .</td></tr>
<tr><td rowspan="2">내담자</td><td rowspan="2">이름</td><td>(한국어)</td><td>나이</td><td colspan="3">세. 생년월일: 201 년 월 일</td><td colspan="2">국적</td></tr>
<tr><td>(모국어)</td><td>학교</td><td colspan="3">학교 학년 반</td><td colspan="2"></td></tr>
</table>

<table>
<tr><th colspan="5">미술 · 이야기 활동</th></tr>
<tr><td colspan="2">1회기 주제</td><td colspan="3"></td></tr>
<tr><td rowspan="3">작품
내용</td><td>작품 제목</td><td colspan="3"></td></tr>
<tr><td>작품 설명</td><td colspan="3"></td></tr>
<tr><td>작품 완성 후 느낌</td><td colspan="3"></td></tr>
<tr><td rowspan="3">이야기</td><td>문제적 이야기</td><td colspan="3"></td></tr>
<tr><td>대안적 이야기</td><td colspan="3"></td></tr>
<tr><td>새로운 정체성</td><td colspan="3"></td></tr>
<tr><td rowspan="2">행동
관찰</td><td colspan="2">초기</td><td>중기</td><td>후기</td></tr>
<tr><td colspan="2"></td><td></td><td></td></tr>
<tr><td>주호소
및
특이
사항</td><td colspan="4"></td></tr>
<tr><td>상담자
소견</td><td colspan="4"></td></tr>
<tr><td rowspan="2">작품
및
활동
사진</td><td colspan="2">작품사진</td><td>활동사진 1</td><td>활동사진 2</td></tr>
<tr><td colspan="2"></td><td></td><td></td></tr>
<tr><td colspan="5">**매주 금요일까지 제출 바랍니다.**</td></tr>
<tr><td colspan="5">인하대학교 다문화융합연구소</td></tr>
</table>

2) 소감문 양식

소감문				
프로그램	미술 · 이야기를 통한 감성심리여행			
날짜	2019년 월 일(요일)			
이름	한국어		생년월일	년 월 일
	모국어		나이	세
연락처	010 - -			
주제				
제목 (나의 제목을 달아보세요)				
미술작품 설명 (이야기)				

작품 완성 후 기분, 느낌				
프로그램 후 나의 마음 (○표를 하세요)	매우 기분 좋다	기분 좋다	보통이다	기분 나쁘다
선생님에게 하고 싶은 이야기				
인하대학교 다문화융합연구소				

3) 설문지 양식

(1) 학교생활적응 설문지(한국어)

학교생활적응 설문지
안녕하세요? 이 설문지는 '학교생활적응에 관한 사례연구'를 위해 작성되었습니다. 설문에 응해주신 여러분의 의견을 통해 여러분에게 미술 · 이야기 감성심리여행의 기회를 확대해드리고자 합니다. 여러분의 의견은 앞으로 본 프로그램 운영에 기초가 될 자료이므로 솔직한 답변을 부탁드립니다. 설문에 응답한 내용은 철저하게 비밀이 보장되며, 응답한 내용은 연구목적 외에는 절대 사용하지 않을 것을 약속드립니다. 설문에 응해주셔서 진심으로 감사합니다.
다음에 해당하는 곳에 'V' 표를 해주십시오.

1. 성별 : ① 남 ② 여

2. 생년월일: 년 월 일

3. 사는 곳은 어디입니까?

① 수도권(서울 · 경기 · 인천광역시 구)

4. 교육을 받고 있는 학교 또는 기관을 표시해주세요.

① 유치원 이하 ② 초등학교 ③ 중학교
④ 고등학교 ⑤ 대학교 ⑥ 학교(유치원) 안 다님

5. 한국에서 생활한 지는 얼마나 되었나요?

① 1년 이하 ② 3년 ③ 5년
④ 7년 이상 ⑤ 태어날 때부터

6. 형제 · 자매가 몇 명 있나요?

① 없음(외동) ② 1명 ③ 2명 ④ 3명 이상

7. 보호자 상담 가능한 가족을 모두 표시해주세요.

① 아버지(　) ② 어머니(　) ③ 형제, 자매(　)

④ 할머니, 할아버지(　) ⑤ 삼촌, 이모(　) ⑥ 기타(　)

8. 이전에 상담 혹은 미술치료 프로그램 활동에 참여한 경험이 있나요?

① 없음 ② 1회 ③ 2회

④ 3회 ⑤ 4회 ⑥ 5회 이상

아래 내용을 읽고 해당하는 곳에 'V' 표를 해주십시오.

문 항		전혀 그렇지 않다	그렇지 않다	보통 이다	대체로 그렇다	매우 그렇다
1	나는 나의 생각이나 의견을 자주 발표한다.	①	②	③	④	⑤
2	나는 학습내용을 잘 이해한다.	①	②	③	④	⑤
3	나는 숙제를 잘 해온다.	①	②	③	④	⑤
4	나는 선생님의 질문에 대답을 잘한다.	①	②	③	④	⑤
5	나는 수업시간에 토론을 잘한다.	①	②	③	④	⑤
6	나는 학교 친구들과 사이좋게 지낸다.	①	②	③	④	⑤
7	친구가 교과서나 준비물을 가져오지 않으면 함께 쓴다.	①	②	③	④	⑤
8	나는 모둠활동을 할 때 협조를 잘한다.	①	②	③	④	⑤
9	나는 친구가 이야기할 때 상대방의 말을 잘 들을 수 있다.	①	②	③	④	⑤
10	나는 친구들과의 갈등이 있을 경우, 대화로 문제를 해결할 수 있다.	①	②	③	④	⑤
11	나는 선생님들과 편하게 대화한다.	①	②	③	④	⑤
12	나는 선생님을 만나면 반갑게 인사한다.	①	②	③	④	⑤
13	나는 선생님의 지시와 요구에 잘 행동할 수 있다.	①	②	③	④	⑤
14	나는 필요할 때 선생님께 도움을 요청한다.	①	②	③	④	⑤
15	나는 선생님에게서 배울 점이 많다고 생각한다.	①	②	③	④	⑤
16	나는 학교규칙을 잘 지킨다.	①	②	③	④	⑤
17	나는 주번활동을 열심히 한다.	①	②	③	④	⑤

18	나는 학교 행사(소풍, 축제 등)에 적극적으로 참여한다.	①	②	③	④	⑤
19	나는 학교시설(화장실, 수도 등)을 함부로 사용하지 않는다.	①	②	③	④	⑤
20	나는 학교에서 쓰레기를 함부로 버리지 않는다.	①	②	③	④	⑤

(2) 자존감 척도 설문지(한국어)

자존감 척도(Rosenberg Self-Esteem Scale, RSES)								
아래에는 귀하가 동의할 수도 있고 그렇지 않을 수도 있는 다섯 문항이 제시되어 있습니다. 각 문항에 동의 또는 반대하는 정도에 따라 1~7 사이의 숫자에 ○표 해주시기 바랍니다. 자유롭고 솔직하게 응답해주시기 바랍니다. 1. 전혀 아니다, 2. 아니다, 3.약간 아니다, 4. 중간이다, 5. 약간 그렇다, 6. 그렇다, 7. 매우 그렇다								
	질 문	전혀 아니다	아니다	약간 아니다	중간 이다	약간 그렇다	그렇다	매우 그렇다
1	나는 내가 적어도 다른 사람들만큼은 가치 있는 사람이라고 느낀다.	1	2	3	4	5	6	7
2	나는 좋은 자질들을 많이 가지고 있는 것 같다.	1	2	3	4	5	6	7
3	대체로 나는 내가 실패자라고 생각하는 경향이 있다.	1	2	3	4	5	6	7
4	나는 대부분의 다른 사람만큼 일을 잘할 수 있다.	1	2	3	4	5	6	7
5	나는 자랑할 만한 것이 별로 없다.	1	2	3	4	5	6	7
6	나는 나 자신에 대해 만족하고 있다.	1	2	3	4	5	6	7
7	대체로 나 자신에 대해 만족하고 있다.	1	2	3	4	5	6	7
8	나 자신을 좀 더 존중할 수 있었으면 좋겠다.	1	2	3	4	5	6	7
9	나는 때때로 내가 정말 쓸모없는 사람이라고 느낀다.	1	2	3	4	5	6	7
10	때때로 나에게 좋은 점이라곤 전혀 없다는 생각이 든다.	1	2	3	4	5	6	7
이름:			날짜:					

참고문헌

고미영(2004). 『이야기 치료와 이야기의 세계』. 서울: 청목출판사.

곽승주(2013). 「난화를 활용한 이야기만들기 미술치료가 중도입국청소년의 이야기구성 및 정서표현에 미치는 효과」. 건국대학교 대학원 석사학위논문.

곽승주 · 전순영(2013). 「난화를 활용한 이야기 만들기 미술치료가 중도입국 청소년의 정서표현 및 이야기 구성에 미치는 효과」. 『미술치료학회』 20(5), 991-1012.

구자황(2015). 「은유와 환유에 대하여: 개념의 수용 양상 및 확장적 이해를 위한 시론(試論)」. 『한국문학이론과 비평』 19(3), 5-31.

권복순(2010). 「인간중심 표현예술치료가 결혼이주여성의 자아존중감과 대처능력에 미치는 효과」. 『미술치료연구』 17(6), 1411-1430.

기정희 · 이숙미 · 김춘경 · 정종진 · 최웅용(2011). 「한국 미술치료의 연구동향: 한국미술치료학회지 게재논문(1994~2010)을 중심으로」. 『미술치료연구』 18(2), 463-483.

김가현 · 장석환(2017). 「집단미술치료가 다문화가정 아동의 어휘력과 스트레스에 미치는 효과」. 『다문화교육연구』10(1), 29-48.

김경미 · 이은주(2018). 「다문화가정 아동의 자아존중감 향상과 또래관계 개선을 위한 미술치료 사례연구」. 『한국예술치료학회지』 18(2), 161-181.

김동연(2000). 『미술치료의 이론과 실제』. 대구: 동아문화사.

김동연 · 이영순 · 최은영(2000). 「또래 협동 미술활동이 주의력 결핍 과잉행동 아동의 문제행동과 사회능력에 미치는 효과」. 『미술치료연구』 7(1), 139-163.

김동옥 · 이근매(2018). 「다문화가정 청소년의 자아탄력성 향상을 위한 집단미술치료 사례연구」. 『임상미술심리연구』 8(2), 1-22.

김말숙(2002). 『집단미술치료 프로그램이 보육시설 청소년들의 정서함양과 정서지능에 미치는 영향』. 영남대학교 대학원 박사학위논문.

김미진 · 강영주(2014). 「아동미술치료 프로그램 국내 연구 동향 분석」. 『예술심리치료연구』 10(3), 87-109.

김상식 역(2001). 『동적 집-나무-사람 그림검사: K-H-T-P 그림검사의 해석 지침서』. 로버트 번스(시애틀 인간개발연구소). 서울: 하나의학사.

김선현 · 류경희 · 최순주(2009). 「임상미술치료가 다문화가족 폭력 피해여성의 불안, 우울, 자아존중감에 미치는 영향」. 『조형교육』 35, 53-78.

김연신 · 신지현(2010). 「결혼이주여성의 집단미술치료 체험: 해석학적 현상학의 접근으로」. 『미술치료연구』 17(4), 975-997.

김연진(2013). 「정서순화예술놀이를 통한 다문화가정 아동의 사회성 향상 연구: 유리드믹스 음악놀이 & 푸드아트놀이를 중심으로」. 숙명여자대학교 대학원 석사학위논문.

김영순(2011). 『스토리텔링의 사회문화적 확장과 변용』. 경기: 북코리아.

김예지 · 최은영(2018). 「해결중심 집단미술치료가 외국인 근로자의 자아탄력성에 미치는 효과」. 『미술치료연구』 25(6), 749-768.

김용숙 · 성영란 · 유지은(2015). 「유아 다문화교육 연구동향: KCI 등재 논문을 중심으로」. 『열린유아교육연구』 20(1), 403-422.

김유리 · 오종은(2013). 「다문화가정의 모-자 상호작용 증진을 위한 집단미술치료 사례연구: Bowlby 애착이론 중심으로」. 『한국예술치료학회지』 13(1), 41-64.

김유숙 · 고모리 야스나가 · 최지원(2013). 『놀이를 활용한 이야기치료』. 서울: 학지사.

김의연 · 김미순 · 황해영(2015), 「다문화학생을 위한 심리지원 프로그램의 국내외 연구동향 분석」. 『교육문화연구』 21(5), 145-177.

김정미(2008). 「아동중심 미술치료를 통한 새터민 아동의 자아개념과 학교생활 수행 향상 사례연구」. 『미술치료연구』 15(2), 275-294.

김정옥(2015). 「콜라주 집단미술치료가 중도입국청소년의 자아탄력성에 미치는 영향」. 평택대학교 대학원 석사학위논문.

김종훈(2014). 「다문화교육 분야의 교사 관련 연구동향 분석: 현황과 향후 과제를 중심으로」. 『다문화교육연구』 7(4), 81-100.

김지인(2017). 「다문화 중도입국 청소년의 자아존중감 향상을 위한 예술치료 사례 연구」. 한양대학교 대학원 석사학위논문.

김태화(2012). 「청소년 학교적응 영향 요인 연구」. 원광대학교 대학원 박사학위논문.

대한민국 정책브리핑(2019.1.29) 출입국 · 외국인정책 통계월보[2018년 12월호]. http://www.korea.kr/archive/expDocView.do?docId=38330에서 2019년 5월 29일 인출.

류진아(2018). 「다문화 내담자를 위한 표현예술치료 개입 연구동향」. 『학습자중심교과교육연구』 18(20), 755-771.

모선미 · 류정미 · 오승진(2017). 「집단미술치료 프로그램이 다문화가정 아동의 자기표현과 자아존중감에 미치는 효과」. 『한국예술치료학회지』 17(1), 175-186.

민향식(2017). 「미술치료 프로그램과 다문화가정 청소년 자아 존중감 향상의 상관 관계에 대한 연구: 중국출신의 중도입국 청소년을 중심으로」. 인천대학교 대학원 석사학위논문.

박선희(2010). 「집단미술치료가 다문화가정 아동의 이중문화 스트레스 완화와 또래관계 향상에 미치는 영향」. 『한국예술치료학회지』 10(1), 25-51.

______(2012). 「집단미술치료가 저소득층 청소년의 자아존중감에 미치는 영향」. 『한국예술치료학회지』 12(1), 53-72.

박수정 · 박미향(2015). 「인지적 미술치료가 중국유학생의 문화적응스트레스와 우울에 미치는 효과」. 『미술치료연구』 22(1), 181-200.

박수정 · 최연실(2010). 「다문화가정 자녀의 학교생활적응 향상을 위한 집단미술치료 프로그램의 개발과 효과 검증: 동적 학교생활화(KSD)에 의한 분석을 중심으로」. 『한국가정관리학회지』 28(6), 1-18.

박진(2018). 「이야기치료와의 연계를 통한 문학치료의 발전방향」. 『문학치료연구』 46, 9-38.

박하나(2016). 「중도입국 초등학생을 위한 자존감 향상 프로그램 적용 사례 연구」. 광주교육대학교 대학원 석사학위논문.

박혜영(1987). 「은유와 환유의 언어학적, 정신분석학적 해석에 대한 이론적 고찰」. 『덕성여대논문집』 16, 107-123.

배영의 · 김성범(2017). 「문학 치료의 텍스트 해석학적 이해에 대한 고찰: 폴 리쾨르의 은유, 상징, 내러티브 해석학적 이해를 중심으로」. 『문학치료연구』 42, 41-76.

변경원 · 최승은(2015). 「이야기를 통해 타자와 교류하는 주체: Taylor의 인정이론을 넘어 Ricoeur의 이야기정체성을 통한 결혼이주여성의 정체성 형성 가능성」. 『교육문화연구』 21(4), 37-59.

선곡유화 · 민기연 · 이영선(2016). 「다문화 효능감에 관한 연구 동향 분석」. 『학습자중심교과교육연구』 16(2), 847-876.

송혜경 · 문경아 · 신주원(2018). 「다문화가정 아동의 의사소통 증진을 위한 현실요법 집단미술치료 사례연구」. 『한국청각 · 언어장애교육연구』 9(1), 135-150.

신민주 · 최선남(2015). 「미술치료과정에 나타난 북한이탈여성의 적응 경험에 관한 자전적 문화기술지 연구」. 『미술치료연구』 22(5), 1505-1524.

양윤정(2014). 「가족미술치료가 새터민 한부모 가정 어머니의 우울과 아동의 불안 감소에 미치는 영향」. 『임상미술심리연구』 4(1), 97-121.

______(2012). 「결혼이주여성의 문화적응 스트레스감소를 위한 콜라주집단미술치료 프로그램의 효과」. 평택대학교 일반대학원 박사학위논문.

양윤정 · 이근매(2013). 「콜라주를 활용한 집단미술치료 프로그램이 결혼이주여성의 문화적응 스트레스 감소에 미치는 효과」. 『미술치료연구』 20(6), 1225-1246.

엄찬호 · 유강하 · 유건상 · 윤일수 · 이민용 · 이영의 · …최병욱(2017). 『인문치료의 이해』. 서울: 한국문화사.

여인숙(2005). 『노년기 자아통합감 증진을 위한 이야기치료 회상집단 프로그램 개발 및 효과』. 경북대학교 대학원 박사학위논문.

오가영(2011). 「다문화 가정 유아의 사회 · 정서발달 및 모-자 관계를 위한 미술치료 사례연구: 치료놀이를 적용한 모-자 미술치료를 중심으로」. 『미술치료연구』 18(3), 509-527.

오영섭 · 김영순 · 왕금미(2018). 「이야기치료의 국제적 연구동향에 관한 탐색적 연구」. 『문학치료연구』 48, 41-74.

오은경 · 최미 · 최한나(2016). 「국내 다문화 상담 연구 동향 학술지 및 학위 논문 분석(1993~2016.7)」. 『상담학연구』 17(5), 223-242.

왕금미(2017). 『중도입국청소년의 콜라주미술치료 사례연구』. 인하대학교 일반대학원 박사학위논문.

왕금미 · 김영순 · 김미순(2016). 「콜라주 집단미술치료 참여 중도입국 청소년의 정서변화에 관한 사례연구」. 『학습자중심교과교육연구』 16(11), 1017-1039.

왕금미 · 오영훈(2016). 「중국계 중도입국 청소년의 집단미술치료 사례연구」. 『동북아문화연구』 49, 173-192.

유나래(2014). 「공동체 기반의 예술치료를 통한 국내 아프리카 난민 여성들의 외상치유에 대한 집단사례연구」. 『미술치료연구』 21(2), 331-361.

이경원(2013). 「인지발달과 자아 방어기제의 평가도구로서 리빅 정서인지 미술치료 평가도구(LECATA)사례연구」. 『조형교육』 46, 227-254.

이근매(2014). 『미술치료 이론과 실제』. 경기: 양서원.

______(2008). 『미술치료 이론과 실제』. 경기: 양서원.

______(2009). 「초등학생 꼴라쥬 표현에 대한 학년별 형식특성 분석」. 『미술치료연구』 16(2), 171-188.

______(2011). 「다문화 가족 상담과 미술치료 유효성에 관한 연구」. 『가족과 상담』 1(2), 57-71.

이근매 · 아오키(2010). 『상담자, 심리치료사, 사회복지사, 교사를 위한 콜라주미술치료』. 학지사.

이근매 · 아오키 · 도모코(2014). 『콜라주 미술치료』. 서울: 학지사.

이미련(2014). 「이야기치료 관련 국내연구의 분석」. 『한국임상보건과학회』 2(3), 167-175.

이민용.(2010). 「이야기 해석학과 이야기치료」. 『헤세연구』 23, 249-273.

이성재(2008). 「은유와 환유의 상호작용」. 『프랑스문화연구』 16, 379-406.

이수은(2011). 「국내 정규 미술치료 석사학위 청구논문의 연구 동향」. 『한국예술치료학회지』 11(2), 95-135.

이영의(2010). 「인문치료 패러다임」. 『범한철학』 56, 283-309.

이정원(2013). 『유아기 어머니의 자아탄력성 회복을 위한 콜라주 집단미술치료 프로그램 효과』. 평택대학교 대학원 박사학위논문.

임선숙 · 전순영(2015). 「섬유매체를 활용한 집단미술치료가 중도입국청소년의 자아정체감 및 이중문화스트레스에 미치는 효과」. 『미술치료연구』 22(5), 1417-1438.

임영아 · 김용섭(2012). 「한국 다문화가정의 의사소통 문제해결에 가족미술치료가 미치는 효과 연구」. 『한국동북아논총』64, 329-353.

임은미 · 정성진 · 김은주(2009). 「국내 다문화 연구와 다문화 상담 연구의 현황」. 『상담학연구』 10(3), 1291-1304.

전미향 · 최외선(1998). 「집단미술치료가 청소년의 자기존중감과 사회적응력에 미치는 효과」. 『미술치료연구』 5(1), 75-90.

전수연(2014). 「다문화가정 대상 국내 예술치료 연구의 동향 분석」. 한양대학교 대학원 석사학위논문.

정문자 · 정혜정 · 이선혜 · 전영주(2007). 『가족치료의 이해』. 서울: 학지사

정여주(2016). 「미술치료에서 미술의 특성과 창의적 과정의 치료적 의미」. 『미술치료연구』 23(5), 1221-1237.

______(2014). 『미술치료의 이해』. 서울: 학지사.

______(2016). 「미술치료에서 미술의 특성과 창의적 과정의 치료적 의미」. 『미술치료연구』 23(5), 1221-1237.

정영숙(2016). 「다문화여성의 자아분화와 색채반응성 유형」. 『재활심리연구』 23(4), 691-708.

정운채(2012). 「자기서사의 변화 과정과 공감 및 감동의 원리로서의 서사의 공명」. 『문학치료연구』 25, 361-381.

정용인(2018). 다문화 20대 청년들은 다 어디로 갔을까. 경향신문. Retrieved from: http://news.khan.co.kr/kh_news/khan_art_view.html?artid=201809161038011&code=940100.

정진숙(2016). 「다문화가정아동의 학교생활적응을 위한 덕목 연계 미술치료프로그램 개발」. 『예술심리치료연구』 12(2), 23-48.

정창숙(2017). 「상호작용 미술치료활동이 다문화가정 언어발달지체 아동의 언어적 · 비언어적 상호작용에 미치는 영향」. 『한국청각 · 언어장애교육연구』 8(1), 103-120.

정희자(2003). 「은유와 환유의 상호 작용」. 『외대어문논집』 18, 275-300.

조경덕(2011). 「다문화 가정 아동 대상의 인지심리학적 미술 치료 사례 연구」. 『한국언어문화학』 8(1), 159-173.

주리애 역(2001). 『이구동성 미술치료』. 서울: 학지사.

최외선 · 김갑숙(2006). 『미술치료의 이해』. 중문출판사.

최외선 · 김갑숙 · 최선남 · 이미옥(2007). 『미술치료 기법』. 서울: 학지사.

최외선 · 이근매 · 김갑숙 · 이미옥(2006). 『마음을 나누는 미술치료』. 서울: 학지사.

최은미(2018). 「다문화 가정의 미술치료 경험 및 요구」. 『예술인문사회융합멀티미디어논문지』 8(1), 495-506.

최현미(2013). 『청소년 정신건강증진을 위한 이야기치료(narrative therapy)프로그램의 개발 및 적용』. 창원대학교 대학원 박사학위논문.

폴 리쾨르(1999). 『시간과 이야기 1,2,3』. 서울: 문학과 지성사.

하은하(2017). 「대안 이야기 탐색을 위한 서사 결합에 대한 연구: 〈여우구슬〉 설화를 중심으로」. 『문학치료연구』 44, 41-76.

한국미술치료학회편(1994). 『미술치료의 이론과 실제』. 대구: 동아문화사.

홍은진 · 이근매(2014). 「활동중심 집단미술치료 프로그램이 다문화가정 자녀의 자아존중감과 사회성에 미치는 효과」. 『임상미술심리연구』 4(2), 115-145.

황유경(2002). 『집단미술치료프로그램이 아동의 부적응 행동에 미치는 효과』. 동아대학교 박사학위논문.

황현정 · 이윤정(2016). 「푸드아트테라피 프로그램을 적용한 중도입국 청소년에 관한 사례연구」. 『학습자중심교과교육연구』 16(12), 155-176.

中井久美(1993). 『登校拒否兒とその母親のケースーーコペント/ラージコ. 私身コラージュ 技法入門』(共著). 創元社, 67-72, 137-146.

杉浦京子(1990). 「コラージュ療法の事例とその精神分析的理解の試み」. 『日本医科大學基礎科學紀要』 11, 47-55.

______(1994). 『コラージュ療法』. 東京: 三島書店.

青木智子(2009). 「マンダラ・コラージュ—自己理解の可能性—」. 文京學院大學保健, 『医療技術學部紀要』 2, 31-40.

青木智子(2003). 「グループにおけるコラージュ技法導入の試み~コラージュエ. クササイズを用いたグループエンカウンターと氣分変容についての檢討」. 『日本芸術療法學會誌』 32(2), 26-33.

Allen E. Ivey, Michael D'Andrea, Mary Bradford Ivey (2011). Theories of Counseling and Psychotherapy: A Multicultural Perspective(7th Edition). California: SAGE Publications.

Anderson, H. (2005). The myth of not-knowing. Family Process, 44(4), 497-504.

Bryce, B. A. (1955). An Intervention Design and Outcome Study of an Expressive Therapy Group for Sexually Abused School-Age Girls: Narrative and Metaphor in a Group Context. PhD Dissertation, The Antioch University.

Burk, R. E. & Provancher, M. A. (1972). Magazin picture collage as an evaluative techique. American Journal of Occupational Therapy, 26(1), 36-39.

Burns, R. C. (1987), Kinetic-House-Tree-Person Drawings(K-H-T-P): An Interpretative Manual. Los Angels: Western Psychological Services.

Cattanach, A. (2006). Narrative play therapy. New York: The Guilford Press.

Choudhuri, D. D. & Santiago-Rivera, A. & Garrett, M. T. (2012). Counseling & Diversity (1st ed.). 오인수 역(2015). 『다문화상담』. 서울: 박학사.

Daniel, G. (2010). Jung and 'Star Wars': The Impact of Jungian Archetypes within the 'Star Wars Trilogy' on Moviegoers. PhD Dissertation, The Chicago School of Professional Psychology.

Diane R. Gehart et al. (2001). Qualitative Research in Family Therapy: A Substantive and Methodological Review. Journal of Marital and Family Therapy, 27, 261-274.

Einat S. Metzl (2008). Systematic Analysis of Art Therapy Research Published in Art Therapy: Journal of AATA between 1987 and 2004. The Arts in Psychotherapy, 35, 60-73.

Epp, J. (2013). Scarborough Intergenerational Alliance: An Art-based Narrative Therapy Model, Canadian Art Therapy Association Journal, 26(1), 13-25.

Erikson, E. H. (1977). Childhood and Society. London: W. W. Norton & Company.

Huey, S., & Jones, E. (2013). Improving treatment engagement and psychotherapy outcomes for culturally diverse youth and families. In Paniagua, F. & Yamada. A. (Eds.) Handbook of multicultural mental health. (pp.427-444). California: Academic Press.

Maelouise L. Tennant (2012). After the News Breaks: An Exploration of the Lived Experience of the Ponzi Scheme Investor. PhD Dissertation, The Nova Southeastern University.

White, M. (2010). 이선혜 · 정슬기 · 허남순 공역, 『이야기 치료의 지도』, 서울: 학지사.

Petzold, H. (1991). Überlegungen und Konzepte zur Integrativen Therapie mit kreativen Medien und einer intermedialen Kunstpsychotherapie. In. Petzold & I. Ort(Hrsg.), Die neuen Kreativitätstherapien, Bd. II, pp. 585-638. Paderborn: Junfermann.

Schweitzer, R., Vromans, L., Ranke, G., & Griffin, J. (2014). Narratives of healing: A case study of a young Liberian refugee settled in Australia. The Arts in Psychotherapy, 41, 98 - 106.

Smith, C. & Nylund, D. (1997). Narrative therapy with children and adolescents. New York: The Guilford Press.

Stock, C., Mares, S., & Robinson, G. (2012). Telling and retelling stories: The use of narrative and drawing in a group intervention with parents and children in a remote aboriginal community. Australian and New Zealand Journal of Family Therapy, 33, 157-170.

Stricker, G. & Gold, J. (2008). Integrative Therapy. In Lebow, J. (Ed.), Twenty-first century psychotherapies. New Jersey: John Wiley & Sons.

Sujoldzic, A., Lucia, A., Buchegger, R., Terzic, R., Behluli, I., & Bajrami, Z. (2003). A European project on health problems, mental disorders and cross-cultural aspects of developing effective rehabilitation procedures for refugee and immigrant youth. Collegium Antropologicum, 27(2), 431 - 438.

Theresa Van. Lith (2016). Art Therapy in Mental Health A Systematic Review of Approaches and Practices. The Arts in Psychotherapy, 47, 9-22.

Vincent. W. Heaven, "Narrative Psychology: Internet and Resource Guide: Introduction and General Overview," 4 March 2004, 〈https://web.lemoyne.edu/hevern/narpsych/nrintro.html〉 (1 May

2018).

Wachong, L. (2009). Witnessing survival: Narrative therapy for adolescent males who have been sexually victimized. Unpublished doctoral dissertation, Alliant International University, San Francisco Bay.

Wadeson, H. (1987). The dynamics of art psychotherapy, New York: John Willey & Sons.

Waller, D., & Dalley, T. (1992). Art Therapy: a Theoretical Perspective. In Waller, D & Gilroy, A (Ed.), Art therapy: a handbook (pp. 3-24). London: Open University Press.

White, M. & Epston, D. (1990). Narrative means to therapeutic ends. New York: WW. Norton & Company. 정석환 역(2015). 『이야기심리치료 방법론: 치유를 위한 서술적 방법론』. 서울: 학지사.

White, M. (1989). The externalizing of the problem and the re-authoiring of loves and relationships. Dulwitch Cetre Newletter, summer, 3-20.

______(2007). Maps of narrative practice. New York: W. W. Norton & Company. 이선혜 · 정슬기 · 허남순 역(2010). 『이야기치료의 지도』. 서울: 학지사.

Yalom, I. D., & Leszcz, M. (2005). The theory and practice of group psychotherapy (5th ed.). New York: Basic Books.

찾아보기

ㅈ

ㅊ

ㅋ

ㅌ

ㅍ

ㅎ

9

저자소개

김영순(金永洵) kimysoon@inha.ac.kr

중앙대학교를 졸업하고 독일 베를린공과대학교 문화교육학부에서 석사 학위를, 베를린자유대학교에서 철학박사 학위를 취득했다. 현재 인하대학교 사범대학 사회교육과 교수, 대학원 다문화교육학과 학과장, 인하대학교 다문화융합연구소 소장, BK21 FOUR 글로컬다문화교육연구단장을 맡고 있다. 주요 저서로는 『다문화 사회와 공존의 인문학』, 『다문화교육의 이론과 이론가들』, 『다문화교육과 협동학습 경험』, 『이주여성의 상호문화 소통과 정체성 협상』, 『공유된 미래 만들기』가 있다. 연구방법론 분야의 공동저술로는 『질적 연구 여행』, 『질적연구의 즐거움』이 있다. 또한 다문화교육 및 교육인류학 분야에서 등재지 이상 학술지 논문이 140여 편이 있다.

오영섭(吳瑛燮) yesoh@hanmail.net

미국 에즈베리신학대학원에서 상호문화학으로 문학 석사 학위를, 인하대학교에서 다문화교육 전공으로 교육학 박사 학위를 받았으며, 박사학위 논문은 「이주배경 중도입국청소년의 미술 · 이야기융합치료 프로그램 참여경험 사례연구」이다. 현재 인하대학교 BK21FOUR글로컬다문화교육연구단 연구교수로 재직하고 있으며, 공동 저서로 『동남아시아계 이주민의 다문화 생활세계 연구』를 집필했다. 주요 논문으로는 「내러티브 활용 인문융합치료 교수모형 적용에 관한 질적 사례연구」, 「전환학습 관점에서 본 이주민설화조사 연구자의 다문화감수성 발달에 대한 연구」 등이 있다.

왕금미(王錦美) wanggm@hanmail.net

동국대학교 문화예술대학원 미술치료전공 예술치료 석사 학위를 취득하였으며, 인하대학교 일반대학원에서 다문화교육전공 교육학 박사 학위를 취득하였다. 현재 인하대학교 대학원 인문융합치료학 초빙교수로 재직하고 있다. 한국통합미술치료학회 3대 학회장을 지냈으며, 한국미술치료학회 이사를 맡고 있다. 박사학위 논문은 「중도입국청소년의 콜라주 미술치료 사례연구」이며, 주요 논문으로는 「콜라주를 활용한 청소년의 미술치료프로그램 사례연구」, 「A case study on the collage art therapy for immigrant youths」, 「미술매체를 활용한 학교밖 중도입국 청소년의 콜라주 미술치료프로그램 사례연구」가 있다. 개인 연구소인 에듀인미술치료연구소에서는 미술치료상담 및 미술치료프로그램개발연구와 임상슈퍼비전, 미술치료사자격교육 활동을 하고 있다.

김수민(金秀敏) sumin194@gmail.com

싱가포르에 소재하고 있는 제임스쿡대학교 심리학과를 졸업하고 인하대학교에서 상담심리 전공 교육학 석사 학위를 받았다. 이후 미술치료, 푸드아트테라피 등 여러 예술치료 분야에서 종사함으로써 예술치료에 대한 관심을 이어갔다. 현재 인하대학교 대학원 다문화교육학과에서 BK21 FOUR 박사과정 연구원으로 근무하고 있다. 이주민의 복지 향상을 위해 다양한 연구를 진행하고 있으며, 주요 논문으로는 「다문화 내담자를 위한 미술치료의 국내 연구동향에 대한 탐색적 연구」, 「여가로서의 결혼이주여성 문화예술 활동 경험 탐색: 'H' 중국 전통무용팀을 중심으로」, 「외국인 근로자 복지에 관한 연구 동향 키워드 네트워크 분석」 등이 있다.